中国社会科学院马克思主义理论
学科建设与理论研究系列丛书

马克思 恩格斯
列 宁 斯大林
论 法

本卷主编 李林

中国社会科学出版社

图书在版编目（CIP）数据

马克思恩格斯列宁斯大林论法 / 李林，陈甦主编 . —北京：
中国社会科学出版社，2015. 12

（中国社会科学院马克思主义理论学科建设与理论研究工程
系列丛书）

ISBN 978 – 7 – 5161 – 6304 – 7

Ⅰ . ①马⋯　Ⅱ . ①李⋯②陈⋯　Ⅲ . ①马列著作 – 法律 –
研究　Ⅳ . ①A564

中国版本图书馆 CIP 数据核字（2015）第 131078 号

出 版 人	赵剑英
责任编辑	赵　丽
责任校对	韩天炜
责任印制	王　超

出　　版	中国社会科学出版社
社　　址	北京鼓楼西大街甲 158 号
邮　　编	100720
网　　址	http：//www. csspw. cn
发 行 部	010 – 84083685
门 市 部	010 – 84029450
经　　销	新华书店及其他书店

印刷装订	北京七彩京通数码快印有限公司
版　　次	2015 年 12 月第 1 版
印　　次	2015 年 12 月第 1 次印刷

开　　本	710 × 1000　1/16
印　　张	19. 75
插　　页	2
字　　数	325 千字
定　　价	75. 00 元

前　言

　　以毛泽东、邓小平、江泽民为核心的党的三代领导集体和以胡锦涛同志为总书记的党中央始终高度重视党的理论工作，重视全党对马克思主义理论的学习和研究工作。十八大以来，以习近平同志为总书记的党中央更是把意识形态工作作为党的一项极端重要的工作来抓。

　　2004年1月，《中共中央关于进一步繁荣发展哲学社会科学的意见》下发，并决定实施马克思主义理论研究和建设工程。为贯彻落实党中央关于把中国社会科学院努力建设成为马克思主义坚强阵地、党和国家的思想库智囊团（智库）、哲学社会科学的最高殿堂的要求，中国社会科学院党组采取了一系列重要措施。2009年年初决定把加强马克思主义理论学科建设与理论研究作为一项重要工作来抓，并成立中国社会科学院马克思主义理论学科建设与理论研究工程领导小组。小组成立后，一方面注重抓好马克思主义理论学科组织机构的建设，设立马克思主义理论类别的研究室和中心等；同时又注重马克思主义基础理论研究，安排了马克思主义经典作家在36个相关领域的"专题摘编"及基础理论专题研究。

　　中国社会科学院推出的"马克思主义经典作家专题摘编"丛书的出版，对马克思主义理论学科建设本身，对深化我国相关科研工作，对相关部门的工作人员和广大干部群众的学习将提供便利并会产生一定的促进作用。

中国社会科学院

"马克思主义经典作家专题摘编"编委会

2015年1月

目　　录

马克思主义经典作家论法的一般原理

马克思主义经典作家论宪法

马克思主义经典作家论选举法

马克思主义经典作家关于人权的理论

马克思主义经典作家论民法、经济法

马克思主义经典作家论婚姻家庭法

马克思主义经典作家论刑法与刑事诉讼法

马克思主义经典作家论法的一般原理

一 法的本质

（一）原始社会没有法

而这种十分单纯质朴的氏族制度是一种多么美妙的制度呵！没有士兵、宪兵和警察，没有贵族、国王、总督、地方官和法官，没有监狱，没有诉讼，而一切都是有条有理的。一切争端和纠纷，都是由当事人的全体即氏族或部落来解决，或者由各个氏族相互解决；血族复仇仅仅当做一种极端的、很少应用的威胁手段；我们今日的死刑，只是这种复仇的文明形式，而带有文明的一切好处与弊害。虽然当时的公共事务比今日多得多——家户经济是有一组家庭按照共产制共同经营的，土地是全部落的财产，仅有小小的园圃归家户经济暂时使用——，可是，丝毫没有今日这样臃肿复杂的管理机关。一切问题，都有当事人自己解决，在大多数情况下，历来的习俗就把一切调整好了。不会有贫穷困苦的人，因为共产制的家户经济和氏族都知道它们对于老年人、病人和战争残废者所负的义务。大家都是平等的、自由的，包括妇女在内。他们还不曾有奴隶；奴役异族部落的事情，照例也是没有的。

恩格斯：《家庭、私有制和国家的起源》，《马克思恩格斯文集》第 4 卷，人民出版社 2009 年 12 月第 1 版，第 111 页。

在氏族制度内部，还没有权利和义务的分别；参与公共事务，实行血族复仇或为此接受赎罪，究竟是权利还是义务这种问题，对印第安人来说是不存在的；在印第安人看来，这种问题正如吃饭、睡觉、打猎究竟是权利还是义务的问题一样荒谬。同样，部落和氏族分为不同的阶级也是不可能的。这就使我们不能不对这种状态的经济基础加以研究了。

恩格斯：《家庭、私有制和国家的起源》，《马克思恩格斯文集》第 4 卷，人民出版社 2009 年 12 月第 1 版，第 178 页。

人们最初怎样脱离动物世界（就狭义而言），他们就怎样进入历史：他们还是半动物性、是野蛮的，在自然力量面前还无能为力，还不认识他们自己的力量；所以他们像动物一样贫困，而且生产能力也未必比动物强。那时普遍存在着生活状况的某种平等，对于家长，也存在着社会地位的某种平等，至少没有社会阶级，这种平等在后来的文明民族的自然形成的农业公社中还继续存在着。在每个这样的公社中，一开始就存在着一定的共同利益，维护这种利益的工作，虽然是在全社会的监督之下，却不能不由个别成员来担当：如解决争端；制止个别人越权；监督用水，特别是在炎热的地方；最后，在非常原始的状态下执行宗教职能。这样的职位，在任何时候的原始公社中，例如在最古的德意志的马尔克公社中可以看到，甚至在今天的印度，还可以看到。不言而喻，这些职位被赋予了某种全权，这是国家权力的萌芽。

> 恩格斯：《反杜林论》，《马克思恩格斯文集》第 9 卷，人民出版社 2009
> 年 12 月第 1 版，第 186 页。

在人们还在不大的氏族中生活的原始社会里，还处于最低发展阶段即处于近乎蒙昧的状态，在与现代文明人类相距几千年的时代，还看不到国家存在的标志。我们看到的是风俗的统治，是族长所享有的威信、尊敬和权力，我们看到这种权力有时是属于妇女的——妇女在当时不像现在这样处在无权的被压迫的地位——但是在任何地方看不到一种特殊等级的人分化出来管理他人并为了管理而系统地一贯地掌握着某种强制机构即暴力机构，这种暴力机构，大家知道，现在就是武装部队、监狱其他强迫他人意志服从暴力的手段，即构成国家实质的东西。

> 列宁：《论国家》，《列宁专题文集》之《论辩证唯物主义和历史唯物主义》，人民出版社 2009 年 12 月第 1 版，第 285 页。

（二）　法是社会分裂为阶级的产物

在社会发展的某个很早的阶段，产生了这样一种需要：把每天重复着的产品生产、分配和交换用一个共同规则约束起来，借以使个人服从生产和交换的共同条件。这个规则首先表现为习惯，不久便成了法律。随着法律的产生，就必然产生以维护法律为职责的机关——公共权力，即国家。随着社会的进一步的发展，法律进一步发展为或多或少广泛的立法。这种立法越复杂，它的表现方式也就越远离社会日常经济生活条件所借以表现的方式。

> 恩格斯：《论住宅问题》，《马克思恩格斯文集》第 3 卷，人民出版社 2009
> 年 12 月第 1 版，第 322 页。

社会分裂为剥削阶级和被剥削阶级、统治阶级和被压迫阶级，是以前生产不大发展的必然结果。只要社会总劳动所提供的产品除了满足社会全体成员最起码的生活需要以外只有少量剩余，就是说，只要劳动还占去社会大多数成员的全部或几乎全部时间，这个社会就必然划分为阶级。在这被迫专门从事劳动的大多数人之旁，形成了一个脱离直接生产劳动的阶级，它掌管社会的共同事务：劳动管理、国家事务、司法、科学、艺术等等。因此，分工的规律就是阶级划分的基础。但是这并不妨碍阶级的这种划分曾经通过暴力和掠夺、欺诈和蒙骗来实现，这也不妨碍统治阶级一旦掌握政权就牺牲劳动阶级来巩固自己的统治，并把社会的领导变成对群众的剥削。

恩格斯：《反杜林论》，《马克思恩格斯文集》第 9 卷，人民出版社 2009 年 12 月第 1 版，第 298 页。

官吏既然掌握着公共权力和征税权，他们就作为社会机关而凌驾于社会之上。从前人们对于氏族制度的机关的那种自由的、自愿的尊敬，即使他们能够获得，也不能使他们满足了；他们作为同社会相异化的力量的代表，必须用特别的法律来取得尊敬，凭借这种法律，他们享有了特殊神圣和不可侵犯的地位。

恩格斯：《家庭、私有制和国家的起源》，《马克思恩格斯文集》第 4 卷，人民出版社 2009 年 12 月第 1 版，第 191 页。

（三）法是统治阶级意志的表现，是巩固阶级统治的工具

由于价值赔偿和特别补偿，林木偷窃人和林木占有者间的关系终止了，因为过去那种违反森林条例的行为现在已经彻底清算。小偷和私有者已各归原位。林木占有者的利益之所以在林木被窃时受到损失，只是因为林木遭到了损失，而不是因为权利受到了侵犯。只是罪行的可以感觉的那一面触犯了林木占有者的利益，犯罪行为的实质并不在于侵害了作为某种物质的林木，而在于侵害了林木的国家神经——所有权本身，也就是在于实现了不法的意图。

马克思：《第六届莱茵省议会的辩论（第三篇论文）》，《马克思恩格斯全集》第 1 卷，人民出版社 1956 年 12 月第 1 版，第 168 页。

这里有一个非常重要的要求，就是任何的社会需要、法律等等都应当

从政治上来考察，即从整个国家的观点、从该问题的社会意义上来考察。

　　马克思：《黑格尔法哲学批判》，《马克思恩格斯全集》第1卷，人民出版社1956年12月第1版，第395页。

　　在议会中，国民将自己的普遍意志提升为法律，即将统治阶级的法律提升成为国民的普遍意志。在行政权力面前，国民完全放弃了自己的意志，而服从于他人意志的指挥，服从于权威。

　　马克思：《路易·波拿巴的雾月十八日》，《马克思恩格斯文集》第2卷，人民出版社2009年12月第1版，第563页。

　　违法行为通常是由不以立法者意志为转移的经济因素造成的；但是，正如实施少年犯处治法所证明的，判定某些违犯由官方指定的法律的行为时犯罪还是过失，在一定程度上则取决于官方。这种名词上的区别远不是无关紧要的，因为它决定着成千上万人的命运，也决定着社会的道德面貌。法律本身不仅能够惩治罪行，而且也能捏造罪行，尤其是在职业律师的手中，法律更加具有这方面的作用。例如，像一位卓越的历史学家所正确指出的，在中世纪，天主教僧侣由于对人的本性有阴暗的看法，就依靠自己的影响把这种观点搬到刑事立法中去了，因而他们制造的罪行比他们宽恕的过错还要多。

　　马克思：《人口、犯罪率和赤贫现象》，《马克思恩格斯全集》第13卷，人民出版社1962年11月第1版，第552页。

　　昨天在下院二读通过的包法利法案，对英国的商业法具有重要的意义。在英国，到目前为止，凡是获得贸易公司一份利润的人，都算作股东，因此，他以他的全部财产对公司的商业债务负责。按照包法利代表内阁提出的法案，这种法律规定就应当废除。更为重要的是包法利关于股份公司的法案。到现时为止，这种公司的每个成员不仅对他的股票总值负责，而且也以他的全部财产对公司的全部债务负责。按照所提的法案之一规定，责任的大小以各个股东的股票总值为限，但是这只是在那些全部资本最少为2万英镑，开业合同由股金不少于15000英镑的股东签字，而且股金的已付部分又不少于资本总额的百分之二十的公司中才是这样。需要这类法律这件事本身就已经说明，到目前为止财政寡头已经把立法权操纵到了什么程度，财政寡头又怎样成功地在世界上头等商业国家里使贸易协定受到最荒诞和最放肆的法律限制。新法案希望实现"使劳动和小资本跟大资本处于同等地位（在商业法中）"的原则。用什么方法来实现呢？用这种方法：少于 2 万英镑的股本不再享受法律规定的优惠，而继续受到过去的限制。大资本不愿满足于它用来打败小资本家竞争的经济手段中的优势，在英国大资本也采取了各种法律上的特权和各种特别法，这些事实，从英国的有关股份公司和一般贸易公司的法律上得到了最雄辩的证明。例如几年以前，还规定银行不得拥有 6 个以上的股东。过了很长时间，股份公司才取得了起诉和代表董事会在法庭上答辩的权利。但是为了利用这项特权，它们应当进行登记，也就是进行合并，可是按照 1837 年的法律，合并时要由王权根据 Board of Trade（贸易部）的呈报来实现的；因此，某一公司能否合并并实际上是听凭于 Board of Trade 是否大发慈悲。银行、慈善协会、互助会等丝毫不受新法律的影响。

马克思：《消息数则》，《马克思恩格斯全集》第 11 卷，人民出版社 1962 年 6 月第 1 版，第 383—384 页。

资产阶级平时十分喜欢分权制，特别是喜欢代议制，但资本在工厂法典中却通过私人立法独断地确立了对工人的专制。这种法典只是对劳动过程实行社会调节，即对大规模协作和使用共同的劳动资料，特别是使用机器所必需的社会调节的一幅资本主义讽刺画。奴隶监督者的鞭子被监工的罚金簿代替了。自然，一切处罚都简化成罚款和扣工资，而且工厂的莱喀古士们立法的英明，使犯法也许比守法对他们更有利。

马克思：《资本论》，《马克思恩格斯文集》第 5 卷，人民出版社 2009 年 12 月第 1 版，第 488—489 页。

那些决不依个人"意志"为转移的个人的物质生活，即他们的相互制约的生产方式和交往方式，是国家的现实基础，而且在一切还必需有分工和私有制的阶段上，都是完全不依个人的意志为转移的。这些现实的关系决不是国家政权创造出来的，相反地，它们本身就是创造国家政权的力量。在这种关系中占统治地位的个人除了必须以国家的形式组织自己的力量外，他们还必须给予他们自己的由这些特定关系所决定的意志以国家意志即法律的一般表现形式。这种表现形式的内容总是决定于这个阶级的关系，这是由例如私法和刑法非常清楚地证明了的。

马克思、恩格斯：《德意志意识形态》，《马克思恩格斯全集》第 3 卷，人民出版社 1960 年 12 月第 1 版，第 337—378 页。

　　他们个人的权利的基础就是他们的生活条件，这些条件是作为对于许多个人共同的条件而发展起来的，为了维护这些条件，他们作为统治者，与其他的个人相对立，而同时却主张这些条件对所有的人都有效。由他们的共同利益所决定的这种意志的表现，就是法律。正是这些互不依赖的个人的自我肯定以及他们自己意志的确立（在这个基础上这种相互关系必然是利己的），才使自我舍弃在法律、法中成为必要，不过，自我舍弃是在个别场合，而利益的自我肯定是在一般场合（因此不是对于他们，而只是"对于自我一致的利己主义者"，自我伸张才算作是自我舍弃）。对被统治的阶级说来也是如此，法律和国家是否存在，这也不是他们的意志所能决定的。例如，只要生产力还没有发展到足以使竞争成为多余的东西，因而还这样或那样地不断产生竞争，那么，尽管被统治阶级有消灭竞争、消灭国家和法律的"意志"，然而它们所想的毕竟是一种不可能的事。此外，当关系还没有发展到能够实现这个意志以前，这个"意志"的产生也只是存在于思想家的想象之中。当关系发展到足以实现这种意志的时候，思想家就会认为这种意志纯粹是随心所欲的，因而在一切时代和一切情况下都是可能的东西。

　　　　马克思、恩格斯：《德意志意识形态》，《马克思恩格斯全集》第 3 卷，人民出版社 1960 年 12 月第 1 版，第 378—379 页。

　　你们既然用你们资产阶级关于自由、教育、法等等的观念来衡量废除资产阶级所有制的主张，那就请你们不要同我们争论了。你们的观念本身是资产阶级的生产关系和所有制关系的产物，正象你们的法不过是被奉为法律的你们这个阶级的意志一样，而这种意志的内容是由你们这个阶级的物质生活条件来决定的。

　　　　马克思、恩格斯：《共产党宣言》，《马克思恩格斯文集》第 2 卷，人民出版社 2009 年 12 月第 1 版，第 48 页。

　　资产阶级垄断了一切生活资料（在最广泛意义上讲）。无产者所需要的一切都只能从这个资产阶级（它的垄断是受到国家政权保护的）那里得到。所以，无产者在法律上和事实上都是资产阶级的奴隶，资产阶级掌握着他们的生死大权。

　　　　恩格斯：《英国工人阶级状况》，《马克思恩格斯全集》第 2 卷，人民出版社 1957 年 12 月第 1 版，第 360 页。

新罢工法草案不是"国家思想"提出来的，而是厂主们提出来的。这个草案之所以出现，不是因为国家"承认"了民权的基本原则（厂主和工人之间的资产阶级的"自由与平等"），而是因为废除惩治罢工的刑罚对厂主们有利。现在财政部"自动"（在"解放"第4期第50页）提出的法律条文及其论据，老早以前在俄国文献、甚至在政府委员会的文件中就有过了，但是，只要厂主们不开口，这些东西就会一直束诸高阁，而工人实际上已经向厂主们表明了旧法律的荒谬。我们之所以强调说厂主的利益具有决定的作用，是因为在我们看来，这并不会削弱政府筹划的作用，恰巧相反，我们已经说过，这正会加强政府筹划的作用。但是，无产阶级在反对整个现存制度的斗争中，首先应该学会清醒地正视事物，揭露"国家高尚行为"的真实动机，并且不断揭穿关于"国家思想"等等的虚假浮夸的词句，不论它们是狡猾的警官处心积虑提出来的，还是自由主义学者由于目光短浅而提出来的。

> 列宁：《新罢工法草案》，《列宁全集》第6卷，人民出版社1959年4月第1版，第198—199页。

什么叫做复辟？复辟就是国家政权落到旧制度的政治代表手里。能不能有防止这种复辟的保障呢？这种保障是不可能有的。因此我们要想出这样一种保障，就是土地收归地方公有，"决不把土地交给"……请问，土地地方公有给"交出土地"造成的障碍究竟是什么呢？无非是革命的议会颁布一道法律宣布某些土地（过去地主的土地和其他土地）归地方议会所有罢了。而法律又是什么呢？法律就是取得胜利的并掌握国家政权的阶级的意志的表现。

> 列宁：《社会民主党在1905—1907年俄国第一次革命中的土地纲领》，《列宁全集》第13卷，人民出版社1959年7月第1版，第303—304页。

自由派资产阶级，尤其是自由派资产阶级知识分子，不能不追求自由和法制，因为没有自由和法制，资产阶级的统治就不彻底，不完整，没有保证。

> 列宁：《两种乌托邦》，《列宁专题文集》之《论资本主义》，人民出版社2009年12月第1版，第72页。

法律是一种政治措施，是一种政策。

> 列宁：《论对马克思主义的讽刺和"帝国主义经济主义"》，《列宁全集》第23卷，人民出版社1958年12月第1版，第40—41页。

意志如果是国家的，就应该表现为政权机关所制定的法律，否则"意志"这两个字只是毫无意义的空气震动而已。

列宁：《矛盾的立场》，《列宁全集》第 25 卷，人民出版社 1958 年 5 月第 1 版，第 75 页。

不仅我国政府是这样想的，其他一切反无产阶级的政府，——不管这个政府是封建专制的也罢，资产阶级君主制的也罢，资产阶级共和制的也罢，——也是这样想的。到处都利用枪弹和法令来和无产阶级作斗争，并且在社会主义革命没有爆发以前，在社会主义没有建立以前，情形总是这样的。请回忆一下立宪制的英国 1824 年至 1825 年的情形吧。那时一面在制定罢工自由法，一面监狱里却关满了罢工的工人。请回忆一下共和制的法国十九世纪四十年代的情形吧。那时一面在谈论"工厂立法"，一面巴黎街头却洒遍了工人的鲜血。

斯大林：《"工厂立法"和无产阶级斗争》，《斯大林全集》第 1 卷，人民出版社 1953 年 9 月第 1 版，第 266 页。

二 法与经济基础的关系

（一）法是经济基础决定的

其实，只有毫无历史知识的人才不知道：君主们在任何时候都不得不服从经济条件，并且从来不能向经济条件发号施令。无论是政治的立法或市民的立法，都只是表明和记载经济关系的要求而已。

> 马克思：《哲学的贫困》，《马克思恩格斯全集》第 4 卷，人民出版社 1958 年 8 月第 1 版，第 121—122 页。

"任何商品，即使不是在事实上，至少也是在法律上具有交换能力"，金银所起的作用便是根据；其实这是不了解金银的作用。金银之所以在法律上具有交换能力，只是由于它们具有事实上的交换能力，而它们之所以具有事实上的交换能力，那是因为当前的生产组织需要普遍的交换手段。法律只是事实的公认。

> 马克思：《哲学的贫困》，《马克思恩格斯全集》第 4 卷，人民出版社 1958 年 8 月第 1 版，第 124 页。

旧法律是从这些社会关系中产生出来的，它们也必然同旧社会关系一起消亡。它们不可避免地要随着生活条件的变化而变化。不顾社会发展的新的需要而保存旧法律，实质上不是别的，只是用冠冕堂皇的词句作掩护，维护那些与时代不相适应的私人利益，反对成熟了的共同利益。这种保存法制基础的做法，其目的在于使那些现在已经不占统治地位的私人利益成为占统治地位的利益；其目的在于强迫社会接受那些已被这一社会的生活条件、获取生活资料的方式、交换以及物质生产本身宣判无效的法律；其目的在于使那些专门维护私人利益的立法者继续掌握政权；其结果会导致滥用国家权力去强迫大多数人的利益服从少数人的利益。因此，这种做法时刻与现存的需要发生矛盾，它阻碍交换和工业的发展，它准备着以政治革命方式表现出来的社会危机。

> 马克思：《对民主主义者莱茵区域委员会的审判》，《马克思恩格斯全集》第 6 卷，人民出版社 1961 年 8 月第 1 版，第 292 页。

法律可以使一种生产资料，例如土地，永远属于一定家庭。这些法律，只有当大地产同社会生产处于和谐中的时候，如像在英国那样，才有经济意义。在法国，尽管有大地产，但经营的是小规模农业，因而大地产就被革命打碎了。但是，土地分成小块的状态是否例如通过法律永远固定下来了呢？尽管有这种法律，财产却又集中起来了。法律在巩固分配关系方面的影响和它们由此对生产发生的作用，要专门加以规定。

　　马克思：《〈政治经济学批判〉导言》，《马克思恩格斯文集》第8卷，人民出版社2009年12月第1版，第22页。

　　我的研究得出这样一个结果：法的关系正像国家的形式一样，既不能从它们本身来理解，也不能从所谓人类精神的一般发展来理解，相反，它们根源于物质的生活关系，这种物质的生活关系的总和，黑格尔按照十八世纪的英国人和法国人的先例，概括为"市民社会"，而对市民社会的解剖应该到政治经济学中去寻求。我在巴黎开始研究政治经济学，后来因基佐先生下令驱逐而移居布鲁塞尔，在那里继续进行研究。我所得到的、并且一经得到就用于指导我的研究工作的总的结果，可以简要地表述如下：人们在自己生活的社会生产中发生一定的、必然的、不以他们的意志为转移的关系，即同他们的物质生产力的一定发展阶段相适合的生产关系。这些生产关系的总和构成社会的经济结构，即有法律的和政治的上层建筑竖立其上并有一定的社会意识形式与之相适应的现实基础。物质生活的生产方式制约着整个社会生活、政治生活和精神生活的过程。不是人们的意识决定人们的存在，相反，是人们的社会存在决定人们的意识。社会的物质生产力发展到一定阶段，便同它们一直在其中活动的现存生产关系或财产关系（这只是生产关系的法律用语）发生矛盾。于是这些关系便由生产力的发展形式变成生产力的桎梏。那时社会革命的时代就到来了。随着经济基础的变更，全部庞大的上层建筑也或慢或快地发生变革。在考察这些变革时，必须时刻把下面两者区别开来：一种是生产的经济条件方面所发生的物质的、可以用自然科学的精确性指明的变革，一种是人们借以意识到这个冲突并力求把它克服的那些法律的、政治的、宗教的、艺术的或哲学的，简言之，意识形态的形式。

　　马克思：《〈政治经济学批判〉序言》，《马克思恩格斯文集》第2卷，人民出版社2009年12月第1版，第591—592页。

　　权利决不能超出社会的经济结构以及由经济结构制约的社会的文化

发展。

马克思：《哥达纲领批判》，《马克思恩格斯文集》第4卷，人民出版社
2009年12月第1版，第435页。

商品不能自己到市场去，不能自己去交换。因此，我们必须找寻它的监护人，商品占有者。商品是物，所以不能反抗人。如果它不乐意，人可以使用强力，换句话说，把它拿走。为了使这些物作为商品彼此发生关系，商品监护人必须作为有自己的意志体现在这些物中的人彼此发生关系，因此，一方只有符合另一方的意志，就是说每一方只有通过双方共同一致的意志行为，才能让渡自己的商品，占有别人的商品。可见，他们必须彼此承认对方是私有者。这种具有契约形式的（不管这种契约是不是用法律固定下来的）法的关系，是一种反映着经济关系的意志关系。这种法的关系或意志关系的内容是由这种经济关系本身决定的。

马克思：《资本论》，《马克思恩格斯文集》第5卷，人民出版社2009年
12月第1版，第103页。

很清楚，在这种社会生产关系以及与之相适应的生产方式所借以建立的自然形成的不发达的状态中，传统必然起着非常重要的作用。其次，很清楚，在这里，并且到处都一样，社会上占统治地位的那部分人的利益，总是要把现状作为法律加以神圣化，并且要把习惯和传统对现状造成的各种限制，用法律固定下来。撇开其他一切情况不说，只要现状的基础即作为现状的基础的关系的不断再生产，随着时间的推移，取得了有规则的和有秩序的形式，这种情况就会自然产生；并且，这种规则和秩序本身，对任何要摆脱单纯的偶然性或任意性而取得社会的固定性和独立性的生产方式来说，是一个必不可少的要素。这种规则和秩序，正好是一种生产方式的社会固定的形式，因而是它相对地摆脱了单纯偶然性和单纯任意性的形式。在生产过程以及与之相适应的社会关系的停滞状态中，一种生产方式所能取得这个形式，只是由于它本身的反复的再生产。如果一种生产方式持续一个时期，那么，它就会作为习惯和传统固定下来，最后被作为明文的法律加以神圣化。但是，因为这种剩余劳动的形式即徭役劳动，是建立在一切社会劳动生产力的不发展、劳动方式本身的原始性的基础上，所以和在发达的生产方式下特别是资本主义生产下相比，它自然只会在直接生产者的总劳动中，取走一个小得多的部分。例如，我们假定为地主进行的

徭役劳动原来是每周两天。这每周两天的徭役劳动因此会固定下来，成为一个不变量，而由习惯法或成文法在法律上规定下来。

> 马克思：《资本论》第3卷，《马克思恩格斯全集》第25卷，人民出版社 1974年11月第1版，第893—894页。

每当工业和商业的发展创造出新的交往形式，例如保险公司等等，法便不得不承认它们都是获得财产的新方式。

> 马克思、恩格斯：《德意志意识形态》，《马克思恩格斯文集》第1卷，人民出版社2009年12月第1版，第586页。

因为在资产阶级统治下和在其他一切时代一样，财产是和一定的条件，首先是同以生产力和交往的发展程度为转移的经济条件有联系的，而这种经济条件必然会在政治上和法律上表现出来……

> 马克思、恩格斯：《德意志意识形态》，《马克思恩格斯全集》第3卷，人民出版社1960年12月第1版，第412页。

新的事实迫使人们对以往的全部历史作一番新的研究，结果发现：以往的全部历史，除原始状态外，都是阶级斗争的历史；这些相互斗争的社会阶级在任何时候都是生产关系和交换关系的产物，一句话，都是自己时代的经济关系的产物；因而每一时代的社会经济结构形成现实基础，每一个历史时期的由法的设施和政治设施以及宗教的、哲学的和其他的观点所构成的全部上层建筑，归根到底都应由这个基础来说明。

> 恩格斯：《社会主义从空想到科学的发展》，《马克思恩格斯文集》第3卷，人民出版社2009年12月第1版，第544页。

正像达尔文发现有机界的发展规律一样，马克思发现了人类历史的发展规律，即历来为繁芜丛杂的意识形态所掩盖着的一个简单事实：人们首先必须吃、喝、住、穿，然后才能从事政治、科学、艺术、宗教等等；所以，直接的物质生活资料的生产，从而一个民族或一个时代的一定的经济发展阶段，便构成基础，人们的国家设施、法的观点、艺术以至宗教观念，就是从这个基础上发展起来的，因而，也必须由这个基础来解释，而不是像过去那样做得相反。

> 恩格斯：《在马克思墓前的讲话》第3卷，人民出版社2009年12月第1版，第601页。

我们视之为社会历史的决定性基础的经济关系，是指一定社会的人们生产生活资料和彼此交换产品（在有分工的条件下）的方式。因此，这里包括生产和运输的全部技术。这种技术，照我们的观点看来，同时决定着产品的交换方式以及分配方式，从而在氏族社会解体后也决定着阶级的划分，决定着统治关系和奴役关系，决定着国家、政治、法律等等。

> 恩格斯：《致瓦尔特·博尔吉乌斯》，《马克思恩格斯文集》第 10 卷，人民出版社 2009 年 12 月第 1 版，第 667 页。

实现"工业自由"决不仅仅是"法律上的"改革，而且是深刻的经济改革。要求"工业自由"，这就表明法律规范（它反映着已经过时的生产关系）与新的生产关系之间是常常不相适应的，新的生产关系的发展是同旧的规范相违背的，它们从旧的规范中产生，但现在却要求取消旧的规范了。

> 列宁：《1894—1895 年皮尔姆省手工业调查以及"手工"工业中的一般问题》，《列宁全集》第 2 卷，人民出版社 1959 年 5 月第 1 版，第 397 页。

如果我们把物质方面、外部条件、存在以及诸如此类的现象叫做内容，那么我们就可以把观念方面、意识以及诸如此类的现象叫做形式。由此就产生了一个著名的唯物主义原理：在发展过程中，内容先于形式，形式落后于内容。

因为在马克思看来，经济发展是社会生活的"物质基础"，是它的内容，而法律、政治的和宗教、哲学的发展是这个内容的"思想形式"，是它的"上层建筑"，所以马克思作出结论说："随着经济基础的改变，全部庞大的上层建筑也会相当迅速地发生变革。"

> 斯大林：《无政府主义还是社会主义?》，《斯大林全集》第 1 卷，人民出版社 1953 年 9 月第 1 版，第 291 页。

生产方式的变化又必然引起全部社会制度、社会思想、政治观点和政治设施的变化，即引起全部社会结构和政治结构的改造。在不同的发展阶段上，人们利用不同的生产方式，或者说得粗浅一些，过着不同方式的生活。在原始公社制度下有一种生产方式，在奴隶制度下有另一种生产方式，在封建制度下又有一种生产方式，如此等等。与此相适应，人们的社会制度他们的精神生活、他们的观点、他们的政治设施，也是各不相同的。

社会的生产方式怎样，社会本身基本上也就怎样，社会的思想和理论、政治观点和政治设施也就怎样。

> 斯大林：《辩证唯物主义和历史唯物主义》，《斯大林文选》，人民出版社 1962 年 8 月第 1 版，第 196 页。

基础是社会发展的一定阶段上的社会经济制度。上层建筑是社会的政治、法律、宗教、艺术、哲学的观点，以及同这些观点相适应的政治法律等设施。

任何基础都有同它相适应的自己的上层建筑。封建社会的基础有自己的上层建筑，自己的政治、法律等等的观点，以及同这些观点相适应的设施；资本主义的基础有自己的上层建筑；社会主义的基础也有自己的上层建筑。如果基础发生变化和被消灭，那么它的上层建筑也就会随着发生变化和被消灭。如果产生新的基础，那就会随着产生同它相适应的上层建筑。

斯大林：《马克思主义和语言学问题》，《斯大林文选》，人民出版社 1962 年 8 月第 1 版，第 520 页。

基础的专门特点就是：基础在经济上为社会服务。上层建筑的专门特点就是：上层建筑以政治、法律、美学等思想为社会服务，并且为社会创造相适应的政治、法律和其他的设施。

斯大林：《马克思主义和语言学问题》，《斯大林文选》，人民出版社 1962 年 8 月第 1 版，第 544 页。

（二）法对经济基础的反作用

这是两种不相等的力量的相互作用：一方面是经济运动，另一方面是追求尽可能大的独立性并且一经确立也就有了自己的运动的新的政治权力。总的说来，经济运动会为自己开辟道路，但是它也必定要经受它自己所确立的并且具有相对独立性的政治运动的反作用，即国家权力的以及和它同时产生的反对派的运动的反作用。……

国家权力对于经济发展的反作用可以有三种：它可以沿着同一方向起作用，在这种情况下，像现在每个大民族的情况那样，它经过一定的时期都要崩溃；或者是它可以阻止经济发展沿着某些方向走，而给它规定另外的方向——这种情况归根到底还是归结为前两种情况中的一种。但是很明显，在第二和第三种情况下，政治权力会给经济发展带来巨大的损害，并造成大量人力和物力的浪费。……

法也与此相似：产生了职业法学家的新分工一旦成为必要，就又开辟了一个新的独立领域，这个领域虽然一般地依赖于生产和贸易，但是它仍然具有对这两个领域起反作用的特殊能力。

恩格斯·《致康拉德·施米特》，《马克思恩格斯文集》第10卷，人民出版社2009年12月第1版，第596—598页。

经济关系反映为法的原则，同样必然是一种头足倒置的反映。这种反映是在活动者没有意识到的情况下发生的；法学家以为他是凭着先验的原理来活动的，然而这只不过是经济的反映而已。这样一来，一切都头足倒置了。而这种颠倒——在它没有被认识以前构成我们称之为意识形态观点的那种东西——又对经济基础发生反作用，并且能在某种限度内改变经济基础，我认为这是不言而喻的。以家庭的同一发展阶段为前提，继承法的基础是经济的。尽管如此，很难证明：例如在英国立遗嘱的绝对自由，在法国对这种自由的严格限制，在一切细节上都只是出于经济的原因。但是二者都对经济起着很大的反作用，因为二者都影响财产的分配。

恩格斯：《致康拉德·施米特》，《马克思恩格斯文集》第10卷，人民出版社2009年12月第1版，第598页。

对德国的许多青年著作家来说，"唯物主义"这个词大体上是一个套语，他们把这个套语当作标签贴到各种事物上去，再不作进一步的研究，就是说，他们一把这个标签贴上去，就以为问题已经解决了。但是我们的历史观首先是进行研究工作的指南，并不是按照黑格尔学派的方式构造体系的诀窍。必须重新研究全部历史必须详细研究各种社会形态存在的条件，然后设法从这些条件中找出相应的政治、私法、美学、哲学、宗教等等的观点。在这方面，到现在为止只做了很少的一点工作，因为只有很少的人认真地这样做过。在这方面，我们需要很大的帮助，这个领域无限广阔，谁肯认真地工作，谁就能做出许多成绩，就能超群出众。

恩格斯：《致康拉德·施米特》，《马克思恩格斯文集》第10卷，人民出版社2009年12月第1版，第587页。

……根据唯物史观，历史过程中的决定性因素归根到底是现实生活的生产和再生产。无论马克思或我都从来没有肯定过比这更多的东西。如果有人在这里加以歪曲，说经济因素是唯一决定性的因素，那么他就是把这个命题变成毫无内容的、抽象的、荒诞无稽的空话。经济状况是基础，但是对历史斗争的进程发生影响并且在许多情况下主要是决定着这一斗争的形式的，还有上层建筑的各种因素：阶级斗争的政治形式及其成果——由胜利了的阶级在获胜以后确立的宪法等等，各种法的形式以及所有这些实际斗争在参加者头脑中的反映，政治的、法律的和哲学的理论，宗教的观点以及它们向教义体系的进一步发展。这里表现出这一切因素间的相互作用，而在这种相互作用中归根到底是经济运动作为必然的东西通过无穷无尽的偶然事件（即这样一些事物和事变，它们的内部联系是如此疏远或者是如此难于确定，以致我们可以认为这种联系并不存在，忘掉这种联系）向前发展。否则把理论应用于任何历史时期，就会比解一个最简单的一次方程式更容易了。

恩格斯：《致约瑟夫·布洛赫》，《马克思恩格斯文集》第 10 卷，人民出版社 2009 年 12 月第 1 版，第 591—592 页。

政治、法、哲学、宗教、文学、艺术等等的发展是以经济发展为基础的。但是，它们又都互相作用并对经济基础发生作用。并非只有经济状况才是原因，才是积极的，其余一切都不过是消极的结果。这是在归根到底总是得到实现的经济必然性的基础上的互相作用。例如，国家就是通过保护关税、自由贸易、好的或者坏的财政制度发生作用的，甚至德国庸人的那种从 1648—1830 年德国经济的可怜状况中产生的致命的疲惫和软弱（最初表现于虔诚主义，尔后表现于多愁善感和对诸侯贵族的奴颜婢膝），也不是没有对经济起过作用。这曾是重新振兴的最大障碍之一，而这一障碍只是由于革命战争和拿破仑战争把慢性的穷困变成了急性的穷困才动摇了。所以，并不像人们有时不加思考地想象的那样是经济状况自动发生作用，而是人们自己创造自己的历史，但他们是在既定的、制约着他们的环境中，在现有的现实关系的基础上进行创造的，在这些现实关系中，经济关系不管受到其他关系——政治的和意识形态的——多大影响，归根到底还是具有决定意义的，它构成一条贯穿始终的、唯一有助于理解的红线。

恩格斯：《致瓦尔特·博尔吉乌斯》，《马克思恩格斯文集》第 10 卷，人民出版社 2009 年 12 月第 1 版，第 668 页。

上层建筑是由基础产生的，但这决不是说，上层建筑只是反映基础，它是消极的、中立的，对自己基础的命运、对阶级的命运、对制度的性质是漠不关心的。相反地，上层建筑一出现，就要成为极大的积极力量，积极促进自己基础的形成和巩固，采取一切办法帮助新制度去根除，去消灭旧基础与旧阶级。

不这样是不可能的。基础创立上层建筑，就是要上层建筑为它服务，要上层建筑积极帮助它形成和巩固，要上层建筑为消灭已经过时的旧基础及其就上层建筑而积极斗争。只要上层建筑拒绝履行这种服务作用，只要上层建筑从积极保卫自己基础的立场转到对自己基础漠不关心的立场，转到对各个阶级同等看待的立场，它就会丧失自己的本质，不再成为上层建筑了。

斯大林：《马克思主义和语言学问题》，《斯大林文选》，人民出版社1962年8月第1版，第521—522页。

（三）同一种经济关系可能产生多种法律形式

如果说国家和公法是由经济关系决定的，那么不言而喻，私法也是这样，因为私法本质上只是确认单个人之间的现存的、在一定情况下是正常的经济关系。但是，这种确认所采取的形式可以是很不相同的。人们可以把旧的封建的法的形式大部分保存下来，并且赋予这种形式以资产阶级的内容，甚至直接给封建的名称加上资产阶级的含义，就像在英国与民族的全部发展相一致而发生的那样；但是人们也可以像在西欧大陆上那样，把商品生产者社会的第一个世界性法律即罗马法以及它对简单商品所有者的一切本质的法的关系（如买主和卖主、债权人和债务人、契约、债务等等）所作的无比明确的规定作为基础。这样做时，为了仍然是小资产阶级的和半封建的社会的利益，人们可以或者是简单地通过审判的实践贬低罗马法，使它适合于这个社会的状况（普通法），或者是依靠所谓开明的进行道德说教的法学家的帮助把它加工成一种适应于这种社会状况的特殊法典，这种法典，在这种情况下即使从法学观点看来也是不好的（普鲁士邦法）；但是这样做时，人们也可以在资产阶级大革命以后，以同一个罗马法为基础，制定出像法兰西民法典这样典型的资产阶级社会的法典。因此，如果说民法准则只是以法的形式表现了社会的经济生活条件，那么这种准则就可以依情况的不同而把这些条件有时表现得好，有时表现得坏。

恩格斯：《路德维希·费尔巴哈和德国古典哲学的终结》，《马克思恩格斯文集》第4卷，人民出版社2009年12月第1版，第307页。

（四）违背经济发展的法只是一纸空文

但社会不是以法律为基础的。那是法学家们的幻想。相反地，法律应该以社会为基础。法律应该是社会共同的、由一定物质生产方式所产生的利益和需要的表现，而不是单个的个人恣意横行。现在我手里拿着的这本 Code Napoleon（拿破仑法典）并没有创立现代的资产阶级社会。相反地，产生于十八世纪并在十九世纪继续发展的资产阶级社会，只是在这本法典找到了它的法律的表现。这一法典一旦不再适应社会关系，它就会变成一叠不值钱的废纸。你们不能使旧法律成为新社会发展的基础，正像这些旧法律不能创立旧社会关系一样。

马克思：《对民主主义者莱茵区域委员会的审判》，《马克思恩格斯全集》第 6 卷，人民出版社 1961 年 8 月第 1 版，第 291—292 页。

蒲鲁东从他的法学观点出发，不是用社会生产的条件，而是用这些条件借以获得普遍表现的国家法律来解释利率以及一切经济事实。从这种看不见国家法律和社会生产条件之间的任何联系的观点看来，这些国家法律必然是纯粹的随心所欲的命令，随时可以用直接相反的东西来替代。因此，在蒲鲁东看来，最容易不过的就是颁布法令——如果他拥有这种权力的话——把利率降低为一分。可是，如果其他一切社会条件照旧不变，蒲鲁东的这个法令也就只是一纸空文。不管颁布怎样的法令，利率照旧将由现在支配它的经济规律来调节。能借到钱的人还会像以前那样视情况按两分、三分、四分和更高的利率借钱，不同的地方只是食利者会非常谨慎，只把钱借给那些不会去打官司的人。

恩格斯：《论住宅问题》，《马克思恩格斯文集》第 3 卷，人民出版社 2009 年 12 月第 1 版，第 266 页。

只要还存在着市场经济，只要还保持着货币权力和资本力量，世界上任何法律也无力消灭不平等和剥削。

列宁：《土地问题和争取自由的斗争》，《列宁全集》第 10 卷，人民出版社 1958 年 12 月第 1 版，第 407 页。

从经济的观点来看，对土地转移的任何禁止和限制都有莫大的害处。在生活条件还勉强过得去的时候，农民决不会出卖自己的土地。如果在贫困或者其他情况（迁移、能劳动的人死亡等等）下不得不出卖时，任何法律也制止不住。人民会随时规避法律，禁止只有使出卖土地的条件更加恶化。

列宁：《农民土地的转移》，《列宁全集》第 18 卷，人民出版社 1959 年 6 月第 1 版，第 537 页。

（五）不适合新经济关系的法律观念不可能长期存在下去

在这里，同吉尔巴特一起说什么自然正义，这是荒谬的。生产当事人之间进行的交易的正义性在于：这种交易是从生产关系中作为自然结果产生出来的。这种经济交易作为当事人的意志行为，作为他们的共同意志的表示，作为可以由国家强加给立约双方的契约，表现在法律形式上，这些法律形式作为单纯的形式，是不能决定这个内容本身的。这些形式只是表示这个内容。这个内容，只要与生产方式相适应，相一致，就是正义的；只要与生产方式相矛盾，就是非正义的。在资本主义生产方式的基础上，奴隶制是非正义的；在商品质量上弄虚作假也是非正义的。

马克思：《资本论》第 3 卷，《马克思恩格斯全集》第 25 卷，人民出版社 1974 年 11 月第 1 版，第 379 页。

"物质生活的生产方式制约着整个社会生活、政治生活和精神生活的过程"，在历史上出现的一切社会关系和国家关系，一切宗教制度和法律制度，一切理论观点，只有理解了每一个与之相应的时代的物质生活条件，并且从这些物质条件中被引申出来的时候，才能理解。"不是人们的意识决定人们的存在，相反，是人们的社会存在决定人们的意识。"这个原理非常简单，它对于没有被唯心主义的欺骗束缚住的人来说是不言自明的。但是，这个事实不仅对于理论，而且对于实践都是最革命的结论。

恩格斯：《卡尔·马克思政治经济学批判》，《马克思恩格斯文集》第 2 卷，人民出版社 2009 年 12 月第 1 版，第 597 页。

如果说我们的法律的、哲学的和宗教的观念，都是一定社会内占统治地位的经济关系的近枝或远蔓，那么，这些观念终究不能抵抗因这种经济关系的完全改变所产生的影响。

恩格斯：《社会主义从空想到科学的发展》，《马克思恩格斯文集》第 3 卷，人民出版社 2009 年 12 月第 1 版，第 521 页。

既然人们的意识、人们的风俗习惯是由外部条件决定的，既然法律形式和政治形式的不适用是决定于经济内容的，那就很明显，我们应当促进经济关系的根本改造，以便使人民的风俗习惯及其政治制度也随之根本改变过来。

斯大林：《无政府主义还是社会主义?》，《斯大林全集》第 1 卷，人民出版社 1953 年 9 月第 1 版，第 293—294 页。

形成社会的精神生活的源泉，产生社会思想、社会理论、政治观点和政治设施的源泉，不应当到思想、理论、观点和政治设施本身中去寻求，而要到社会的物质生活条件、社会存在中去寻求，因为这些思想、理论和观点等等是社会存在的反映。

斯大林：《论辩证唯物主义和历史唯物主义》，《斯大林文选》，人民出版社 1962 年 8 月第 1 版，第 189 页。

三 剥削阶级的法

（一）奴隶制法和封建制法的本质

爱德华六世在即位的第一年（1547 年）颁布的法令规定，拒绝劳动的人，如被告发为游惰者，就要判为告发者的奴隶。……

伊丽莎白执政时期的 1572 年的法令规定，没有得到行乞许可的 14 岁以上的乞丐，如果没有人愿意使用他一年，就要受猛烈的鞭打，并在右耳打上烙印；如果有人再度行乞而且年过 18 岁，又没有人愿意使用两年，就要被处死；第三次重犯，就要毫不容情地当做叛国犯处死。类似的法令还有伊丽莎白十八年所颁布的第 3 号法令和 1597 年的法令。

詹姆斯一世时期，游荡和行乞的人被宣布为流浪者。即决法庭的治安法官有权叫人当众鞭打他们，把第一次被抓到的监禁六个月，第二次被抓到的监禁两年。在监禁期间，治安法官认为适当就可以随时鞭打他们，要打多少就打多少……不可救药的危险的流浪者，要在左肩上打上 R 字样的烙印，并要从事强制劳动；如果他再度在行乞时被抓到，那就要毫不容情地处死。这些条例直到 18 世纪初还有效，到安女王十二年颁布第 23 号法令时才被废除。

法国也有同样的法律，因为 17 世纪中叶在巴黎曾经建立了一个流浪者王国。在路易十六初期（1777 年 7 月 13 日的敕令）还规定，16 岁到 60 岁的身体强壮而没有生存资料或职业的人，都要罚做苦工。1531 年 10 月查理五世对尼德兰颁布的法令，1614 年 3 月 19 日荷兰各州和各城市的第 1 号告示，1649 年 6 月 25 日联合省的公告等，都有类似的规定。

这样，被暴力剥夺了土地，被驱逐出来而变成了流浪者的农村居民，由于这些古怪的恐怖的法律，通过鞭打、烙印、酷刑，被迫习惯于雇佣劳动制度所必需的纪律。

马克思：《资本论》，《马克思恩格斯文集》第 5 卷，人民出版社 2009 年 12 月第 1 版，第 843—846 页。

处于所有这些阶级（平民反对派除外）之下的，就是这个民族中遭受剥削的广大群众——农民。压在农民头上的是社会的各个阶层：诸侯、官吏、贵族、僧侣、城市贵族和市民。无论农民是属于一个诸侯、一个帝国直属贵族、一个主教、一个寺院，还是属于一个城市，他们都毫无例外地被当做一件东西看待，被当做牛马，甚至连牛马都不如。如果他们是农奴，那就得无条件地听从主人支配。如果他们是依附农，契约规定的法定负担已经压得他们透不过气了，可是这些负担还在一天天加重。他们必须以绝大部分时间在主人的田庄上劳动；而他们在少量的自由时间里的劳动所得，还要用来缴纳什一税、地租、土地税、财产税、远征税（战争税）、邦税和帝国税。农民若不向主人送钱，非但不能结婚，连死也不行。除了常规徭役以外，农民还要为老爷采集干草、草莓、越桔、蜗牛壳，驱赶野兽以供打猎，为主人砍柴等等。捕鱼和打猎都是主人才可以干的事；如果野兽践踏了农民的庄稼，农民只许眼睁睁地看着。农民的公社牧场和林地几乎到处都被主人强占。主人像支配财产一样任意支配农民及其妻女的人身。主人享有初夜权。主人可以任意把农民投入监牢；在监牢中，正如今天一定有预审法官等着一样，当时一定有刑具等着农民。主人可以任意把农民打死，或者把农民斩首。加洛林纳法典中的那些含有惩戒意义的条款提到了"割耳"、"割鼻"、"剜眼"、"断指断手"、"斩首"、"车裂"、"火焚"、"夹火钳"、"四马分尸"等等，其中没有一项不被这些尊贵的老爷或保护人随心所欲地用来对付农民。谁来保护农民呢？法庭上坐着的都是权贵、僧侣、城市贵族或律师，他们深知拿了钱就该办什么事。帝国官场中各等级本来就是靠从农民身上吮血吸髓过活的。

恩格斯：《德国农民战争》，《马克思恩格斯文集》第 2 卷，人民出版社 2009 年 12 月第 1 版，第 231—232 页。

中世纪完全是从野蛮状态发展而来的。它把古代文明、古代哲学、政治和法学一扫而光，以便一切都从头做起。它从没落的古代世界接受的唯一事务就是基督教和一些残破不全而且丧失文明的城市。其结果正如一切原始发展阶段的情形一样，僧侣获得了知识教育的垄断地位，因而教育本身也渗透了神学的性质。在僧侣手中，政治和法学同其他一切科学一样，不过是神学的分支，一切都按照神学中适用的原则来处理。教会的教条同时就是政治信条，圣经词句在各个法庭都具有法律效力。甚至在法学家已经形成一个等级的时候，法学还久久处于神学控制之下。神学在知识活动的整个领域的这种至高无上的权威，同时也是教会在当时封建统治下万流归宗的地位的必然结果。

恩格斯：《德国农民战争》，《马克思恩格斯文集》第2卷，人民出版社2009年12月第1版，第235页。

在最古老的自然形成的公社中，最多只谈得上公社成员之间的平等权利，妇女、奴隶和外地人自然不在此列。在希腊人和罗马人那里，人们的不平等的作用比任何平等要大得多。如果认为希腊人和野蛮人、自由民和奴隶、公民和被保护民、罗马的公民和罗马的臣民（该词是在广义上使用的），都可以要求平等的政治地位，那么这在古代人看来必定是发了疯。在罗马帝国时期，所有这些区别，除自由民和奴隶的区别外，都逐渐消失了；这样，至少对自由民来说产生了私人的平等，在这种平等的基础上罗马法发展起来了，它是我们所知道的以私有制为基础的法的最完备形式。但是只要自由民和奴隶之间的对立还存在，就谈不上来自一般人的平等得出的法的结论，这一点我们不久前在北美的合众国各蓄奴州里还可以看得到。

恩格斯：《反杜林论》，《马克思恩格斯文集》第9卷，人民出版社2009年12月第1版，第109页。

以后的雅典政治史，直到梭伦时代，人们知道得很不完全。巴赛勒斯一职已经废除；国家首脑人物已由贵族中所选出的执政官来充任。贵族的统治日益加强，到了公元前600年前后，已经变得令人不能忍受了。这时，货币和高利贷已成为压制人民自由的主要手段。贵族们的主要居住地是雅典及其近郊，在那里，海上贸易以及附带的有时仍然进行的海上掠夺，使贵族们发财致富，并使货币财富集中在他们手中。由此而日益发达的货币经济，就像腐蚀性的酸类一样，渗入了农村公社的以自然经济为基础的传统的生活方式。氏族制度同货币经济绝对不能相容；阿提卡小农的破产是与保护他们的旧的氏族联系的松弛同时发生的。债务契约和土地抵押（雅典人已经发明了抵押办法）既不理会氏族，也不理会胞族。而旧的氏族制度既不知有货币，也不知有贷款，更不知有货币债务。因此，贵族的日益扩展的货币统治，为了保护债权人对付债务人，为了使货币所有者对小农的剥削神圣化，也造成了一种新的习惯法。在阿提卡的田地上到处都竖立着抵押柱，上面写着这块地已经以多少钱抵押给某某人了。没有竖这种柱子的田地，大半都因未按期付还押款或利息而出售，归贵族高利贷者所有了；农民只要被允许做佃户租种原地，能得自己劳动生产品的六分之一以维持生活，把其余六分之五作为地租交给新主人，那他就谢天谢地了。不仅如此，如果出卖土地所得的钱不够还债，或者债务没有抵押保证，那么债务人便不得不把自己的子女出卖到国外去做奴隶，以偿还债务。父亲出卖子女——这就是父权制和专偶制的第一个果实！要是吸血鬼还不满足，那么他可以把债务人本身卖为奴隶。雅典人民的文明时代的欢乐的曙光，就是如此。

> 恩格斯：《家庭、私有制和国家的起源》，《马克思恩格斯文集》第 4 卷，人民出版社 2009 年 12 月第 1 版，第 128—129 页。

什么是专制制度？专制制度（专制政体，极权君主制）是一种最高权力完全地整个地（无限制地）由沙皇一人独占的政体。沙皇颁布法律，任命官吏，搜刮和挥霍人民的钱财，人民对立法和监督管理一概不得过问。因此，专制制度就是官吏和警察专权，而人民无权。全体人民备受无权的痛苦，有产阶级（特别是富裕的地主和资本家）却可以任意左右官吏。

> 列宁：《俄国社会民主党中的倒退倾向》，《列宁全集》第 4 卷，人民出版社 1958 年 10 月第 1 版，第 231 页。

享受新法律的只是一些显贵的官员以及同宫廷有关系的人物，他们在客厅里同省长或大臣谈上一两句话，就能毫不费力地得到这些优待和特权。

> 列宁：《农奴主在活动》，《列宁全集》第 5 卷，人民出版社 1959 年 1 月第 1 版，第 77 页。

新法律直接关心的就是要尽快地为地主建立新的天堂，为农民建立新的地狱。

> 列宁：《农奴主在活动》，《列宁全集》第 5 卷，人民出版社 1959 年 1 月第 1 版，第 78 页。

沙皇专制制度就是沙皇的权力要多大有多大。人民根本不能参加国家的机构和管理国家。沙皇一个人有独揽的无限专制的权力，什么法律都由他颁布，什么官吏都由他派。

> 列宁：《给农村贫民》，《列宁选集》第 1 卷，人民出版社 1972 年 10 月第 2 版，第 393 页。

不管是谁讲古代史课，你们都会听到君主制国家和共和制国家斗争的情况，但基本的事实是奴隶不算是人；奴隶不仅不算是公民，而且不算是人。罗马的法律把奴隶看成一种物品。关于杀人的法律不适用于奴隶，更不用说其他保护人身的法律了。法律只保护奴隶主，只把他们看做是有充分权利的公民。不论当时所建立的是君主国还是共和国，都不过是奴隶占有制君主国或奴隶占有制共和国。在这些国家中，奴隶主享有一切权利，而奴隶按法律规定却是一种物品，对他不仅可以随便使用暴力，就是杀死奴隶也不算犯罪。奴隶占有制共和国按其内部结构来说分为两种：贵族共和国和民主共和国。在贵族共和国中参加选举的是少数享有特权的人，在民主共和国中参加选举的是全体，但仍然是奴隶主的全体，奴隶是除外的。我们必须注意到这种基本情况，因为它最能说明国家问题，最能清楚地表明国家的实质。

> 列宁：《论国家》，《列宁专题文集》之《论辩证唯物主义和历史唯物主义》，人民出版社 2009 年版，第 289—290 页。

地主为了维持自己的统治，为了保持自己的权力，必须有一种机构能使大多数人统统服从他们，服从他们的一定的法律、规则，这些法规基本上是为了一个目的——维持地主统治农奴制农民的权力。

> 列宁：《论国家》，《列宁专题文集》之《论辩证唯物主义和历史唯物主义》，人民出版社 2009 年版，第 291 页。

（二）资产阶级法的本质

1. 资产阶级法是资产阶级意志的体现

狄东的海盗抓到俘虏后，就打断他们的手脚，以便保证自己控制他们。为了保证自己对森林条例违反者的控制，省议会不仅打断了法的手脚，而且还刺穿了它的心。我们认为省议会在恢复我们的诉讼法的某些部分方面，是毫无功绩的。相反地，我们对于省议会在把不自由的形式赋予不自由的内容时所采取的那种公开和彻底的态度，必须给以应有的报答。

> 马克思：《关于林木盗窃法的辩论》，《马克思恩格斯全集》第 1 卷，人民出版社 1956 年 12 月第 1 版，第 178—179 页。

个人消费一方面保证它们维持自己和再生产自己，另一方面通过生活资料的耗费来保证它们不断重新出现在劳动市场上。罗马的奴隶是由锁链，雇佣工人则由看不见的线系在自己的所有者手里。他的独立性这种假象是由雇主的经常更换以及契约的法律拟制来保持的。

从前，资本在它认为必要的时候，就通过强制性法律来实现它对自由工人的所有权。例如 1815 年以前，英国禁止机器工人移居国外，违者予以严惩。

马克思：《资本论》，《马克思恩格斯文集》第 5 卷，人民出版社 2009 年 12 月第 1 版，第 662 页。

由于封建家臣的解散和土地断断续续遭到暴力剥夺而被驱逐的人，这个不受法律保护的无产阶级，不可能像它诞生那样快地被新兴的工场手工业所吸收。另一方面，这些突然被抛出惯常生活轨道的人，也不可能一下子就适应新状态的纪律。他们大批地变成了乞丐、盗贼、流浪者，其中一部分人是由于习性，但大多数是为环境所迫。因此，15 世纪末和整个 16 世纪，整个西欧都颁布了惩治流浪者的血腥立法。现在的工人阶级的祖先，当初曾因被迫变成了流浪者和需要救济的贫民而受到惩罚。

马克思：《资本论》，《马克思恩格斯文集》第 5 卷，人民出版社 2009 年 12 月第 1 版，第 843 页。

现代的工业劳动，现代的资本压迫，无论在英国或法国，无论在美国或德国，都是一样的，都使无产者失去了任何民族性。法律、道德、宗教在他们看来全都是资产阶级偏见，隐藏在这些偏见后面的全都是资产阶级利益。

马克思、恩格斯：《共产党宣言》，《马克思恩格斯文集》第 2 卷，人民出版社 2009 年 12 月第 1 版，第 42 页。

对于他，事情的本质并没有改变，这种表面的自由一方面虽然也一定会给他带来某些真正的自由，可是另一方面也有它的坏处，即没有人保障他的生计。他的主人（资产阶级）如果对他的工作、对他的生存不再感到兴趣，就随时可以把他赶出去，让他去饿死。可是，对资产阶级来说，现在的情况比起旧的奴隶制来却是无比地有利：他们可以随便在什么时候辞退自己的工人，同时并不因此使投下的资本受到损失，工人劳动的代价无论如何要比奴隶劳动的代价便宜得多，这是亚当·斯密为了安慰他们而给他们算清了的。

恩格斯：《英国工人阶级状况》，《马克思恩格斯全集》第 2 卷，人民出版社 1957 年 12 月第 1 版，第 364 页。

而资产阶级为工人考虑的唯一的东西就是法律，当工人向资产阶级步步进逼的时候，资产阶级就用法律来钳制他们；就像对待无理性的动物一样，资产阶级对工人只有一种教育手段，那就是皮鞭，就是残忍的、不能服人而只能威吓人的暴力。

恩格斯:《英国工人阶级状况》,《马克思恩格斯文集》第 1 卷,人民出版社 2009 年 12 月第 1 版,第 428 页。

趁这个机会来谈谈在英国是怎样神圣地看待法律的。对资产者来说,法律当然是神圣的,因为法律是资产者本身的创造物,是经过他的同意并且是为了保护他和他的利益而颁布的。资产者懂得,即使个别的法律对他特别不利,但是整个立法毕竟是保护他的利益的,而最重要的是,法律的神圣性,由社会上一部分人积极地按自己的意志规定下来并由另一部分人消极地接受下来的秩序的不可侵犯性,是资产者的社会地位的最强有力的支柱。英国资产者把法律看做自己的化身,正如他把自己的上帝看做自己的化身一样,所以他认为法律是神圣的,所以警察手中的棍子(其实就是他自己手中的棍子)对于他具有极大的安抚力。而在工人看来当然就不是这样。工人有足够的体验,并且十分清楚地知道,法律对他来说是资产者给他准备的鞭子,因此,不是万不得已工人是不会诉诸法律的。

恩格斯:《英国工人阶级状况》,《马克思恩格斯文集》第 1 卷,人民出版社 2009 年 12 月第 1 版,第 462 页。

现在我们来看看资产阶级如何作为政党、甚至作为国家政权来反对无产阶级的种种情况。整个立法首先就是为了保护有产者反对无产者,这是显而易见的。只是因为有了无产者,所以才必须有法律。这一点虽然只是在少数法律条文里直接表现出来,例如取缔流浪汉和露宿者的法律就宣布无产阶级本身是不受法律保护的,但是,敌视无产阶级却是法律的重要基础,因此法官,特别是本身就是资产者并且和无产阶级接触最多的治安法官,立刻就会看出法律本身所包含的这种意图。……治安法官的偏袒行为,特别在乡间,实在是任何人都无法想象的,而且这种行为已司空见惯,以致所有不是过分耸人听闻的事件都被报纸毫不在乎地而且不加评论地刊登出来。也不可能指望有别的做法。一方面,这些"道勃雷"只是按照法律的原意来解释法律,另一方面,他们本身就是资产者,他们首先认为本阶级的利益是一切真正的秩序的主要基础。

恩格斯:《英国工人阶级状况》,《马克思恩格斯文集》第 1 卷,人民出版社 2009 年 12 月第 1 版,第 481—482 页。

此外,在历史上的大多数国家中,公民的权利是按照财产状况分级规定的,这直接地宣告国家是有产阶级用来防御无产阶级的组织。在按照财产状况划分阶级的雅典和罗马，就已经是这样。在中世纪的封建国家中，也是这样，在那里，政治的权力地位是按照地产来排列的。现代的代议制的国家的选举资格，也是这样。

恩格斯：《家庭、私有制和国家的起源》，《马克思恩格斯文集》第4卷，人民出版社2009年12月第1版，第192页。

罚款的目的不在于赔偿损失，而在于建立纪律，也就是使工人服从厂主，强迫工人执行厂主的命令，上工的时候听从厂主。罚款法就是这么说的：罚款是"工厂经理为维护制度而以私人权力所施的现金处分"。因此罚款的多少不是由损失的大小，而是由工人工作草率的程度决定的：工作愈草率，对厂主的反抗愈厉害，对厂主的要求违抗得愈厉害，罚款也就愈多。如果谁替厂主做工，那么很清楚，他就成了不自由的人；他必须听从厂主，而厂主可以惩罚他。农奴给地主干活，受地主惩罚。工人替资本家做工，受资本家惩罚。所有的差别只是在于，不自由的人从前是挨棍子打，而现在是受卢布的鞭笞。

列宁：《对工厂工人罚款法的解释》，《列宁全集》第2卷，人民出版社1959年5月第1版，第14页。

我们来看看，旷工罚款法公正吗？如果一个工人一两天不去做工就被认为旷工，要处罚他，而一连旷工3天以上还要开除他。但是，如果厂主停止工作（例如因为没有订货），或每星期不按规定开工6天，只开工5天，那会怎样呢？如果工人和厂主真是平等的话，那么对待厂主的法律也应当像对待工人的一样。如果工人停止工作，他不但得不到工资而且还要付出罚款。那么，如果厂主任意停工，第一，他应当付给工人在工厂停工期间的全部工资；第二，也应当付出罚款。但是不论哪一点在法律中都没有规定。这一个例子可以清楚地证明，正如我们前面所说的，罚款是表示资本家对工人的奴役，表示工人是一个下等、不自由的阶级，注定终生替资本家工作，给他们创造财富，而工作所得到的只是还不够维持最起码的生活的几文钱。至于要厂主付出任意停工的罚款，那就更谈不上了。厂主甚至在不是由于工人的过失而停工时都不付给工人工资。这是极为令人愤恨的不公平的现象。

列宁：《对工厂工人罚款法的解释》，《列宁全集》第2卷，人民出版社1959年5月第1版，第25—26页。

我们已经说过，根据法律，罚款是由工厂经理"以私人权力"的。关于对经理的处置提出申诉的问题，法律规定："对工厂经理课处工人罚款之处置，不得提出申诉。但在工厂视察处之官员巡视工厂时，若从工人之申述中发现违法课收工人罚款之情形，应追究经理之责任。"谁都看得出，这种规定是非常含糊和自相矛盾的：一方面跟工人说，被课处罚款不许提出申诉。另一方面又说，工人可以向视察员"申述"罚款是"违法"的。"对违法现象提出申述"和"对违法现象提出申诉"——一个没有机会读到俄国法律的人一定会问，这有什么分别呢？分别是没有的，不过法律咬文嚼字地规定这么一条，其目的倒也非常明显：是想限制工人对厂主无理的违法罚款提出申诉的权利。现在如果哪个工人向视察员申诉违法罚款的事件，那视察员就可以对他说："法律不许对罚款提出申诉。"未必会有多少工人能够看透这种暗怀鬼胎的法律，并且回答说："我不是申诉，我只是申述。"

列宁：《对工厂工人罚款法的解释》，《列宁全集》第 2 卷，人民出版社
1959 年 5 月第 1 版，第 32 页。

如果这样的法律和条例施行起来，如果工人熟悉了它们，并在和当局的冲突中认清了法律怎样压迫他们，工人就会逐渐意识到自己不自由的地位。他们就会懂得，只是贫困才逼他们去替富人做工，才逼他们满足于他们的沉重劳动的微薄代价。他们就会懂得，政府及其官员是袒护厂主的，而定的法律也是便于厂主压榨工人的。

列宁：《对工厂工人罚款法的解释》，《列宁全集》第 2 卷，人民出版社
1959 年 5 月第 1 版，第 51—52 页。

工厂则集中了这样大量的工人，压榨工人达到这样的程度，以至无法弄清每个具体案件。于是订立了一般条例，制定了所有的人都必须遵守的关于工人对厂主的关系的法令。在这个法令中，对雇主利益的庇护已被国家政权固定下来。个别官吏的不公道已被法令本身的不公道代替。譬如，有这样的条例：工人不上班不但领不到工资，而且还要缴付罚款，但是雇主使工人不上班时，却什么也不付给工人；雇主因为工人粗暴可以解雇工人，但是工人却不能以同样的理由离开雇主不干；雇主有权擅自向工人勒取罚款、扣款、或者要求工人加班等等。

列宁：《社会民主党纲领草案及其说明》，《列宁专题文集》之《论无产阶级政党》，人民出版社 2009 年 12 月第 1 版，第 11 页。

为了改善自己的处境，工人现在不得不对付以资本剥削劳动为方针的整个社会结构。与工人对立的已经不是个别官吏的个别不公道，而是国家政权本身的不公道，这个政权把整个资本家阶级置于自己庇护之下，并发布对这个阶级有利而大家都必须遵守的法令。

列宁：《社会民主党纲领草案及其说明》，《列宁专题文集》之《论无产阶级政党》，人民出版社 2009 年 12 月第 1 版，第 12 页。

这种情况的产生，是由于俄国（所有的欧洲国家中也只有俄国）直到现在还保存着专制政府的无限权力，也就是保存着这样一种国家机构，沙皇一个人能够任意发布全国人民必须遵守的法令，而且只有沙皇任命的官吏才能执行这些法令。公民被剥夺了参与发布法令、讨论法令、提议制定新法令和要求废除旧法令的一切可能。他们被剥夺了要求官吏报告工作、检查官吏的活动和向法院提出控诉的一切权利。公民甚至被剥夺了讨论国家事务的权利：没有这些官吏的许可，他们不能集会结社。可见，官吏是完全为所欲为的。他们好像是一个骑在公民头上的特殊等级。官吏的为所欲为、横行霸道和人民本身的毫无发言权，使这些官吏穷凶极恶地滥用职权和侵犯平民百姓的权利达到了任何一个欧洲国家几乎都不可能有的地步。

列宁：《社会民主党纲领草案及其说明》，《列宁专题文集》之《论无产阶级政党》，人民出版社 2009 年 12 月第 1 版，第 15 页。

在法律上，俄国政府是完全不受限制的，它好像是完全独立于人民的，凌驾于一切等级和阶级之上的。但如果真是这样，那么法令也好，政府也好，为什么在工人同资本家发生的一切冲突当中，总是占到资本家方面去呢？为什么资本家随着自己人数的增加和财富的增多而得到越来越多的支持，而工人却遭到越来越多的反对和限制呢？

实际上，政府并不是凌驾于阶级之上的，而是维护一个阶级来反对另一个阶级，维护有产阶级来反对穷人阶级，维护资本家来反对工人。不受限制的政府如果不给有产阶级种种特权和优待，就不可能管理这样一个大国。

列宁：《社会民主党纲领草案及其说明》，《列宁专题文集》之《论无产阶级政党》，人民出版社 2009 年 12 月第 1 版，第 15 页。

虽然在法律上政府是一个不受限制的、独立的政权机关，但实际上资本家和土地占有者却有千百种手段影响政府和国家事务。他们有法律所承认的自己的等级机关、贵族和商人协会、工商业委员会等组织。他们选出的代表，或者直接充当官吏，参加国家管理（譬如贵族代表），或者被邀担任一切政府机关的委员，譬如厂主按照法律可以选出自己的代表出席工厂事务会议（这是工厂视察机关的上级机关）的会议。但是他们并不限于这种直接参加国家管理。他们还在自己的协会里讨论国家法令，拟定草案，而政府每件事情也往往征求他们的意见，送给他们某种草案，请他们提出意见。

列宁：《社会民主党纲领草案及其说明》，《列宁专题文集》之《论无产阶级政党》，人民出版社 2009 年 12 月第 1 版，第 15—16 页。

现在每一个工人都知道，新法律是否实行完全取决于谁对政府的压力更大：是厂主还是工人。只是用斗争，用自觉的、坚强的斗争，工人才争取到颁布这个法律，并且实行得对工人有利。没有团结一致的工人进行顽强的斗争，没有他们给厂主的每一个野心以坚强的回击，新法律还是一纸空文，是一块漂亮而虚伪的招牌，我们的政府正是竭力用这块招牌来粉饰那幢充满了警察暴力、工人无权和受尽压迫的完全腐朽的建筑物。

列宁：《新工厂法》，《列宁全集》第 2 卷，人民出版社 1959 年 5 月第 1 版，第 248 页。

工人由此看出，政府对待厂主和工人是多么不同。例如，颁布工人不得在满期前离厂的法令时，马上就规定了离厂的惩罚，甚至还规定了象逮捕这样严厉的惩罚。再如法律规定，工人罢工要受逮捕甚至监禁的惩罚，而厂主违背条例引起罢工，只不过罚款而已。现在的情况也是如此。法律要求厂主在星期日和节日让工人休息，一昼夜不得要工人工作 11 个半小时以上，但是没有规定不履行这些要求要受什么惩罚。厂主破坏这一法律会引起什么后果呢？至多是被拖到治安法官那儿去，课以 50 卢布以下的罚款，或者由工厂管理局自己决定惩罚，那也只是罚款而已。难道 50 卢布的罚款就会吓住厂主吗？要知道，他强迫工人为他多做一夜或者一个节日的工作，他所得到的利润可就不是 50 卢布！违反法律而交付罚款对厂主是直接有利的。

列宁：《新工厂法》，《列宁全集》第 2 卷，人民出版社 1959 年 5 月第 1 版，第 254—255 页。

对工人最为重要的，不单是要从书本上获得法律知识，而是要在生活中熟悉法律，这样他们才会了解，这些法律是为谁制定的，那些运用法律的人是为谁服务的。

> 列宁：《论工业法庭》，《列宁全集》第 4 卷，人民出版社 1958 年 10 月第 1 版，第 265 页。

任何一个工人一旦熟悉了法律，就会很清楚地看出，这些法律代表的是有产阶级、私有者、资本家、资产阶级的利益，而工人阶级，在他们还没有权利选举自己的代表参加法律的制定和监督法律的执行以前，永远也不能根本改善自己的境况。

> 列宁：《论工业法庭》，《列宁全集》第 4 卷，人民出版社 1958 年 10 月第 1 版，第 265 页。

法律只是为富人的利益制定的，当官的也是保护富人的利益的，工人大众不能随便讲话，不能说出自己的疾苦，工人阶级必须争取到罢工、出版工人报纸和参加人民代表机关的权利，由这个代表机关颁布法律和监督法律的执行。

> 列宁：《谈谈罢工》，《列宁全集》第 4 卷，人民出版社 1958 年 10 月第 1 版，第 279 页。

工人要想成为社会民主主义者，就应当明确认识地主和神甫、显宦和农民、学生和流氓的经济本性及其社会政治面貌，就应当知道他们的强处和弱点，就应当理解每个阶级和每个阶层用来掩饰它自私的企图和真正的"心意"的流行词句和各种诡辩，就应当懂得哪些法律制度和法律反映着和如何反映着这些或那些人的利益。而这种"明确的认识"无论从哪一本书里也学不到，只有根据具体的情况，只有把现在在我们周围发生的、大家都按自己的方式谈论着或者只是私下谈论着的、表现于某些事件、某些数目字、某些法庭判决词等等之中的一切情形都就地立刻揭露出来，才能使人们获得这种认识。这种全面的政治揭露工作，是培养群众革命积极性的必要条件和基本条件。

> 列宁：《怎么办？》，《列宁全集》第 5 卷，人民出版社 1959 年 1 月第 1 版，第 382 页。

弗兰克为什么这样激动呢？因为他对资产阶级"法制"和资产阶级"平权"信服得五体投地，而不懂得这种法制的历史局限性，不了解事情一旦关系到保存资产阶级所有制这个基本的和主要的问题时，这种法制就一定会而且必然化为乌有了。弗兰克浑身浸透了小资产阶级的宪制幻想；所以他不懂得，即使在德国这样的国家中，实行立宪制度也有历史局限性；他相信德国资产阶级宪法（更确切地说：资产阶级的封建的宪法）的绝对作用和绝对效力，所以当立宪大臣不愿承认他弗兰克这位奉公守法的议员的"平权"时，他是那样从内心感到受侮辱。弗兰克陶醉于这种法制，他已忘记资产阶级同无产阶级是不可调和的，他不自觉地站到那些认为资产阶级法制永世长存、认为社会主义可以装在资产阶级法制框子里的人的立场上去了。

> 列宁：《两个世界》，《列宁全集》第 16 卷，人民出版社 1959 年 4 月第 1版，第 304 页。

德国统治阶级曾经建立了 19 世纪下半叶最强大的国家，造成了最迅速地发展资本主义的条件和使宪制长久存在的条件，而现在，十分明显，他们就要走到事情的反面，就要为了保存资产阶级的统治而不得不毁掉他们的这种法制了，历史真会捉弄德国统治阶级。

近 50 年来，德国社会民主工党极好地利用了资产阶级的法制，建立了最优秀的无产阶级组织，创办了卓越的刊物，把社会主义无产阶级先锋队的觉悟程度和团结精神提到了最高的水平（在资本主义制度下所能达到的最高水平）。

现在，德国历史上的这个时代（近 50 年），由于客观原因很快就一定要被另外一个时代所代替了。利用资产阶级建立的法制的时代将由伟大的革命斗争的时代所代替，而且这些革命斗争在实际上将摧毁全部资产阶级法制，摧毁整个资产阶级制度，而在形式上将以资产阶级企图摆脱法制的慌张挣扎而开始（现在已开始）。法制为资产阶级所建立，如今却成为它所不能忍受的东西了！"资产者老爷们，你们先开枪吧！"——1892 年恩格斯用这几个字说明了形势的特点和无产阶级策略任务的特点。

> 列宁：《两个世界》，《列宁全集》第 16 卷，人民出版社 1959 年 4 月第 1版，第 309 页。

当运动还是软弱无力的时候，当它还没有带群众性的时候，反动派对付无产阶级只有一种手段，那就是监狱、西伯利亚、皮鞭和绞架。……

但是当运动带有群众性的时候，情形就完全不同了。现在的反动派所碰到的已不只是一些"祸首"，现在站在他们面前的，已是具有浩大革命声势的不可胜数的群众了。所以他们应当重视的正是这种群众。而群众是不能尽行绞杀、尽行流放到西伯利亚、尽行投入监狱去的。用皮鞭抽打群众，对那基础早已动摇的反动派并不总是有利的。很明显，除了旧的手段以外，还必须采取新的"较文明"手段。在反动派看来，这种新手段会加深无产阶级阵营中的意见分歧，引起落后工人的幻想，迫使他们放弃斗争并把他们联合在政府的周围。

"工厂立法"正是这样一种新手段。

这样，沙皇政府既不放弃旧的手段，同时又想利用"工厂立法"，就是说，想依靠皮鞭和法令来解决"迫切的工人问题"。他想用各种诺言，如缩短工作日，保护童工和女工的劳动，改善卫生条件，施行工人保险，废除罚款制以及诸如此类的福利的诺言，来博得落后工人的信任，从而破坏无产阶级的阶级团结。……

……至于产业无产阶级，反正是不信任政府的，"工厂立法"对他们起不了什么作用，也许只有枪弹才能开导他们。法令办不到的事情，就得由枪弹来弥补！……

沙皇政府就是这样想的。

但是，不仅我国政府是这样想的，其他一切反无产阶级的政府，——不管这个政府是封建专制的也罢，资产阶级君主制的也罢，资产阶级共和制的也罢，——也是这样想的。到处都利用枪弹和法令来和无产阶级作斗争，并且在社会主义革命没有爆发以前，在社会主义没有建立以前，情形总是这样的。请回忆一下立宪制的英国1824年至1825年的情形吧。那时一面在制定罢工自由法，一面监狱里却关满了罢工的工人。请回忆一下共和制的法国十九世纪四十年代的情形吧。那时一面在谈论"工厂立法"，一面巴黎街头却洒满了工人的鲜血。回忆一下这些事实和许多其他类似的事实，你就会知道，情形也正是如此。

斯大林：《"工厂立法"和无产阶级斗争》，《斯大林全集》第1卷，人民
出版社1953年9月第1版，第264—266页。

2. 资本主义国家的统治者有种种办法使自己规避法律

因此，在1867年的这次英国立法中引人注意的地方是：一方面，统治阶级的议会不得不压迫在原则上采取非常的和广泛的措施，来防止资本主义剥削的过火现象；另一方面，议会在真正实现这些措施时又很不彻底、

很不自愿，很少诚意。

马克思：《资本论》第 1 卷，《马克思恩格斯全集》第 23 卷，人民出版社 1972 年 9 月第 1 版，第 542 页。

你们看，法律规定了很多可以受理控诉的人。而且无论厂主或工人都同样有控诉权。可惜的是这样的法律保障只是一纸空文而已。厂主有提起诉讼的一切条件，他又有空闲的时间，又有请律师的钱等等，所以厂主真的常常去控告视察员，去说服大臣，而且也争到过各种不同的方便。而对工人来说控诉权只是一句毫无意义的空话。首先，他没有时间去拜访视察员，去跑衙门！他要作工，一"旷工"就要出罚款。他没有钱请律师。他不懂法律，所以也不能保卫自己的权利。而官老爷们不但不关心使工人了解法律，相反地，倒尽力使工人不懂法律。

列宁：《对工厂工人罚款法的解释》，《列宁全集》第 2 卷，人民出版社 1959 年 5 月第 1 版，第 34—35 页。

最后，工人将认识到，只要工人对资本家的依赖关系还存在，法律根本不会改善工人的处境，因为法律总是偏袒厂主资本家的，因为厂主总会想出一些诡计来规避法律。

列宁：《对工厂工人罚款法的解释》，《列宁全集》第 2 卷，人民出版社 1959 年 5 月第 1 版，第 52 页。

资本家和土地占有者举行全俄代表大会，讨论自己的事情，寻求对本阶级有利的各种措施，代表所有贵族地主、代表"全俄商界"请求发布新法令，修改旧法令。他们可以在报上讨论自己的事情，因为不管政府怎样通过自己的书报检查钳制言论，但是剥夺有产阶级讨论自己事情的权利，那它是连想也不敢想的。他们有各种各样的门路和途径通向国家政权机关的最高代表，可以比较容易地谴责下级官吏的专横行为，可以容易地废除限制特别苛刻的法令和条例。如果说，世界上没有一个国家有这么多的法令和条例，有这样空前未有的政府的警察式的监护来干预一切琐事、使一切活生生的事情失掉固有的特点，那么，世界上也没有一个国家可以仅仅根据高级领导的恩准就这样轻易地违反这些资产阶级的条例和这样轻易地回避这些警察式的法令。而且从来也不拒绝给以这种恩准。

列宁：《社会民主党纲领草案及其说明》，《列宁专题文集》之《论无产阶级政党》，人民出版社 2009 年 12 月第 1 版，第 16 页。

3. 资产阶级法与封建制法相比较是一大进步

无论是国王或市民，都从新兴的法学家等级中找到了强大的支持。随着罗马法被重新发现，教士即封建时代的法律顾问和非宗教界的法学家之间出现了分工。不言而喻，这批新的法学家一开始在实质上就属于市民等级；而且，他们本身所学的、所教的和所应用的法律，按其性质来说实质上也是反封建的，在某些方面还是市民阶级的。罗马法是纯粹私有制占统治的社会的生活条件和冲突的十分经典性的法律表现，以致一切后来的立法都不能对它做任何实质性的修改。但是，中世纪的市民阶层所有制还同封建的限制密切交织在一起，例如，这种所有制主要由特权构成。因此，从这个意义上来说，罗马法比当时的市民阶层的关系要先进得多。但是，市民阶层所有制在历史上的进一步发展，只能使这种所有制变成纯粹的私有制，而实际情况也正是如此。这种发展理应在罗马法中找到强大的助力；因为在罗马法中，凡是中世纪后期的市民阶级还在不自觉地追求的东西，都已经现成地存在了。

诚然，在很多情况下，罗马法为贵族进一步压迫农民提供了借口，例如，当农民不能提出书面证明使自己免除普通的义务的时候就是这样。但这并没有使问题的实质有所改变。即使没有罗马法，贵族也能找到各种各样的借口，并且每天都在找这样的借口。不管怎样，实施这种绝对不承认封建关系和充分预料到现代私有制的法律，是一个重大的进步。

恩格斯：《论封建制度的瓦解和民族国家的产生》，《马克思恩格斯文集》
第4卷，人民出版社2009年12月第1版，第220—221页。

（三）资产阶级法院、法官的阶级本质

如果认为在立法者偏私的情况下可以有公正的法官，那简直是愚蠢而不切实际的幻想！既然法律是自私自利的，那么大公无私的判决还能有什么意义呢？法官只能够丝毫不苟地表达法律的自私自利，只能够无条件地执行它。在这种情形下，公正是判决的形式，但不是它的内容。内容早被法律所规定。

马克思：《第六届莱茵省议会的辩论（第三篇论文）》，《马克思恩格斯全
集》第1卷，人民出版社1956年12月第1版，第178页。

……像现在这样组织的陪审法庭，我们绝不能把它看做是某种保障。

资格限制使一定的阶级享有从自己的人当中挑选陪审员的特权。编制陪审员名单的方式使政府有权操纵垄断，从特权阶级中挑选出自己惬意的人。

> 马克思：《对哥特沙克及其同志们的审判》，《马克思恩格斯全集》第6卷，人民出版社1961年8月第1版，第151页。

被告们所体现的手无寸铁的革命无产阶级站在由陪审法庭所代表的统治阶级面前；因此，这些被告的罪是老早判定了的，因为他们是站在这样一种陪审法庭面前。……

……

这样一来，在莱茵普鲁士还存在的那种对陪审法庭的迷信就一扫而光了。显而易见，陪审法庭是特权阶级的等级法庭，建立这种法庭的目的是为了用资产阶级良心的宽广来填补法律的空白。

> 马克思：《揭露科伦共产党人案件》，《马克思恩格斯全集》第8卷，人民出版社1961年10月第1版，第535—536页。

法官的虚假的独立性被取消，这种独立性只是他们用来掩盖自己向历届政府奴颜谄媚的假面具，而他们对于那些政府是依次宣誓尽忠，然后又依次背叛的。

> 马克思：《法兰西内战》，《马克思恩格斯文集》第3卷，人民出版社2009年12月第1版，第155页。

资本家越是把管理国家的权力抓到自己手里，法律和警察的保障就越增加。

> 马克思：《资本论》第4卷，《马克思恩格斯全集》第26卷第3册，人民出版社1974年12月第1版，第495页。

陪审员必须具备一定的资格，究竟是什么样的资格，这从下面的事实中就可以看出来：在都柏林这样一个拥有25万人口的城市，合格的陪审员名单上只有800个人。在郎卡斯特、瓦瑞克和斯泰福的最近几次关于宪章派的诉讼案件中，审讯工人的是地主和租佃人（他们多半是托利党人），厂主或商人（他们多半是辉格党人），但前者和后者都是宪章派和工人的敌人。然而这还远不是全部情况。所谓"不偏不倚的陪审团"，根本是胡说。四星期前在都柏林审讯奥康奈尔时，每一个陪审员，不管是新教徒或托利党人，都是他的敌人。"和他同类的人"应该是天主教徒和合并取消派，但这些人也不会是不偏不倚的，因为他们是他的朋友。

> 恩格斯：《英国状况　英国宪法》，《马克思恩格斯全集》第1卷，人民出

版社 1956 年 12 月第 1 版，第 697 页。

陪审法庭就其实质来说是一个政治机关，而不是法律机关；但是，既然一切法律设施本来都是具有政治性质，那么陪审法庭也就体现了司法制度的真正本质。臻于最高发展的英国陪审法庭，在制造法律谎言和不道德行为方面达到了登峰造极的地步。

恩格斯：《英国状况　英国宪法》，《马克思恩格斯全集》第 1 卷，人民出版社 1956 年 12 月第 1 版，第 697 页。

人们甚至要求法官不管怎样都要采取某种特别方式尽量不影响陪审员的判断，不暗示陪审员如何裁定，也就是说，法官必须按照为做出结论所要求的方式来说明前提。但是他甚至在自己心中也不应该做出结论本身，因为这好像会影响他对前提的说明。人们就要求这一切以及其他千百种不可能的、不合人性和愚蠢的事情，不过是要堂而皇之地掩盖作为这一切现象的根源的愚蠢和不合人性。但是实践是不会让自己上当的，在实践中人们很少顾及这一套胡说，法官十分明显地授意陪审员应做出怎样的裁定，而唯命是听的陪审员也照例是规规矩矩地做出这样的裁定。

恩格斯：《英国状况　英国宪法》，《马克思恩格斯全集》第 1 卷，人民出版社 1956 年 12 月第 1 版，第 698 页。

如果说这些严厉的刑罚和政治罪概念的不精确在实践中没有达到法律所预期的结果，那么这一方面也是由于法律本身有缺陷，因为法律中的混乱和含糊之处非常之多，高明的律师随时都能找到有利于被告的漏洞。英国的法律有习惯法（common law）和成文法（statute law）。习惯法也就是不成文法，它现在还象人们开始搜集法规以及后来由法律权威加以汇编时一样；自然，这种法的最主要的条文都是模糊不清语义含糊的；成文法是由五百年来搜集的无数个别的议会法令、条例组成的，这些法令和条例彼此矛盾，结果让完全不法的状态代替了"法治状态"。在这里，律师就是一切；谁对这一堆乱七八糟矛盾百出的法律杂烩确实花费了足够的时间，谁在英国的法庭上就能全能。由于法律不确定，人们自然就把从前的法官对类似案件的判决奉为权威；这样一来，法律的不确定性就只有愈益加深了，因为这些判决也同样是彼此矛盾的，而且审讯的结构又是由律师的学识和机警来决定的。另一方面，英国刑法的意义微小又只是赐予恩惠等的结果，迁就社会舆论的结果，虽然按照法律，政府根本不一定要顾及舆论；

而且立法机关又根本不打算改变现存的秩序，这从它激烈反对任何立法改革的态度中就可以看出来。

> 恩格斯：《英国状况　英国宪法》，《马克思恩格斯全集》第 1 卷，人民出版社 1956 年 12 月第 1 版，第 702 页。

《law grinds the poor and rich men rule the law》［“法律压迫穷人，富人管理法律”］和《there is one law for the poor and another for the rich》［“对于穷人是一条法律，对于富人是另外一条法律”］——这是两句早已家喻户晓的至理名言。可是，难道能够不是这样吗？

> 恩格斯：《英国状况　英国宪法》，《马克思恩格斯全集》第 1 卷，人民出版社 1956 年 12 月第 1 版，第 703 页。

虐待穷人庇护富人是一切审判机关中十分普遍的现象，这种做法肆无忌惮，报纸上对这类事件的描述也十分厚颜无耻，所以人们读报时很少能不感到内心的激愤。

> 恩格斯：《英国状况　英国宪法》，《马克思恩格斯全集》第 1 卷，人民出版社 1956 年 12 月第 1 版，第 703 页。

任何富人随时都能受到异常客气的对待，不管他们的罪行如何卑劣，在不得不处他以罚款时，“法官还总是感到非常抱歉”，虽然这种罚款通常都是微乎其微的。在这方面，法律的运用比法律本身还要不人道得多。

> 恩格斯：《英国状况　英国宪法》，《马克思恩格斯全集》第 1 卷，人民出版社 1956 年 12 月第 1 版，第 703 页。

如果富人被传唤，或者更确切些说，被请到法庭上来，法官便会为打搅了这位富人而向他深致歉意，并且尽力使案件变得对他有利；如果不得不给他判罪，那么法官又要为此表示极大的歉意，如此等等，判决的结果是让他交一笔微不足道的罚款，于是资产者轻蔑地把钱往桌上一放，就扬长而去。但是，如果是一个穷鬼被传唤到治安法官那里去，那么他几乎总是被带到拘留所，和其他许多这样的人一起过一夜，他一开始就被看做罪犯，受人叱骂，他的辩护被一声轻蔑的“啊，我们懂得这些借口”制止，最后被处以罚款，他付不出这一笔钱，于是只好在监狱里做一个月或几个月的苦役来抵罪。即使不能给他加上任何罪名，他还是会被当做流氓和流浪汉（a rogue and a vagabond——这两个词几乎总是连在一起用）送去做苦役。治安法官的偏袒行为，特别在乡间，实在是任何人都无法想象的，而且这种行为已司空见惯，以致所有不是过分耸人听闻的事件都被报纸毫不在乎地而且不加评论地刊登出来。

恩格斯：《英国工人阶级状况》，《马克思恩格斯文集》第 1 卷，人民出版社 2009 年 12 月第 1 版，第 482 页。

任何受雇的人，往往都不满意自己的雇主，常常向法院或主管当局控告。而当局或法院，在解决纠纷时，总是袒护雇主，总是给雇主撑腰。但是他们这样庇护雇主利益，并不是根据一般的条例或法律，而是根据每个官吏效劳的程度，有时庇护得多些，有时就少些。它们处理案件不公道，袒护雇主，或者是由于同雇主有交情，或者是由于不熟悉工作情况，不了解工人。

列宁：《社会民主党纲领草案及其说明》，《列宁专题文选》之《论无产阶级政党》，人民出版社 2009 年 12 月第 1 版，第 11 页。

（四）关于资产阶级的法学

如果说把哪一种财产称为盗窃更确切的话，那么不列颠贵族的财产就是名副其实的盗窃。掠夺教会的财产，掠夺公社的土地，通过欺诈和消灭兼施的办法把封建的宗法的财产变为私人财产，——这就是不列颠贵族占有领地的法律根据。在这不久以前发生的过程中，奴颜婢膝的法学家阶级为贵族卖了多大力气，这从上世纪一位英国法学家达尔林普尔那儿就可以看到，他在自己的著作"封建所有制"中以极其坦率的态度证明：在为所有权进行的诉讼中，在资产阶级大发横财时期的英国，法学家对于有关财产的每一条法律和每一份文件就作有利于资产阶级的解释；在贵族阶级发财致富的苏格兰，则作有利于贵族阶级的解释，而在这两种场合下，都充满着敌视人民的精神。

马克思：《选举——财政困难——萨特伦德公爵夫人和奴隶制》，《马克思恩格斯全集》第 8 卷，人民出版社 1961 年 10 月第 1 版，第 575 页。

随着立法进一步发展为复杂和广泛的整体，出现了新的社会分工的必要性：一个职业法学家阶层形成了，同时也就产生了法学。法学在其进一步发展中把各民族和各时代的法的体系互相加以比较，不是把它们视为相应经济关系的反映，而是把它们视为自身包含自我根据的体系。比较是以共同点为前提的：法学家把所有这些法的体系中的多少相同的东西统称为自然法，这样便有了共同点。而衡量什么算自然法和什么不算自然法的尺度，则是法本身的最抽象的表现，即公平。于是，从此以后，在法学家和盲目相信他们的人们眼中，法的发展就只不过是使获得法的表现的人类生活状态一再接近于公平理想，即接近于永恒公平。而这个公平则始终只是现存经济关系的或者反映其保守方面、或者反映其革命方面的观念化的神圣化的表现。希腊人和罗马人的公平认为奴隶制度是公平的；1789 年资产者的公平要求废除封建制度，因为据说它不公平。在普鲁士的容克看来，甚至可怜的专区法也是对永恒公平的破坏。所以，关于永恒公平的观念不仅因时因地而变，甚至也因人而异，这种东西正如米尔柏格正确说过的那样，"一个人有一个人的理解"。在日常生活中，需要加以判断的各种情况很简单，公正、不公正、公平、法理感这一类说法甚至应用于社会事物也不致引起什么误会，可是在经济关系方面的科学研究中，如我们所看到的，这些说法却会造成一种不可救药的混乱，就好像在现代化学中试图保留燃素说的术语会引起混乱一样。如果人们像蒲鲁东那样相信这种社会燃素即所谓"公平"，或者像米尔柏格那样硬说燃素同氧气一样是十分确实的，这种混乱还会更加厉害。

　　　　恩格斯：《论住宅问题》，《马克思恩格斯文集》第 3 卷，人民出版社 2009年 12 月第 1 版，第 322—323 页。

　　资本主义国家那班十足资产阶级而且大部分是反动的法律家，在几百年或几十年中周密地制定了极其详尽的条规，写了几十本几百本的法律和解释法律的书来限制工人，束缚穷人的手脚，对人民中的每个普通劳动者百般刁难和阻挠，呵，资产阶级自由派和考茨基先生却不认为这是"专横"！这是"秩序"和"法制"！这里的一切都想得周到，规定得完备，目的是要尽量把穷人的血汗"榨干"。这里有成千上万的资产阶级的律师和官吏（考茨基根本不提这些人，想必是因为马克思非常重视打碎官吏机器的意义吧……），他们能把法律解释得使工人和一般农民永远逃不出法网。这不是资产阶级的"专横"，这不是自私自利、卑鄙龌龊、榨取民脂民膏的剥削者的专政。绝对不是。这是"纯粹民主"，一天比一天变得更为纯粹。

　　　　列宁：《无产阶级革命和叛徒考茨基》，《列宁选集》第 3 卷，人民出版社1972 年 10 月第 2 版，第 660 页。

四　社会主义法的产生、本质与作用

（一）要以无产阶级法律代替资产阶级法律

因为工人并不尊重法律，而只是在无力改变它的时候才屈服于它，所以，他们至少也要提出修改法律的建议，他们力求以无产阶级的法律来代替资产阶级的法律，这是再自然不过的事情。

恩格斯：《英国工人阶级状况》，《马克思恩格斯全集》第 2 卷，人民出版社 1957 年 12 月第 1 版，第 516 页。

我们已经谈过，大工厂怎样把资本对劳动的压迫发展到了顶点，怎样建立起一整套剥削方式，工人起来反对资本时又怎样必然地把全体工人联合起来，怎样必然地引起整个工人阶级的共同斗争。工人在反对资本家阶级的这个斗争中，同庇护资本家及其利益的一般国家法令发生了冲突。

但是，既然工人联合起来能够强迫资本家实行让步，能够反击他们，那么工人联合起来同样也能够影响国家法令，争取修改这些法令。其他各国的工人正是这样做的，但是俄国工人却不能直接影响国家。

列宁：《社会民主党人纲领草案及其说明》，《列宁专题文集》之《论无产阶级政党》，人民出版社 2009 年 12 月第 1 版，第 14 页。

社会民主工党要求马上完全废除连环保和限制每个农民支配自己土地的一切法律。1903 年 2 月 26 日沙皇的诏书答应废除连环保。现在，废除连环保的法律已经颁布了。可是这还不够。除了这一点，还应当马上废除限制农民支配自己土地的一切法律。

列宁：《给农村贫民》，《列宁选集》第 1 卷，人民出版社 1972 年 10 月第 2 版，第 432—433 页。

现代俄国社会运动的主要形式依旧是广大人民群众的直接革命运动，它要打破旧法律，摧毁压迫人民的机关，夺取政权，创立新法制。

列宁：《立宪民主党人的胜利和工人政党的任务》，《列宁全集》第 10 卷，人民出版社 1958 年 12 月第 1 版，第 245 页。

社会主义的无产阶级时时刻刻都要记住，它所面临的、必然面临的是一场群众性的革命斗争，这场斗争将摧毁注定要灭亡的资产阶级社会的全部法制。党过去极好地利用了资产阶级的 50 多年的法制来反对资产阶级，现在，当敌人被自己的法制捆住，不得不"先开枪"，不得不撕破自己的法制的时候，党也没有任何理由放弃斗争中的这种便利条件，放弃搏斗中的这种有利地位。

> 列宁：《两个世界》，《列宁全集》第 16 卷，人民出版社 1959 年 4 月第 1
> 版，第 309 页。

资本的枷锁，"神圣的私有制"的压迫，市侩的愚蠢，小有产者的自私，就是这些东西阻碍了最民主的资产阶级共和国去干预那些卑鄙龌龊的法律。

苏维埃共和国，工人和农民的共和国，一下子扫光了这些法律，彻底毁掉了制造资产阶级谎言和体现资产阶级伪善的一切东西。

> 列宁：《苏维埃政权和妇女的地位》，《列宁全集》第 30 卷，人民出版社
> 1957 年 11 月第 1 版，第 102 页。

我们的"批评家"还因为我们要求临时革命政府实现我党最低纲领而焦急不安，于是大声叫道："这是完全不明事理；问题在于我们纲领上的各种政治要求和经济要求只能用立法手续来实现，而临时政府并不是立法机关。"当你阅读这篇反对"违法行为"的检察官式的演词时，你会怀疑：这岂不是以为崇拜法治的自由资产者献给"社会民主党人报"的一篇论文吗？否则，认为临时革命政府似乎无权废除旧法律和施行新法律的这种资产阶级妙论，又应作何解释呢！难道这种议论不是含有庸俗自由主义的意味吗？从革命者口中发出这种议论，岂不令人奇怪吗？这就好像一个判了死刑的囚犯，脑袋将被砍掉的时候，却恳求别碰着他脖子上的疙瘩。……他们不知道临时革命政府和普通的内阁有什么区别。内阁是什么呢？它是正式政府存在的结果。而临时革命政府是什么呢？它是正式政府被消灭的结果。前者依靠常备军来执行现行的法律。后者则废除现行的法律，依靠起义的人民把革命的意志变成法律。试问这两者之间有什么共同点呢？

假定说，革命获得了胜利，而且胜利的人民成立了临时革命政府。这里就发生了一个问题：如果这个政府无权废除法律和施行法律，那它将怎么办呢？

> 斯大林：《临时革命政府和社会民主党》，《斯大林全集》第 1 卷，人民出
> 版社 1953 年 9 月第 1 版，第 139—140 页。

（二）社会主义的法是广大人民意志的表现

只有使法律成为人民意志的自觉表现，也就是说，它应该同人民的意志一起产生并由人民的意志所创立。

> 马克思：《论离婚法草案》，《马克思恩格斯全集》第 1 卷，人民出版社
> 1956 年 12 月第 1 版，第 184 页。

我们布尔什维克曾是反对土地社会化法令的。但我们还是签署了这个法令，因为我们不愿违背大多数农民的意志。对我们来说，大多数人的意志永远是必须执行的，违背这种意志就等于叛变革命。

> 列宁：《对莫斯科省贫农委员会代表的演说》，《列宁全集》第 28 卷，人
> 民出版社 1956 年 12 月第 1 版，第 157 页。

我深深知道，在小农经济的国家中，不经过一系列的逐步的预备阶段，要过渡到社会主义是不可能的。由于认识到这一点，十月革命给自己提出的第一个任务只是扫除和消灭地主权力。2 月颁布的关于土地社会化的基本法，如你们大家知道的，是由共产党人和那些不是站在共产党人观点上的苏维埃政权参加者一致表决通过的，这个法令同时也表现了大多数农民的意志和意识，并且证明：工人阶级、工人的共产党意识到了自己的任务，坚持地耐心地用各种逐渐的过渡办法使劳动农民觉醒起来，而且只是随着这种觉醒程度，只是随着农民的独立组织程度前进，沿着新的社会主义的建设道路前进。

> 列宁：《在全俄土地科、贫农委员会和公社第一次代表大会上的演说》，
> 《列宁全集》第 28 卷，人民出版社 1956 年 12 月第 1 版，第 322—323 页。

我们不承认任何"私人"性质的东西，在我们看来，经济领域中的一切都属于公法范畴，而不是什么私人性质的东西。……因此必须：对"私法"关系更广泛地运用国家干预；扩大国家废除"私人"契约的权力；不是把罗马法典，而是把我们的革命的法律意识运用到"民事法律关系"上去。

> 列宁：《关于司法人民委员部在新经济政策条件下的任务》，《列宁专题文
> 集》之《论社会主义》，人民出版社 2009 年 12 月第 1 版，第 310 页。

（三）社会主义法的作用

当然这并不是说，社会主义者拒绝提出一定的法权要求。一个积极的

社会主义政党，如同一般任何政党那样，不提出这样的要求是不可能的。从某一阶级的共同利益中产生的要求，只有通过下述办法才能实现，即由这一阶级夺取政权，并用法律的形式赋予这些要求以普遍的效力。因此，每个正在进行斗争的阶级都必须在纲领中用法权要求的形式来表述自己的要求。

> 恩格斯：《法学家的社会主义》，《马克思恩格斯全集》第21卷，人民出版社1965年9月第1版，第567—568页。

……但是所有通过革命取得政权的政党或阶级，就其本性说，都要求由革命创造的新的法制基础得到绝对承认，并被奉为神圣的东西。

> 恩格斯：《致奥古斯特·倍倍尔》，《马克思恩格斯文集》第10卷，人民出版社2009年12月第1版，第528页。

如果不愿陷入空想主义，那就不能认为，在推翻资本主义之后，人们立即就能学会不要任何权利准则而为社会劳动，况且资本主义的废除不能立即为这种变更创造经济前提。

> 列宁：《国家与革命》，《列宁专题文集》之《论社会主义》，人民出版社2009年12月第1版，第35页。

自由民族的各个单独的联邦将会愈来愈多地团结在革命的俄罗斯周围。这种联邦既不靠欺骗又不靠铁棍，而将完全自愿地发展起来，因此它是不可摧毁的。这种联邦所以不可摧毁，其最好的保证就是我们给自己创造的那些法律和国家制度。你们刚刚听取了土地社会化的法令。难道这种法令不是一种保证吗？它保证工农现在团结得亲密无间，保证我们依靠这种团结就能够克服走向社会主义道路上的一切障碍。

> 列宁：《全俄工兵农代表苏维埃第三次代表大会》，《列宁全集》第26卷，人民出版社1959年3月第1版，第451页。

如果没有统一的意志把全体劳动者团结成一个像钟表一样准确地工作的经济机关，那么无论是铁路、运输、大机器和企业都不能正常地进行工作。社会主义是大机器工业的产物。如果正在实现社会主义的劳动群众不能使自己的机关像大机器工业所应该工作的那样进行工作，那么也就谈不上实现什么社会主义了。

> 列宁：《〈苏维埃政权的当前任务〉一文的初稿》，《列宁全集》第27卷，人民出版社1958年10月第1版，第194页。

随着政权的基本任务由武力镇压转向管理工作，镇压和强制的典型表现也会由就地枪决转向法庭审判。

列宁:《苏维埃政权的当前任务》,《列宁专题文集》之《论社会主义》,
人民出版社 2009 年 12 月第 1 版,第 104 页。

必须使我们自己夺得的东西,使我们自己颁布过的、确定为法令的、讨论过的、拟订了的东西巩固下来,用日常劳动纪律这种稳定的形式巩固下来。这是一项最困难而又最能收效的任务,因为只有解决这项任务,我们才能有社会主义的秩序。

列宁:《苏维埃政权的当前任务》,《列宁专题文集》之《论社会主义》,
人民出版社 2009 年 12 月第 1 版,第 109—110 页。

我们的目的是要吸收全体贫民实际参加管理,而实现这个任务的一切步骤——其形式愈多愈好——应该详细地记载下来,加以研究,使之系统化,用更广泛的经验来检验它,并且定为法规。我们的目的是要使每个劳动者做完 8 小时“分内的”生产劳动之后,还要无报酬地履行对国家义务。过渡到这一点特别困难,可是只有实现这种过渡才能保证社会主义彻底巩固。

列宁:《苏维埃政权的当前任务》,《列宁专题文集》之《论社会主义》,
人民出版社 2009 年 12 月第 1 版,第 111 页。

对每个有产者进行登记,制定迫使富人持有劳动纳税登记簿的法律,——这就是我们首先应该解决的任务。

列宁:《在全俄苏维埃财政部门代表大会上的报告》,《列宁全集》第 27
卷,人民出版社 1958 年 10 月第 1 版,第 360 页。

假使我们以为写上几百个法令就可以改变农村的全部生活,那我们就会是十足的傻瓜。但假使我们拒绝用法令指明道路,那我们就会是社会主义的叛徒。这些在实际上不能立刻完全实行的法令,在宣传上起了很大的作用。以前我们是宣传一般真理,现在我们是用工作来宣传了。这也是一种宣传,但这是用行动来宣传,不过这不是某些出风头的人的单个行动,对这种人,我们在无政府主义和旧社会主义盛行的时代曾多次加以嘲笑。我们的法令是一种号召,但不是以往的那种号召:“工人们,起来推翻资产阶级!”不是的,这是号召群众,号召他们去做实际事情。法令,这是号召人们去做大量实际事情的指令。重要的是这一点。即使这些法令有许多不合适的东西,有许多在生活中行不通的东西,可是这些法令中有对实际工作的指示,而法令的作用在于使跟着苏维埃政权走的千百万人去执行实际步骤。这是在农村社会主义建设方面的实际行动的试验。如果我们这样看问题，我们就可以从法律、法令和决议中得到很多很多的东西。我们不能把它们当作无论如何都要立刻一下实现的绝对的决议。

> 列宁：《俄共（布）第八次代表大会》，《列宁全集》第 29 卷，人民出版
> 社 1956 年 7 月第 1 版，第 180 页。

工人阶级夺取政权以后，像任何阶级一样，要通过改变所有制和实行新宪法来掌握和保持政权，巩固政权。

> 列宁：《俄共（布）第九次代表大会》，《列宁全集》第 30 卷，人民出版
> 社 1957 年 11 月第 1 版，第 433 页。

……政府的全部工作也是为了把叫作新经济政策的东西以法律形式最牢固地确定下来，以免发生任何偏向。

> 列宁：《答"观察家报"和"曼彻斯特卫报"记者法尔勃曼提出的问题》，
> 《列宁全集》第 33 卷，人民出版社 1957 年 8 月第 1 版，第 350 页。

我们有一段时期把法令当做宣传的形式。人们嘲笑我们，说布尔什维克不知道人民并不执行他们的法令；所有白卫分子的报纸也充满了这种嘲笑，但是这个阶段是合理的，布尔什维克夺取政权以后，只能向普通的农民和工人说：我们想这样来管理国家，这是法令，请试试看吧！我们关于政策方面的一些想法是立刻用法令的形式告诉普通的工人和农民的。结果我们在人民群众中过去和现在都获得了高度的信任。

> 列宁：《俄共（布）第十一次代表大会》，《列宁全集》第 33 卷，人民出
> 版社 1957 年 8 月第 1 版，第 268—269 页。

无产阶级专政有其各个时期、各种特别形式和各种不同的工作方法。在国内战争时期最明显的是专政的暴力方面。可是决不能由此得出结论，说在国内战争时期不进行任何建设工作。不进行建设工作就无法进行国内战争。反之，在社会主义建设时期最明显的是专政的和平工作、组织工作、文化工作、革命法制等等。可是同样决不能由此得出结论，说在建设时期专政的暴力方面已经消失或可能消失。现在，在建设时期中，也像在国内战争时期一样，镇压机关、军队和其他组织都是必要的。没有这些机关，专政就不可能稍微有保证地进行建设工作。

> 斯大林：《论列宁主义的几个问题》，《斯大林全集》第 8 卷，人民出版社
> 1954 年 8 月第 1 版，第 31 页。

有人说，目前的革命法制和新经济政策初期的革命法制毫无区别，目

前的革命法制是新经济政策初期的革命法制的恢复。这是完全不对的。新经济政策初期的革命法制的锋芒主要是指向战时共产主义的极端现象，指向"非法的"没收和捐税。新经济政策初期的革命法制在私有主、个体农民和资本家严格遵守苏维埃法律的条件下保障了他们财产的安全。而目前的革命法制就完全不同了。目前的革命法制的锋芒并不是指向战时共产主义的极端现象，因为这种这种现象早已不存在了，而是指向公共经济中的盗贼和暗害分子，指向流氓和侵吞公共财产的人。由此可见，目前的革命法制关心的主要是保护公有制，而不是其他什么事情。

　　因此，为保护公有制而斗争，用苏维埃政权的法律给我们规定的一切方法和一切手段去进行斗争，——这就是党的基本任务之一。

斯大林：《第一个五年计划的总结》，《斯大林全集》第 13 卷，人民出版社 1956 年 4 月第 1 版，第 189 页。

（四）法消亡的历史必然性与长期性

　　我们的最终目的是消灭国家，也就是消灭任何有组织有系统的暴力，消灭任何加在人们头上的暴力。我们并不期待一个不遵守少数服从多数的原则的社会制度。但是，我们在向往社会主义的同时深信：社会主义将发展为共产主义，而对人们使用暴力，使一个人服从另一个人、使一部分居民服从另一部分居民的任何必要也将随之消失，因为人们将习惯于遵守公共生活的起码规则，而不需要暴力和服从。

　　为了强调这个习惯的因素，恩格斯就说到了新的一代，他们是"在新的自由的社会条件下成长起来的一代，能够把全部国家废物完全抛掉"，——这里所谓国家是指任何一种国家，其中也包括民主共和制的国家。

列宁：《国家与革命》，《列宁专题文集》之《论马克思主义》，人民出版社 2009 年 12 月第 1 版，第 253—254 页。

　　只有共产主义才能够完全不需要国家，因为没有人需要加以镇压了，——这里所谓"没有人"是指阶级而言，是指对某一部分居民进行有系统的斗争而言。我们不是空想主义者，我们丝毫也不否认个别人采取极端行动的可能性和必然性，同样也不否认有镇压这种行动的必要性。但是，第一，做这件事情用不着什么实行镇压的特殊机器，特殊机构，武装的人民自己会来做这项工作，而且做起来非常简单容易，就像现代社会中任何一群文明人强行拉开打架的人或制止虐待妇女一样。第二，我们知道，产生违反公共生活规则的极端行动的根本社会原因是群众受剥削和群众贫困。这个主要原因一消除，极端行动就必然开始"消亡"。虽然我们不知道消亡的速度和过程怎样，但是，我们知道这种行动一定会消亡。而这种行动一消亡，国家也就随之消亡。

列宁：《国家与革命》，《列宁专题文集》之《论社会主义》，人民出版社2009年12月第1版，第31页。

当社会全体成员或者哪怕是大多数成员自己学会了管理国家，自己掌握了这个事业，对极少数资本家、想保留资本主义恶习的先生们和深深受到资本主义腐蚀的工人们"调整好"监督的时候，对任何管理的需要就开始消失。民主愈完全，它成为多余的东西的时候就愈接近。由武装工人组成的、"已经不是原来意义上的国家"的"国家"愈民主，则任何国家就会愈迅速地开始消亡。

因为当所有的人都学会了管理，都来实际地独立地管理社会生产，对寄生虫、老爷、骗子等等"资本主义传统的保持者"独立地进行计算和监督的时候，逃避这种全民的计算和监督就必然会成为极难得逞的、极罕见的例外，可能还会受到极迅速极严厉的惩罚（因为武装工人是重实际的人，而不是重感情的知识分子；他们未必会让人跟自己开玩笑），以致人们对于人类一切公共生活的简单的基本规则就会很快从必须遵守变成习惯于遵守了。

列宁：《国家与革命》，《列宁专题文集》之《论社会主义》，人民出版社2009年12月第1版，第41—42页。

我们为热情的浪潮所激励，我们首先激发了人民的一般政治热情，然后又激发了他们的军事热情，我们曾计划依靠这种热情直接实现与一般政治任务和军事任务同样伟大的经济任务。我们计划（说我们计划欠周地设想也许较确切）用无产阶级国家直接下命令的办法在一个小农国家里按共产主义原则来调整国家的产品生产和分配。现实生活说明我们错了。为了作好向共产主义过渡的准备（通过多年的工作来准备），需要经过国家资本主义和社会主义这些过渡阶段。不能直接凭热情，而要借助于伟大革命所产生的热情，靠个人利益，靠同个人利益的结合，靠经济核算，在这个小农国家里先建立起牢固的桥梁，通过国家资本主义走向社会主义；否则你们就不能到达共产主义，否则你们就不能把千百万人引导到共产主义。现实生活就是这样告诉我们的。革命发展的客观进程就是这样告诉我们的。

列宁：《十月革命四周年》，《列宁专题文集》之《论社会主义》，人民出版社 2009 年 12 月第 1 版，第 247 页。

五　社会主义法的制定

（一）法在斗争中产生，是经验的总结，社会主义就是消灭阶级

为了消灭阶级，首先就要推翻地主和资本家。这一部分任务我们已经完成了，但这只是一部分任务，而且不是最困难的部分。为了消灭阶级，其次就要消灭工农之间的差别，使所有的人都成为工作者。这不是一下子就能够办到的。这是一个无比困难的任务，而且必然是一个长期的任务。这个任务不能用推翻哪个阶级的办法来解决。要解决这个任务，只有把整个社会经济在组织上加以改造，只有从个体的、单独的小商品经济过渡到公共的大经济。这样的过渡必然是非常长久的。采用急躁轻率的行政和立法手段，只会延缓这种过渡，给这种过渡造成困难。只有帮助农民大大改进以至根本改造全部农业技术，才能加速这种过渡。

> 列宁：《无产阶级专政时代的经济和政治》，《列宁专题文集》之《论社会主义》，人民出版社 2009 年 12 月第 1 版，第 159 页。

虽然一切传统不允许我们在代表大会、代表会议和好的议会式的会议上研究地方性的小的经济问题，但是我希望大家仍旧要认识到：作为共产党员，我们应当研究这些问题，我们应当考虑下层的经济工作的实际经验，因为法令是在下层执行和检验的，它的错误也需要从下层得到纠正，而下层开始做的工作，则需要我们在这里的会上做出总结。这样，我们的建设事业就能真正地和巩固地向前推进。

> 列宁：《俄共（布）第十次全国代表会议》，《列宁全集》第 32 卷，人民出版社 1958 年 9 月第 1 版，第 423 页。

新宪法草案时已经走过的道路的总结，是已经取得的成就的总结。所以，它是把事实上已经获得和争取到的东西登记下来，用立法程序固定下来。

> 斯大林：《关于苏联宪法草案》，《斯大林文选》，人民出版社 1962 年 8 月第 1 版，第 90 页。

（二）立法要从实际出发

立法者应该把自己看做一个自然科学家。他不是在制造法律，不是在

发明法律，而仅仅是在表述法律，他把精神关系的内在规律表现在有意识的现行法律之中。如果一个立法者用自己的臆想来代替事情的本质，那么我们就应该责备他极端任性。

> 马克思：《论离婚法草案》，《马克思恩格斯全集》第1卷，人民出版社1956年12月第1版，第183页。

但是每个阶级的要求在社会和政治的改造进程中不断变化，在每个国家中，由于各自的特点和社会发展的水平，这些要求是不同的。因此，各个政党提出的法权要求，尽管最终目的完全一致，但在各个时代和各个民族中并不完全相同。它们是可变因素，并且有时重新修改，这种情况在不同国家的社会主义政党那里可以看到。在进行这种修改时考虑到的是实际关系；相反，在现存的社会主义政党中还没有一个政党想到要从自己的纲领中造出一个新的法哲学来，就是在将来也不会想到要这样做。……

> 恩格斯：《法学家的社会主义》，《马克思恩格斯全集》第21卷，人民出版社1965年9月第1版，第568页。

当然，只要这种非常情况不再存在，这些措施也就会取消。我指的是使用对付投机活动的第一百零七条法律。这条法律是中央执行委员会在一九二六年通过的。这条法律我们在上年度没有使用。为什么呢？因为正如大家所说的，粮食收购工作的进行是正常的，所以没有理由使用这一条。只是在本年度，一九二八年初，才想起了这一条。所以想起了这一条，是因为富农的投机诡计在我们这里造成了一些非常情况，使我们受到饥饿的威胁。显然，假如下一个收购年度不再发生非常情况，收购工作进行得很正常，那么第一百零七条也就不会使用了。相反地，假如发生非常情况，资本主义分子又"掉起花枪"来，那么第一百零七条就会重新出现在舞台上。

> 斯大林：《关于中央委员会和中央监察委员会四月联席全会的工作》，《斯大林全集》第11卷，人民出版社1955年7月第1版，第40页。

（三）法随形势的发展需要不断立、改、废

凡是不逃避国家的监督的"正当"贸易，我们都应当加以支持，发展这种贸易对我们是有利的。投机倒把活动，如果从政治经济学意义上来理解，那它和"正当"贸易就区分不开来。贸易自由就是资本主义，资本主

义就是投机倒把，无视这一点是很可笑的。

怎么办呢？难道宣布投机倒把活动可以不受制裁吗？

不。应当重新审查和修改关于投机倒把活动的一切法令，宣布一切盗窃公共财物行为，一切直接或间接、公开或秘密地逃避国家监督、监察和计算的行为，都要受到制裁（事实上要比从前更严厉三倍地加以惩办）。正是要这样来提出问题（人民委员会已经开始这样做，就是说，人民委员会已下令开始重新审查关于投机倒把活动的法令），才能做到把某种程度上不可避免的、而且为我们所必需的资本主义发展纳入国家资本主义的轨道。

列宁：《论粮食税》，《列宁专题文集》之《论社会主义》，人民出版社2009 年 12 月第 1 版，第 232 页。

（四）法制要统一

有人说，随意扩大个别税征收面的目的是为了补充地方预算。但是，补充地方预算是不能用违反法令、违反党的指示的方法的。我们党还存在，它还没有被消灭。苏维埃政权还存在，它还没有被消灭。如果地方预算的经费不够，就应该提出地方预算的问题，而不应该违反法令，不应该取消党的指示。

斯大林：《论国家工业化和联共（布）党内的右倾》，《斯大林全集》第11 卷，人民出版社 1955 年 7 月第 1 版，第 228 页。

这是什么法院呢？是地方法院。审判员是由地方苏维埃选出的。因此受理检察长提出的违法案件的是地方政权，它一方面必须绝对遵守全联邦统一规定的法律，另一方面，在量刑时必须考虑到一切地方的情况，在量刑时它有权说，某某案情无疑是违法的，但经地方法院查明，当地人习以为常的某种情况，迫使法院承认必须对某某人从宽处分，甚至宣告某某人无罪。如果我们不坚决实行这个确立全联邦统一法制所必需的最起码的条件，那就根本谈不上什么维护文明制度和创立文明制度了。

列宁：《论"双重"领导和法制》，《列宁全集》第 33 卷，人民出版社1957 年 8 月第 1 版，第 326 页。

（五）实行原则性与灵活性相结合

在细节方面，在地方特征方面，在处理问题的方法，实现监督的方法以及消灭和制裁寄生虫（富人和骗子，知识分子中间的懒汉和歇斯底里人物等等）的手段方面，多样性不但不会破坏在主要的、根本的、本质的问题上的统一，反而会保证这种统一。

> 列宁：《怎样组织竞赛》，《列宁专题文集》之《论社会主义》，人民出版
> 社 2009 年 12 月第 1 版，第 60 页。

每个工厂、每个乡村都是一个生产消费公社，都有权并且应该按照自己的方式实行共同的苏维埃法规（所谓"按照自己的方式"，并不是说违反法规，而是说用各种不同的形式实行这些法规），按照自己的方式解决产品的生产和分配的计算问题。在资本主义制度下，这是个别资本家、地主和富农的"私事"。在苏维埃政权下，这就不是私事，而是国家大事。

> 列宁：《苏维埃政权的当前任务》，《列宁专题文集》之《论社会主义》，
> 人民出版社 2009 年 12 月第 1 版，第 99 页。

（六）法律可以继承，但不能照抄旧法

法和法律有时也可能"继承"，但是在这种情况下，它们也不再是统治的了，而是只剩下一个名义，关于这种情况的明显例子，我们在古罗马和英国的法制史中可以看到许多。

> 马克思、恩格斯：《德意志意识形态》，《马克思恩格斯全集》第 3 卷，人
> 民出版社 1960 年 12 月第 1 版，第 379 页。

在英国，革命以前的制度和革命以后的制度因袭相承、地主和资本家相互妥协，这表现在诉讼上仍然按前例行事，还虔诚地保留着一些封建的法律形式。在法国，革命同过去的传统完全决裂，扫清了封建制度的最后遗迹，并且在民法典中把古代罗马法——它几乎完满地反映了马克思称之为商品生产的那个经济发展阶段的法律关系——巧妙地运用于现代的资本主义条件；这种运用实在巧妙，甚至法国的这部革命的法典直到现在还是所有其他国家，包括英国在内，在改革财产法时所依据的范本。

> 恩格斯：《社会主义从空想到科学的发展》英文版导言，《马克思恩格斯
> 文集》第 3 卷，人民出版社 2009 年 12 月第 1 版，第 514—515 页。

苏维埃共和国无论如何都要采用这方面一切有价值的科学技术成果。社会主义能否实现，就取决于我们苏维埃政权和苏维埃管理组织同资本主义最新的进步的东西结合得好坏。

> 列宁：《苏维埃政权的当前任务》，《列宁专题文集》之《论社会主义》，

人民出版社 2009 年 12 月第 1 版，第 98 页。

新政权建立新法制、新秩序，这种秩序就是革命秩序。

我不是拥护任何的秩序。我只是拥护与工人阶级利益一致的秩序。如果旧制度的某些法律可以被利用来为争取新秩序而斗争，那就应当也利用旧法制。

斯大林：《和英国作家赫·乔·威尔斯的谈话》，《斯大林文选》，人民出版社 1962 年 8 月第 1 版，第 15 页。

凡是西欧各国文献和经验中所有保护劳动人民利益的东西，都一定要吸收。

但不能以此（这是最重要的）为限。不能够盲目地跟着外交人民委员部走。不要迎合"欧洲"，而应进一步加强国家对"私法关系"和民事案件的干涉。

列宁：《给德·伊·库尔斯基的信》，《列宁全集》第 33 卷，人民出版社 1957 年 8 月第 1 版，第 173 页。

（七）　法的内部要和谐一致

法不仅必须适应于总的经济状况，不仅必须是它的表现，而且还必须是不因内在矛盾而自相抵触的一种内部和谐一致的表现。

恩格斯：《致康拉德·施米特》，《马克思恩格斯文集》第 10 卷，人民出版社 2009 年 12 月第 1 版，第 598 页。

这样，"法的发展"的进程大部分只在于首先设法消除那些由于将经济关系直接翻译成法律原则而产生的矛盾，建立和谐的法的体系，然后是经济进一步发展的影响和强制力又一再突破这个体系，并使它陷入新的矛盾（这里我暂时只谈民法）

恩格斯：《致康拉德·施米特》，《马克思恩格斯文集》第 10 卷，人民出版社 2009 年 12 月第 1 版，第 598 页。

（八）　加快立法的进程

新政权不能拘泥于严格遵守一切程序，因而使自己的工作受到障碍。当时情况十分严重，不允许有一点拖延。我们不能浪费时间去作词句上的修饰，因为这只是表面的加工，丝毫不会改变新措施的实质。全俄苏维埃第二次代表大会也曾不顾一切形式上的困难，在一次大会上通过了两项具有世界意义的法律。如果从资产阶级社会的观点来看，这些法律有形式上的缺点，但是，政权在苏维埃手中，苏维埃可以作必要的修改。克伦斯基政府罪恶的无所事事，使国家和革命濒于灭亡；实际上，拖延就等于灭亡，新政权颁布了符合于广大人民群众的要求和希望的法律，从而在新的生活方式的发展道路上立下了里程碑。

> 列宁：《全俄中央执行委员会会议》，《列宁全集》第 26 卷，人民出版社 1959 年 3 月第 1 版，第 269 页。

（九）坚持民主立法的原则

民主组织原则（其高级形式，就是由苏维埃建议和要求群众不仅积极参加一般规章、决议和法律），意味着使每一个群众代表、每一个公民都能参加国家法律的讨论，都能选举自己的代表和执行国家的法律。但是，决不能由此得出结论说：谁在某种个别情况下负责一定的职务，谁负责执行一定的命令和在一段时间内负责领导全部劳动中的一定过程等方面，就可以容许有最小的混乱和无秩序的现象。群众应当有权为自己选择负责的领导者。群众应当有权撤换他们。群众有权了解和检查他们活动的每一个细小的步骤。群众应当有权提拔任何工人群众担任领导职务。但是这丝毫不等于集体的劳动过程可以不要一定的领导，不要明确规定领导者的责任，不要由领导者的统一意志建立起来的严格制度。

> 列宁：《〈苏维埃政权的当前任务〉一文的初稿》，《列宁全集》第 27 卷，人民出版社 1958 年 10 月第 1 版，第 194 页。

六　司法机关的性质、任务与活动原则

（一）法院的性质和任务

1. 法庭是政权的工具

法律是普遍的。应当根据法律来确定的案件是单一的。要把单一的现象归结为普遍的现象就需要判断。判断还不是最后肯定。要运用法律就需要法官。如果法律可以自动运用，那么法官也就是多余的了。

> 马克思：《第六届莱茵省议会的辩论（第一篇论文）》，《马克思恩格斯全集》第 1 卷，人民出版社 1956 年 12 月第 1 版，第 76 页。

法官除了法律就没有别的上司，法官的责任是当法律运用到个别场合时，根据他对法律的诚挚的理解来解释法律。

> 马克思：《第六届莱茵省议会的辩论（第一篇论文）》，《马克思恩格斯全集》第 1 卷，人民出版社 1956 年 12 月第 1 版，第 76 页。

法庭是政权的工具。自由派有时忘记了这一点。对马克思主义者来说，忘记这一点就是犯罪。

> 列宁：《关于布尔什维克领袖出庭受审的问题》，《列宁全集》第 25 卷，人民出版社 1958 年 5 月第 1 版，第 164 页。

苏维埃政权遵循历次无产阶级革命的指示，立即废除了旧法庭。这样，我们就为创造真正的人民法庭扫清了道路，少用高压的力量，多用群众的实例，多用劳动者的威信，不拘形式地把法庭这一剥削的工具改造成为在社会主义社会的巩固基础上施行教育的工具。

> 列宁：《关于人民委员会的工作报告》，《列宁选集》第 3 卷，人民出版社 1972 年 10 月第 2 版，第 426—427 页。

革命群众在 1917 年 10 月 25 日以后，也走上了正确的道路，证明了革命的生命力，在解散资产阶级官僚司法机关的任何法令颁布以前就已经开始组织自己的即工农的法院。可是，我们革命的人民的法院还是非常非常的软弱。还可以感觉到，群众把法院看作一种同自己对立的衙门，这种由于地主阶级压迫而流传下来的观点，还没有彻底打破。人民还没有充分意识到，法院正是吸引全体贫民参加国家管理的机关（因为司法工作也是国家管理的职能之一），法院是无产阶级和贫苦农民的权力机关，法院是纪律教育的工具。

> 列宁：《苏维埃政权的当前任务》，《列宁专题文集》之《论社会主义》，
> 人民出版社 2009 年 12 月第 1 版，第 104—105 页。

在我们结束全俄肃反委员会、建立国家政治法院的时候，我们在代表大会上应该指出，我们不承认有超阶级的法院。我们的法院必须是经过选举产生的，是无产阶级的，所以法院应该知道，我们容许的是什么。

> 列宁：《俄共（布）第十一次代表大会》，《列宁全集》第 33 卷，人民出
> 版社 1957 年 8 月第 1 版，第 277 页。

2. 法官要选举产生，来自人民，接受群众监督

用最简单的概念来说，公社意味着在旧政府机器的中心所在地——巴黎和法国其他大城市——初步破坏这个机器，代之以真正的自治，这种自治在工人阶级的社会堡垒——巴黎和其他大城市中就是工人阶级的政府，由于被围，巴黎摆脱了军队，而代之以主要由巴黎工人组成的国民自卫军。只是由于这一情况，3 月 18 日的起义才成为可能。必须使这件事实成为一种制度；必须以各大城市的国民自卫军，即武装起来反对政府僭权的人民来代替保护政府反对人民的常备军。公社必须由各区全民投票选出的市政委员组成（因为巴黎是公社的首倡者和楷模，我们应引为范例），这些市政委员对选民负责，随时可以罢免。其中大多数自然会是工人，或者是公认的工人阶级代表。它不应当是议会式的，而应当是同时兼管行政和立法的工作机关。警察不再是中央政府的工具，而应成为公社的勤务员，像所有其他行政部门的公务员一样由公社任命，而且随时可以罢免；一切公务员像公社委员一样，其工作报酬只能相当于工人的工资，法官也应该由选举产生，可以罢免，并且对选民负责。一切有关社会生活事务的创议权都由公社掌握，总之，一切社会公职，甚至原应属于中央政府的为数不多的几项职能，都要由公社的勤务员执行，从而也就处在公社的监督之下。硬说中央的职能——不是指政府统治人民的权威，而是指由于国家的一般的共同的需要而必须执行的职能——将不可能存在，是极其荒谬的。这些职能会存在；不过，行使这些职能的人已经不能够像在旧的政府机器里面那样使自己凌驾于现实社会之上了，因为这些职能应由公社的勤务员执行，因而总是处于切实的监督之下。社会公职不会再是中央政府赏赐给它的爪牙的私有财产。随着常备军和政府警察的废除，物质的压迫力量即被摧毁。

宣布一切教会不得占有财产，从一切公立学校中取消宗教教育（同时实施免费教育），使其成为私人生活范围之内的事，靠信徒的施舍维持；使一切教育机构不受政府的监护和奴役——随着这一切的实现，精神的压迫力量即被摧毁，科学不仅成为人人有份的东西，而且也摆脱掉政府压制和阶级偏见的桎梏。市税由公社规定和征收，用于全国性的公共需要上的税款由公社的公务员征收，并由公社自己支付于各项公共需要（用于各项公共需要上的开支由公社自己监督）。

> 马克思：《法兰西内战》，《马克思恩格斯文集》第 3 卷，人民出版社 2009 年 12 月第 1 版，第 221—223 页。

　　法官和军政负责人员都由人民选举，并可以按照大多数选民的决定随时撤换。

> 列宁：《修改党纲的材料》，《列宁全集》第 24 卷，人民出版社 1957 年 4 月 5 第 1 版，第 439 页。

　　你们说，你们的检察机关和审判机关还没有准备好做这种工作。（指对从事粮食投机的富农分子适用苏俄刑法第一百零七条——编者注）但是，为什么其他地区的检察机关和审判机关已经准备好并且工作得十分顺利，而在你们这里，这些机关却还没有准备好对投机分子使用第一百零七条呢？这是谁的过错？看来，这是你们党组织的过错，你们党组织的工作显然做得不好，没有设法使我们国家的法律得到切实的执行。我看到了你们检察机关和审判机关的好几十个干部。他们几乎都住在富农家里，在富农家里做食客，所以他们自然要竭力同富农和睦相处。我问过他们，他们回答说，富农的住宅干净些，吃得好些。很明显，决不能指望这样的检察机关和审判机关的干部会给苏维埃国家做出什么好的和有益的事情来。令人不解的是：为什么直到现在这些先生还没有被清洗掉，还没有由另外一些诚实的工作人员来代替。

> 斯大林：《论粮食收购和农业发展的前途》，《斯大林全集》第 11 卷，人民出版社 1955 年 7 月第 1 版，第 5 页。

3. 法院不能取消镇压，也要成为教育人民的机关

　　新的法院之所以必要首先是为了反对那些企图恢复自己的统治，维护自己的特权或者用明骗暗窃的手段来取得某些特权的剥削者。除此以外，如果法院真正是按照苏维埃机关的原则组织起来的，它就应当担负起另一

个更重要的任务。这个任务就是保证劳动者最严格地执行纪律和自我纪律。如果我们设想,这个任务在资产阶级政权垮台的第二天,即在资本主义向社会主义过渡的第一阶段内就能实现,或者不用强制就能实现,那我们就是可笑的空想家。这个任务不用强制是根本不能完成的。我们需要国家,我们需要强制。苏维埃法院应该成为无产阶级国家实行这种强制的机关。法院还应当担负起教育居民遵守劳动纪律的巨大任务。在这方面我们还做得很不够,确切些说,几乎没有什么。我们应当大规模地建立这样的法院,并且使它们的活动扩展到国内的整个劳动生活中去。只有这样的法院,才能在最广大的被剥削劳动群众的参加下,通过同苏维埃政权的原则相适应的民主形式,使遵守纪律和自我纪律的愿望不致成为空洞的愿望。

列宁:《〈苏维埃政权的当前任务〉一文的初稿》,《列宁全集》第 27 卷,人民出版社 1958 年 10 月第 1 版,第 199—200 页。

法院不应该取消镇压;答应这样作是自欺欺人,法院应该在原则上明确地毫无掩饰地说明镇压的道理,并使它具有法律根据。这一点应该尽量广泛地表述出来,因为只有革命的法律意识和革命的良心,才能提出使它实施得比较广泛的条件。

列宁:《给德·伊·库尔斯基的信》,《列宁全集》第 33 卷,人民出版社 1957 年 8 月第 1 版,第 320 页。

我国的法院是无产阶级的法院,他能够监督每一个私营企业主,使我们订的法律对于这些人决不像资产阶级国家里所订的那样;不久前莫斯科就有过这样一个例子,你们大家都很知道,我们还要增加这样的例子,要严厉惩办私营企业主先生们的违法行为。

列宁:《全俄苏维埃第九次代表大会》,《列宁全集》第 33 卷,人民出版社 1957 年 8 月第 1 版,第 143 页。

共和国人民法院要严格监督私营工商业者的活动,但对他们的活动不得有任何限制,同时对他们的任何违法行为都要严格惩罚,教育广大工农群众独立地、及时地、严格地监督他们遵守法制。

列宁:《全俄苏维埃第九次代表大会》,《列宁全集》第 33 卷,人民出版社 1957 年 8 月第 1 版,第 151—152 页。

人民法院要更加注意对官僚主义、拖拉作风和经济方面的失职事件加以法律制裁。审判这类案件是必要的,这样可以提高人们的责任心,反对目前很难消灭的坏事,可以引起工农群众对这一重要问题的注意,可以达到实际目的：取得更大的经济成就。

> 列宁：《全俄苏维埃第九次代表大会》，《列宁全集》第 33 卷，人民出版
> 社 1957 年 8 月第 1 版，第 152 页。

去做生意吧，发财吧！我们允许你这样做，但是我们将加倍严格地要求你做老实人，呈送真实准确的报表，不仅要认真对待我们共产主义法律的条文，而且认真对待它的精神，不得有一丝一毫违背我们的法律，——这就应当是司法人民委员部在新经济政策方面的基本准则。如果司法人民委员部不能够使我们这里的资本主义成为"训练有素的"、"循规蹈矩的"资本主义，如果司法人民委员会部不能用一批示范性审判证明它善于抓住违反以上规定的行为，并且不是用罚款一两亿这样一种蠢得丢人的"共产党人的愚笨"办法，而是用判处枪决的办法来进行惩办，那么，司法人民委员会部就毫不中用，那时我就认为自己有责任要求中央委员会撤换司法人民委员部的全体负责工作人员。

> 列宁：《关于司法人民委员部在新经济政策条件下的任务》，《列宁专题文
> 集》之《论社会主义》，人民出版社 2009 年 12 月第 1 版，第 312 页。

（二）检察机关的性质和任务

应该记住，检察机关和任何行政机关不同，它丝毫没有行政权，对任何行政问题都没有表决权。检察长的唯一职权和必须作的事情只是一件：监视整个共和国对法制有真正一致的了解，不管任何地方的差别，不受任何地方的影响。检察长的唯一职权是把案件提交法院判决。

> 列宁：《论"双重"领导和法制》，《列宁全集》第 33 卷，人民出版社
> 1957 年 8 月第 1 版，第 326 页。

工农检察院审查时不仅要根据法制，而且要看是否适当。检察长的责任是任何地方政权的任何决定都与法律不发生抵触，检察长必须仅仅从这一观点出发，对一切非法的决定提出抗议，但是他无权停止决定的执行，而只能设法使整个共和国对法制有绝对一致的了解。

> 列宁：《论"双重"领导和法制》，《列宁全集》第 33 卷，人民出版社
> 1957 年 8 月第 1 版，第 327 页。

我们无疑是生活在违法乱纪的汪洋大海里；地方影响对于建立法制和文明制度是最重要的障碍之一，甚至是唯一的最严重的障碍。未必有人没有听说过，地方上清党时揭发出来的主要事实是，大多数地方审查委员会

在清党过程中有向个人和地方挟嫌报复的行为。这一事实是无可争辩的，也是十分突出的。未必有人会否认，我们党要找十个对法律有充分研究、能够对抗一切纯粹地方影响的可靠的共产党员还容易，可是要找几百个这样的人就困难了。在人们谈论检察机关受"双重"领导还是只受中央领导的时候，问题也就归结到这一点上。在中央，我们应当找到十来个人来行使总检察长、最高法院和司法人民委员部部务委员会的中央检察权（是总检察长单独行使，还是同最高法院和司法人民委员部部务委员会一同行使，这个问题我暂且撇开不谈，因为这是一个完全次要的问题，这个问题可以这样也可以那样解决，要看党是把大权托给一个人，还是分托给上述三个机构）。这十来个人在中央工作，受中央组织局、中央政治局和中央监察委员会这三个党机关的最密切的监督，同它们保持最直接的联系，而这三个党机关是反对地方影响和个人影响的最可靠的保证，而且最后这个机关，即中央监察委员会，它只对党的代表大会负责，它的任何委员都不得在任何人民委员部、任何个别主管机关及任何苏维埃政权机关中兼职。显然，在这种条件下，我们就有了过去所设想过的一切保证中最大的保证，使党能够建立一个不大的中央机构去实际地反对地方影响，反对地方的和其他一切的官僚主义，促使全共和国、全联邦真正统一地实行法制。因此，这个中央司法机构可能发生的错误，可以立刻就地由这几个党的机关加以纠正，这些党的机关为我们全共和国的党的苏维埃的全部工作，一般地规定出一切基本的原则和基本的规章。

> 列宁：《论"双重"领导和法制》，《列宁全集》第 33 卷，人民出版社 1957 年 8 月第 1 版，第 327—328 页。

最后，我得出结论：主张检查机关实行"双重"领导，取消它对地方政权的任何决定表示抗议的权力，这就不仅在原则上是错误的，不仅妨碍我们坚决实行法制这一基本任务，而且反映了地方官僚主义、地方影响的利益和偏见，这是使劳动者同地方和中央苏维埃政权之间，使劳动者同俄共中央机关之间形成最有害的隔阂。

> 列宁：《论"双重"领导和法制》，《列宁全集》第 33 卷，人民出版社 1957 年 8 月第 1 版，第 328 页。

因此我建议中央：否决这种"双重"领导；规定地方检察机关只受中央领导；保留检察机关根据法制对地方政权的一切决议提出抗议的权力和

职责，但没有停止执行决议的权力，只有权把案件提交法院判决。

> 列宁：《论"双重"领导和法制》，《列宁全集》第 33 卷，人民出版社
> 1957 年 8 月第 1 版，第 328—329 页。

（三）司法机关的活动原则

1. 要吸收广大劳动者参加法院工作

官僚主义的经济根源是什么呢？这种根源主要有两个方面：一方面是已发展起来的资产阶级正是为了反对工人的（局部地也是为了反对农民的）革命运动而需要官僚机构，首先是军事的、其次是法庭等等的官僚机构。这种现象我们这里是没有的。我们的法庭是反资产阶级的阶级法庭，我们的军队是反资产阶级的阶级军队。

> 列宁：《论粮食税》，《列宁专题文集》之《论社会主义》，人民出版社
> 2009 年 12 月第 1 版，第 226 页。

2. 适用法律要平等

纪律审判会应当不断地加强劳动纪律，不断改进加强劳动纪律和提高生产率的文明工作方法，但决不可干涉人民法院和管理机构的职权。

> 列宁：《关于工会在新经济政策条件下的作用和任务的提纲草案》，《列宁
> 专题文集》之《论社会主义》，人民出版社 2009 年 12 月第 1 版，第
> 303 页。

向所有省委重申，凡有一丝一毫试图对法庭"施加影响"以"减轻"共产党人罪责的人，中央都将开除出党。

通令司法人民委员部（抄送各省党委），法庭对党员的惩处必须严于非党员。

> 列宁：《给俄共（布）中央政治局的信》，《列宁文稿》第 4 卷，人民出版
> 社 1978 年 8 月第 1 版，第 342 页。

七　社会主义法的执行、遵守与监督

（一）必须切实保证法律的执行

如果说资本家宣布私有财产神圣不可侵犯而在当时达到了巩固资本主义制度的目的，那么我们共产党员就更加应当宣布公共财产神圣不可侵犯，来巩固一切生产部门和商业部门中的新的社会主义经济形式。容许盗窃侵吞公共财产（不管是国家财产或合作社财产和集体农庄财产），放过这种反革命的胡作非为，就是帮助敌人来破坏以公有制为基础的苏维埃制度。我们苏维埃政府不久以前公布关于保护公有制的法律，就是从这一点出发的。这个法律是目前革命法制的基础。每个共产党员、每个工人和每个集体农庄庄员的首要职责就是必须极严格地执行这个法律。

> 斯大林：《第一个五年计划的总结》，《斯大林全集》第 13 卷，人民出版社 1956 年 4 月第 1 版，第 188—189 页。

（二）干部与党员要严格执行和遵守法律

一切公务人员在自己的一切职务活动方面都应当在普通法庭上按照一般法律向每一个公民负责。

> 恩格斯：《给奥·倍倍尔的信》，《马克思恩格斯选集》第 3 卷，人民出版社 1972 年 5 月第 1 版，第 30 页。

最值得注意的是非党群众有时还比党员更爱惜我们国家的资材。共产党员在这种场合的行动是更勇敢更坚决的。他毫不在乎地发给许多职员辅助金，称之为分红，虽然这里并没有什么红利气味。他毫不在乎地逾越法律，回避法律，违犯法律。非党群众在这方面倒是较为小心较为谨慎的。这大概是共产党员有时认为法律、国家等等东西都是家里是事情的缘故。正因为如此，有些共产党员有时就不费什么气力，像猪一样地（同志们，请原谅我这样说）跨进国家菜园，在那里饱吃一顿，或者是拿国家资产来表示自己的慷慨。同志们，应该消灭这种不成体统的现象了。如果我们想真正保存我们的积累以应我国工业的需要，那就应该展开坚决的斗争来反对我们管理机关和我们日常生活中的放荡行为和铺张浪费。

斯大林：《关于苏联经济状况和党的政策》，《斯大林全集》第 8 卷，人民
出版社 1954 年 8 月第 1 版，第 123—124 页。

除了我们一致认为必须撤职的那些不可救药的官僚主义分子和文牍主
义分子以外，我们还有两种工作人员阻挠着我们的工作，妨碍着我们的工
作，不让我们前进。

一种工作人员是那些过去有过一些功劳而现在已经成为要人的人，他
们认为党的纪律和苏维埃的法律不是为他们而是为傻瓜制定的。这些人并
不认为执行党和政府的决议是自己的义务，因而破坏党和国家纪律的基础。
他们违反党的纪律和苏维埃的法律是靠什么呢？他们只靠苏维埃政权会因
为他们过去有功而不去触犯他们。这些妄自尊大的要人认为他们是了不起
的人物，他们可以违反领导机关的决议而不受惩罚。对这种工作人员该怎
么办呢？必须毫不犹豫地撤销他们的领导职务，不管他们过去有过什么功
劳。（呼喊声："对！"）必须把他们降职并把这件事在报纸上公布。（呼喊
声："对！"）所以必须这样做，是为了打掉这些妄自尊大的官僚主义要人
的傲慢习气，叫他们安分一些。所以必须这样做，是为了在我们整个工作
中加强党和苏维埃的纪律。（呼喊声："对！"鼓掌。）

斯大林：《在党的第十七次代表大会上关于联共（布）中央工作的总结报
告》，《斯大林全集》第 13 卷，人民出版社 1956 年 4 月第 1 版，第
326 页。

（三）监督法律的实施

一般是用什么来保证法律的实行呢？第一，对法律的实行加以监督。
第二，对不执行法律的加以惩办。

列宁：《新工厂法》，《列宁全集》第 2 卷，人民出版社 1959 年 5 月第 1
版，第 253 页。

只要工人知道了新法律，他们自己就会严格监督法律的实行，决不允
许它有丝毫违反，法律的要求达不到，就拒绝工作。工人自己的监督要比
任何工厂警官的监督更有效些。没有这种监督，法律就不会实行。

列宁：《新工厂法》，《列宁全集》第 2 卷，人民出版社 1959 年 5 月第 1
版，第 255 页。

我们的法令太多了，而且像马雅可夫斯基所描写的那样，都是匆匆忙
忙赶出来的，但对于法令的实际执行情况却没有加以检查。

列宁:《论苏维埃共和国的国内外形势》,《列宁专题文集》之《论无产阶级政党》,人民出版社 2009 年 12 月第 1 版,第 325 页。

(四) 采取各种措施,保证法律实施

我们的法律在历史上第一次取消了一切使妇女没有权利的东西。但是,问题不在于法律。这种关于婚姻完全自由的法律在我们城市和工厂区实行得很好,而在农村则往往成为一纸空文。在那里,教堂结婚直到现在还占优势。这是受了神甫的影响,同这种坏现象作斗争比同旧法律作斗争困难得多。

同宗教偏见作斗争,必须特别慎重;在这一斗争中伤害宗教感情,会带来许多害处。应当通过宣传教育来进行斗争。斗争搞得过于激烈会引起群众愤恨;这样的斗争会加深群众在宗教问题上的分裂,而我们的力量则在于团结。宗教偏见的最深的根源是穷困和愚昧;我们也应当同这个祸根作斗争。

直到现在,妇女还处于被称为奴隶的地位;妇女被家务压得喘不过气来,能够把妇女从这种地位中拯救出来的只有社会主义。只有当我们从小经济过渡到公共经济和共耕制的时候,妇女才能完全解放和彻底翻身。这项任务是困难的,但是现在贫农委员会在建立起来,社会主义革命在巩固起来。

列宁:《在全俄女工第一次代表大会上的演说》,《列宁全集》第 28 卷,人民出版社 1956 年 12 月第 1 版,第 162—163 页。

我们深深知道,俄国文化不发达是什么意思,它对苏维埃政权有什么影响;苏维埃政权在原则上实行了高得无比的无产阶级民主,对全世界做出了实行这种民主的榜样,可是这种文化落后性却贬低了苏维埃政权并使官僚制度复活。苏维埃机构在口头上是全体劳动群众都参加的,而实际上远不是他们全体都参加的,这是我们大家都知道的。这根本不是法律妨碍了这一点,如在资产阶级时代那样;恰恰相反,我们的法律还促进了这一点。但只有法律是不够的。必须有广大的教育工作、组织工作和文化工作。这不能用法律迅速办到,这需要进行长期的巨大的努力。

列宁:《俄共 (布) 第八次代表大会》,《列宁全集》第 29 卷,人民出版社 1956 年 7 月第 1 版,第 152 页。

我们所有经济机关的一切工作中最大的毛病就是官僚主义。共产党员成了官僚主义者。如果说有什么东西会把我们毁掉的话，那就是这个。对国家银行来说，最危险的就是变成官僚主义机关。我们还在考虑指令、机关。错误就在这里。现在问题的全部关键在于要有实践家和实践。发现人才——精明强干的人（从共产党员中百里挑一，千里挑一，就这样也要请上帝保佑），把我们的指令（好指令，坏指令，反正都是一样）由肮脏的废纸变为生动的实践——关键就在这里。

> 列宁：《给财政人民委员会》，《列宁全集》第 35 卷，人民出版社 1959 年
> 9 月第 1 版，第 552 页。

必须供应农村青年积极分子一些解释苏维埃政权维护贫农利益的法令的通俗小册子和参考书。必须使这些积极分子彻底了解这些法令，使他们善于向贫农解释这些法令，并且善于根据这些法令维护贫农的利益，反对富农的恶势力。我认为，不了解这些法令和农村"当权者"经常违反这些法令，是目前农村秩序的主要祸害之一。农村中的共青团积极分子应当捍卫革命的法制。他们应当尽力保护农村中的贫农。毫无疑问，这个任务是普通而平凡的。毫无疑问，空谈世界革命要比实现这项同苏维埃法令有关的普通而平凡的任务容易得多。但是同样毫无疑问，不实现这项任务，就不可能有任何的结合。

> 斯大林：《关于农村共产主义青年团积极分子》，《斯大林全集》第 7 卷，
> 人民出版社 1958 年 5 月第 1 版，第 67 页。

马克思主义经典作家论法的一般原理（补充部分）[①]

凡是不以行为本身而以当事人的思想方式作为主要标准的法律，无非是对非法行为的公开认可。

> 马克思：《评普鲁士最近的书报检查令》，《马克思恩格斯全集》第 1 卷，
> 人民出版社 1956 年 12 月第 1 版，第 16 页。

对于法律来说，除了我的行为以外，我是根本不存在的，我根本不是法律的对象。我的行为就是我同法律打交道的唯一领域，因为行为就是我为之要求生存权利、要求现实权利的唯一东西，而且因此我才受到现行法

---

① 该部分资料主要参考了《马克思列宁主义关于法律和革命法制的理论》，法律出版社 1958 年 10 月第 1 版的内容，并将其按照经典作家分为："马克思恩格斯、列宁、斯大林"三个部分。

的支配。可是追究倾向的法律不仅要惩罚我所做的，而且要惩罚我所想的，不管我的行为如何。所以，这种法律是对公民名誉的一种侮辱，是威胁着我的生存的一种阴险的陷阱。

……由于这种意见我要受到惩罚。法律惩罚我并不是因为我做了坏事，而是因为我没有做坏事。其实我受罚的原因是我的行为并不违法，正是由于这一点，我就迫使好心肠的法官只去审查我那非常慎重、不至于使自己在行动中暴露出来的恶劣的思想方式。

惩罚思想方式的法律不是国家为它的公民颁布的法律，而是一个党派用来对付另一个党派的法律。追究倾向的法律取消了公民在法律面前的平等。这不是团结的法律，而是一种破坏团结的法律，一切破坏团结的法律都是反动的；这不是法律，而是特权。

> 马克思：《评普鲁士最近的书报检查令》，《马克思恩格斯全集》第 1 卷，人民出版社 1956 年 12 月第 1 版，第 16—17 页。

不论历史或是理性都同样证实这样一件事实：不考虑任何差别的残酷手段，是惩罚毫无效果，因为它消灭了作为法的结果的惩罚。

> 马克思：《第六届莱茵省议会的辩论（第三篇论文)》，《马克思恩格斯全集》第 1 卷，人民出版社 1956 年 12 月第 1 版，第 139—140。

把林木占有者的奴仆变为国家权威的代表的这种逻辑，使国家权威变成林木占有者的奴仆。整个国家制度和各种行政机构的作用都应该是脱离常规，都应该沦为林木占有者的工具；林木占有者的利益应该成为左右整个机构的灵魂。一切国家机关都应成为林木占有者的耳、目、手、足，为林木占有者的利益探听、窥视、估价、守护、逮捕和奔波。

> 马克思：《第六届莱茵省议会的辩论（第三篇论文)》，《马克思恩格斯全集》第 1 卷，人民出版社 1956 年 12 月第 1 版，第 160 页。

资产阶级的力量全部取决于金钱，所以他们要取得政权就只有使金钱成为人在立法上的行为能力的唯一标准。……这样，他们通过选举权和被选举权的财产资格的限制，使选举原则成为本阶级独有的财产。平等原则又由于被限制为仅仅在"法律上的平等"而一笔勾销了，法律上的平等就是在富人和穷人不平等的前提下的平等，即限制在目前主要的不平等的范围内的平等，简括地说，就是简直把不平等叫做平等。

> 恩格斯：《德国状况》，《马克思恩格斯全集》第 2 卷，人民出版社 1957 年 12 月第 1 版，第 647—648 页。

由于私有制摆脱了共同体，国家获得了和市民社会并列并且在市民社会以外的独立的存在；实际上国家不外是资产者为了在国内外相互保障各自的财产和利益所必然要采取的一种组织形式。目前国家的独立性只有在这样的国家里才存在：在那里，等级还没有完全发展成为阶级，在那里，比较先进的国家中已被消灭的等级还起着某种作用，并且那里存在某种混合体，因此在这样的国家里居民的任何一部分也不可能对居民的其他部分进行统治。德国的情况就正是这样。现代国家的最完善的例子就是北美。法国、英国和美国的一些近代著作家都一致认为，国家只是为了私有制才存在的，可见，这种思想也渗入日常的意识了。

马克思、恩格斯：《德意志意识形态》，《马克思恩格斯文集》第 1 卷，人民出版社 2009 年 12 月第 1 版，第 548 页。

为什么意识形态家使一切本末倒置。

笃信宗教者、法学家、政治家。

法学家、政治家（一般的国务活动家）、伦理学家、笃信宗教者。

关于一个阶级内的这种意识形态划分：职业由于分工而独立化；每个人都认为他的手艺是真的。他们之所以必然产生关于自己的手艺和现实相联系的错觉，是手艺本身的性质决定的。关系在法学、政治学中——在意识中——成为概念；因为他们没有超越这些关系，所以这些关系的概念在他们的头脑中也成为固定概念。例如，法官运用法典，因此法官认为，立法者是真正的积极的推动者。尊重自己的商品，因为他们的职业是和公众打交道。

法的观念。国家的观念。在通常的意识中事情被本末倒置了。

马克思、恩格斯：《德意志意识形态》，《马克思恩格斯文集》第 1 卷，人民出版社 2009 年 12 月第 1 版，第 586—587 页。

因为国家是统治阶级的各个人借以实现共同利益的形式，是该时代的整个市民社会获得集中表现的形式，所以可以得出结论：一切共同的规章都是以国家为中介的，都获得了政治形式。由此便产生了一种错觉，好像法律是以意志为基础的，而且是以脱离其现实基础的意志即自由意志为基础的。同样，法随后也被归结为法律。

马克思、恩格斯：《德意志意识形态》，《马克思恩格斯文集》第 1 卷，人民出版社 2009 年 12 月第 1 版，第 584 页。

至今一切社会的历史都是阶级斗争的历史。

马克思、恩格斯：《共产党宣言》，《马克思恩格斯文集》第 2 卷，人民出版社 2009 年 12 月第 1 版，第 31 页。

现代的国家政权不过是管理整个资产阶级的共同事务的委员会罢了。

马克思、恩格斯：《共产党宣言》，《马克思恩格斯文集》第 2 卷，人民出版社 2009 年 12 月第 1 版，第 33 页。

资产阶级在它已经取得了统治的地方把一切封建的、宗法的和田园诗般的关系都破坏了。它无情地斩断了把人们束缚于天然尊长的形形色色的封建羁绊，它使人和人之间除了赤裸裸的利害关系，除了冷酷无情的"现金交易"，就再也没有任何别的联系了。它把宗教虔诚、骑士热忱、小市民伤感这些情感的神圣发作，淹没在利己主义打算的冰水之中。它把人的尊严变成了交换价值，用一种没有良心的贸易自由代替了无数特许的和自力挣得的自由。总而言之，它用公开的、无耻的、直接的、露骨的剥削代替了由宗教幻想和政治幻想掩盖着的剥削。

资产阶级抹去了一切向来受人尊崇和令人敬畏的职业的神圣光环。它把医生、律师、教士、诗人和学者变成了它出钱招雇的雇佣劳动者。

马克思、恩格斯：《共产党宣言》，《马克思恩格斯文集》第 2 卷，人民出版社 2009 年 12 月第 1 版，第 33—34 页。

有人反驳说，私有制一消灭，一切活动就会停止，懒惰之风就会兴起。

这样说来资产阶级社会早就应该因懒惰而灭亡了，因为在这个社会里劳者不获，获者不劳。所有这些顾虑，都可以归结为这样一个同义反复：一旦没有资本，也就不再有雇佣劳动了。

马克思、恩格斯：《共产党宣言》，《马克思恩格斯文集》第 2 卷，人民出版社 2009 年 12 月第 1 版，第 48 页。

我学的专业本来是法律，但我只是把它排在哲学和历史之次当做辅助学科来研究。……

我的研究得出这样一个结果：法的关系正像国家的形式一样，既不能从它们本身来理解，也不能从所谓人类精神的一般发展来理解，相反，它们根源于物质的生活关系，这种物质的生活关系的总和，黑格尔按照十八世纪的英国人和法国人的先例，概括为"市民社会"，而对市民社会的解剖应该到政治经济学中去寻求。……我所得到的、并且一经得到就用于指导我的研究工作的总的结果，可以简要地表述如下：人们在自己生活的社会生产中发生一定的、必然的、不以他们的意志为转移的关系，即同他们的物质生产力的一定发展阶段相适合的生产关系。这些生产关系的总和构成社会的经济结构，即有法律的和政治的上层建筑竖立其上并有一定的社会意识形式与之相适应的现实基础。物质生活的生产方式制约着整个社会生活、政治生活和精神生活的过程。不是人们的意识决定人们的存在，相反，是人们的社会存在决定人们的意识。社会的物质生产力发展到一定阶段，便同它们一直在其中活动的现存生产关系或财产关系（这只是生产关系的法律用语）发生矛盾。于是这些关系便由生产力的发展形式变成生产力的桎梏。那时社会革命的时代就到来了。随着经济基础的变更，全部庞大的上层建筑也或慢或快地发生变革。在考察这些变革时，必须时刻把下面两者区别开来：一种是生产的经济条件方面所发生的物质的、可以用自然科学的精确性指明的变革，一种是人们借以意识到这个冲突并力求把它克服的那些法律的、政治的、宗教的、艺术的或哲学的，简言之，意识形态的形式。我们判断一个人不能以它的意识为根据；相反，这个意识必须从物质生活的矛盾中，从社会生产力和生产关系之间的现存冲突中去解释。无论哪一个社会形态，在它所能容纳的全部生产力发挥出来以前，是决不会灭亡的；而新的更高的生产关系，在它的物质存在条件在旧社会的胎胞里成熟以前，是决不会出现的。所以人类始终只提出自己能够解决的任务，因为只要仔细考察就可以发现，任务本身，只有在解决它的物质条件已经存在或者至少是在生成过程中的时候，才会产生。

> 马克思：《〈政治经济学批判〉序言》，《马克思恩格斯文集》第 2 卷，人民出版社 2009 年 12 月第 1 版，第 588—592 页。

凡是宪法超出了改换服装的范围的地方，它就把已存在的事实记录下来。

> 马克思：《1848 年至 1850 年的法兰西阶级斗争》，《马克思恩格斯文集》第 2 卷，人民出版社 2009 年 12 月第 1 版，第 112 页。

但是，这部宪法的主要矛盾在于：它通过普选权赋予政治权力的那些阶级，即无产阶级、农民阶级和小资产者，正是它要永远保持其社会奴役地位的阶级。而它认可其旧有社会权力的那个阶级，即资产阶级，却被它剥夺了这种权力的政治保证。资产阶级的政治统治被宪法硬塞进民主主义的框子里，而这个框子时时刻刻都在帮助敌对阶级取得胜利，并危及资产阶级社会的基础本身。宪法要求一方不要从政治的解放前进到社会的解放，要求另一方不要从社会的复辟后退到政治的复辟。

> 马克思：《1848年至1850年的法兰西阶级斗争》，《马克思恩格斯文集》
> 第2卷，人民出版社2009年12月第1版，第114—115页。

从前，通常是在社会变革的过程中已经达到了均势，在新的阶级关系已趋于稳定，统治内部的各个斗争派别彼此已经达到妥协，因而有可能继续相互进行斗争并把疲惫的人民群众排除于斗争范围外的时候，才制定和通过宪法的。这次的宪法却根本不是批准了什么社会革命，而是批准了旧社会对于革命的暂时胜利。

> 马克思：《1848年至1850年的法兰西阶级斗争》，《马克思恩格斯选集》
> 第1卷，人民出版社1972年5月第1版，第426页。

对于普选权、新闻出版自由、陪审权、集会权的限制——这些限制深受资产阶级的欢迎，因为受到限制的只是它下面的各阶级——现在已经不可能继续下去了。

> 恩格斯：《德国革命和反革命》，《马克思恩格斯文集》第2卷，人民出版
> 社2009年12月第1版，第387页。

1848年各种自由的必然总汇，人身、新闻出版、言论、结社、集会、教育和宗教等自由，都穿上了宪法制服而成为不可侵犯的了。这些自由中的每一种都被宣布为法国公民的绝对权力，然而总是加上一个附带条件，说明它只有在不受"他人的同等权利和公共安全"或"法律"限制时才是无限制的，而这些法律正是要使各种个人自由彼此之间以及同公共安全协调起来。例如："公民有权成立团体，有权和平地、非武装地集会，有权进行请愿并且通过报刊或用其他任何方法发表意见。对于这些权利的享受，除受他人的同等权利和公共安全限制外，不受其他限制。"（法国宪法第2章第8条）"教育是自由的。教育的自由应在法律规定的范围内并在国家的最高监督下享用之。"（同上，第9条）"每一公民的住所是不可侵犯的，除非按照法定手续办事。"（第1章第3条）如此等等。所以，宪法经常提到未来的基本法律；这些基本法律应当详细地解释这些附带条件并且调整这些无限制的自由权利的享用，使它们既不致相互抵触，也不致同公共安全相抵触。后来，这些基本法律由秩序之友制定出来了，所有这些自由都得到调整，结果，资产阶级可以不受其他阶级的同等权利的任何妨碍而享

受这些自由。至于资产阶级完全禁止"他人"享受这些自由，或是允许"他人"在某些条件（这些条件都是警察的陷阱）下享受这些自由，那么这都是仅仅为了保证"公共安全"，也就是为了保证资产阶级的安全，宪法就是这样写的。……宪法的每一条本身都包含有自己的对立面，包含有自己的上院和下院：在一般词句中标榜自由，在附带条件中废除自由。所以，当自由这个名字还备受尊重，而只是——当然是通过合法途径——对它的真正实现设下了种种障碍时，不管这种自由在日常现实中的存在怎样被彻底消灭，它在宪法上的存在仍然是完整无损、不可侵犯的。

马克思：《路易·波拿巴的雾月十八日》，《马克思恩格斯文集》第 2 卷，人民出版社 2009 年 12 月第 1 版，第 483—484 页。

诚然，我们的法学家认为，立法的进步使妇女越来越失去申诉不平的任何根据。现代各文明国家的法律体系越来越承认，第一，为了使婚姻有效，它必须是一种双方自愿缔结的契约；第二，在结婚同居期间，双方在相互关系上必须具有平等的权利和义务。如果这两种要求都能彻底实现，那么妇女就有了她们所能希望的一切了。

这种纯法律的论据，同激进的共和派资产者用来击退和安抚无产者的论据完全一样。劳动契约据说是由双方自愿缔结的。而只要法律在字面上规定双方平等，这个契约就算是自愿缔结。至于不同的阶级地位给予一方的权力，以及这一权利加于另一方的压迫，即双方实际的经济地位——这是与法律毫不相干的。在劳动契约有效期间，只要此方或彼方没有明白表示放弃，双方仍然被认为是权利平等的。至于经济地位迫使工人甚至把最后一点表面上的平等权利也放弃掉，这又是与法律无关的。

在婚姻问题上，法律，即使是最进步的法律，只要当事人让人把他们处于自愿一事正式记录在案，也就十分满足了。至于法律幕后的现实生活发生了什么事，这种自愿是怎样造成的，法律和法学家都可以置之不问。……

男女婚后在法律上的平等权利，情况也不见得更好些。我们从过去的社会关系中继承下来的两性的法律上的不平等，并不是妇女在经济上受压迫的原因，而是它的结果。

恩格斯：《家庭、私有制和国家的起源》，《马克思恩格斯文集》第 4 卷，人民出版社 2009 年 12 月第 1 版，第 86—87 页。

按照资产阶级的理解，婚姻是一种契约，是一种法律行为，而且是一种最重要的法律行为，因为它就两个人终身的肉体和精神的问题作出规定。虽然这种契约那时在形式上是自愿缔结的；没有当事人双方的同意就不能解决问题。不过人人都非常明白，这一同意是如何取得的，实际上是谁在订立婚约。然而，在缔结别的契约时要求真正自由的决定，那么在订立婚约时为什么不要求这种自由呢？难道两个将要被撮合的青年人没有权利自由地支配他们自己、他们的身体以及身体的器官吗？……

总之，恋爱婚姻被宣布为人权，并且不仅是 droit de l'homme，而且在例外情况下也是妇女的人权。

但是，这种人权有一点是与其他一切所谓人权不同的。当后者实际上只限于统治阶级即资产阶级，而对于被压迫阶级即无产阶级则直接或间接地被消减了的时候，历史的讽刺又应验了。统治阶级仍然为众所周知的经济影响所支配，因此在他们中间，真正自由缔结的婚姻只是例外，而在被统治阶级中间，像我们所已看到的，这种婚姻却是通例。

因此，结婚的充分自由，只有在消灭了资本主义生产和它所造成的财产关系，从而把今日对选择配偶还有巨大影响的一切附加的经济考虑消除以后，才能普遍实现。到那时，除了相互的爱慕以外，就再也不会有别的动机了。

　　　　恩格斯：《家庭、私有制和国家的起源》，《马克思恩格斯文集》第4卷，
　　　　人民出版社2009年12月第1版，第94—95页。

国家决不是从外部强加于社会的一种力量。国家也不像黑格尔所断言的是"伦理观念的现实"，"理性的形象和现实"。确切地说，国家是社会在一定发展阶段上的产物；国家是承认：这个社会陷入了不可解决的自我矛盾，分裂为不可调和的对立面而无力摆脱这些对立面。而为了使这些对立面，这些经济利益相互冲突的阶级，不致在无谓的斗争中把自己和社会消灭，就需要有一种表面上凌驾于社会之上的力量，这种力量应当缓和冲突，把冲突保持在"秩序"的范围以内；这种从社会中产生但又自居于社会之上并且日益同社会相异化的力量，就是国家。

　　　　恩格斯：《家庭、私有制和国家的起源》，《马克思恩格斯文集》第4卷，
　　　　人民出版社2009年12月第1版，第189页。

由于国家是从控制阶级对立的需要中产生的，由于它同时又是在这些

阶级的冲突中产生的，所以，它照例是最强大的、在经济上占统治地位的阶级的国家，这个阶级借助于国家而在政治上也成为占统治地位的阶级，因而获得了镇压和剥削被压迫阶级的新手段。

> 恩格斯：《家庭、私有制和国家的起源》，《马克思恩格斯文集》第4卷，人民出版社2009年12月第1版，第191页。

所以，国家并不是从来就有的。曾经有过不需要国家，而且根本不知国家和国家权力为何物的社会。在经济发展到一定阶段而必然使社会分裂为阶级时，国家就由于这种分裂而成为必要了。现在我们正在以迅速的步伐走向这样的生产发展阶段，在这个阶段上，这些阶级的存在不仅不再必要，而且成了生产的真正障碍。阶级不可避免地要消失，正如它们从前不可避免地产生一样。随着阶级的消失，国家也不可避免地要消失。在生产者自由平等的联合体的基础上按新方式来组织生产的社会，将把全部国家机器放到它应该去的地方，即放到古物陈列馆去，同纺车和青铜斧陈列在一起。

> 恩格斯：《家庭、私有制和国家的起源》，《马克思恩格斯文集》第4卷，人民出版社2009年12月第1版，第193页。

按照黑格尔的思维方法的一切规则，凡是现实的都是合乎理性的这个命题，就变为另一个命题：凡是现存的，都是一定要灭亡。

> 恩格斯：《路德维希·费尔巴哈和德国古典哲学的终结》，《马克思恩格斯文集》第4卷，人民出版社2009年12月第1版，第269页。

资产阶级在反对封建制度的斗争中和在发展资本主义生产的过程中不得不废除一切等级的即个人的特权，而起初在私法方面，后来逐渐在公法方面实施了个人在法律上的平等权利，从那时以来并且由于那个缘故，平等权利在口头上是被承认了。但是追求幸福的欲望只是极微小的一部分可以靠观念上的权利来满足，绝大部分却要靠物质的手段来实现，而由于资本主义生产所关心的，是使绝大多数权利平等的人仅有最必需的东西来勉强维持生活，所以资本主义对多数人追求幸福的平等权利所给予的尊重，即使有，也未必比奴隶制或农奴制所给予的多一些。

> 恩格斯：《路德维希·费尔巴哈和德国古典哲学的终结》，《马克思恩格斯文集》第4卷，人民出版社2009年12月第1版，第293页。

在现代历史中至少已经证明，一切政治斗争都是阶级斗争，而一切争取解放的阶级斗争，尽管它必然地具有政治的形式（因为一切阶级斗争都是政治斗争），归根到底都是围绕着经济解放进行的。因此，至少在这里，国家、政治制度是从属的东西，而市民社会、经济关系的领域是决定性的因素。从传统的观点看来（这种观点也是黑格尔所尊崇的），国家是决定的因素，市民社会是被国家决定的因素。表面现象是同这种看法相符合的。就单个人来说，他的行动的一切动力，都一定要通过他的头脑，一定要转变为他的意志的动机，才能使他行动起来，同样，市民社会的一切要求（不管当时是哪一个阶级统治着），也一定要通过国家的意志，才能以法律形式取得普遍效力。这是问题的形式方面，这方面是不言而喻的；不过要问一下，这个仅仅是形式上的意志（不论是单个人的或国家的）有什么内容呢？这一内容是从哪里来的呢？为什么人们所期望的正是这个而不是别的呢？在寻求这个问题的答案时，我们就发现，在现代历史中，国家的意志总的说来是由市民社会的不断变化的需要，是由某个阶级的优势地位，归根到底，是由生产力和交换关系的发展决定的。

恩格斯：《路德维希·费尔巴哈和德国古典哲学的终结》，《马克思恩格斯文集》第4卷，人民出版社2009年12月第1版，第306页。

国家作为第一个支配人的意识形态力量出现在我们面前。社会创立一个机关来保护自己的共同利益，免遭内部和外部的侵犯。这种机关就是国家政权。它刚一产生，对社会来说就是独立的，而且它越是成为某个阶级的机关，越是直接地实现这一阶级的统治，它就越独立。被压迫阶级反对统治阶级的斗争必然要变成政治的斗争，变成首先是反对这一阶级的政治统治的斗争；对这一政治斗争同它的经济基础的联系的认识，就日益模糊起来，并且会完全消失。即使在斗争参加者那里情况也不完全是这样，但是在历史编纂学家那里差不多总是这样的。在关于罗马共和国内部斗争的古代史料中，只有阿庇安一人清楚而明确地告诉我们，这一斗争归根到底是为什么进行的，即为土地所有权进行的。

但是，国家一旦成了对社会来说是独立的力量，马上就发生了另外的意识形态。这就是说，在职业政治家那里，在公法理论家和私法法学家那里，同经济事实的联系就完全消失了。因为经济事实要以法律的形式获得确认，必须在每一个个别场合都采取法律动机的形式，而且，因为在这里，不言而喻地要考虑到现行的整个法的体系，所以，现在法律形式就是一切，而经济内容则什么也不是。公法和私法被看做两个独立的领域，它们各有自己的独立的历史发展，它们本身都可以系统地加以说明，并需要通过彻底根除一切内部矛盾来作出这种说明。

> 恩格斯：《路德维希·费尔巴哈和德国古典哲学的终结》，《马克思恩格斯文集》第 4 卷，人民出版社 2009 年 12 月第 1 版，第 307—308 页。

社会的经济进步一旦把摆脱封建桎梏和通过消除封建不平等来确立权利平等的要求提上日程，这种要求就必定迅速地扩大其范围。只要为工业和商业的利益提出这一要求，就必须为广大农民要求同样的平等权利。……由于人们不再生活在像罗马帝国那样的世界帝国中，而是生活在那些相互平等地交往并且处在差不多相同的资产阶级发展阶段的独立国家所组成的体系中，所以这种要求就很自然地获得了普遍的、超出个别国家范围的性质，而自由和平等也很自然地被宣布为人权。这种人权的特殊资产阶级性质的典型表现是美国宪法，它最先承认了人权，同时确认了存在于美国的有色人种奴隶制：阶级特权不受法律保护，种族特权被神圣化。

> 恩格斯：《反杜林论》，《马克思恩格斯文集》第 9 卷，人民出版社 2009 年 12 月第 1 版，第 111—112 页。

从消灭阶级特权的资产阶级要求提出的时候起，同时就出现了消灭阶级本身的无产阶级要求——起初采取宗教的形式，借助于原始基督教，以后就以资产阶级的平等理论本身为依据了。无产阶级抓住了资产阶级所说的话，指出：平等应当不仅仅是表面的，不仅仅在国家的领域中实行，它还应当是实际的，还应当在社会的、经济的领域中实行。尤其是从法国资产阶级自大革命开始把公民的平等提到重要地位以来，法国无产阶级就针锋相对地提出社会的、经济的平等的要求，这种平等成了法国无产阶级所特有的战斗口号。

因此，无产阶级所提出的平等要求有双重意义。或者它是对明显的社会不平等，对富人和穷人之间、主人和奴隶之间、骄奢淫逸者和饥饿者之间的对立的自发反应——特别是在初期，例如在农民战争中，情况就是这样；它作为这种自发反应，只是革命本能的表现，它在这里，而且仅仅在这里找到自己被提出的理由。或者它是从对资产阶级平等要求的反应中产生的，它从这种平等要求中吸取了或多或少正当的、可以进一步发展的要求，成了用资本家本身的主张发动工人起来反对资本家的鼓动手段；在这种情况下，它是和资产阶级平等本身共存亡的。在上述两种情况下，无产阶级平等要求的实际内容都是消灭阶级的要求。任何超出这个范围的平等要求，都必然要流于荒谬。

> 恩格斯：《反杜林论》，《马克思恩格斯文集》第9卷，人民出版社2009年12月第1版，第112—113页。

这样，我们不得不说，如果杜林先生手头有过一本拿破仑法典，那么，他肯定不能以同样的自信心对拉萨尔作出这种"具有伟大风格的历史记述"。因此，我们必须断定，杜林先生对于以法国大革命的社会成果为依据并把这些成果转化为法律的唯一的现代民法典，即现代法兰西法，是完全无知的。这一法典是以法国大革命所获致的社会成果为依据而把这些成果转成为法律的。①

> 恩格斯：《反杜林论》，《马克思恩格斯文集》第9卷，人民出版社2009年12月第1版，第115页。

资产阶级的共和制、议会和普选制，所有这一切，从全世界社会发展来看，是一种巨大的进步。人类走到了资本主义社会，只有资本主义，由于城市文化的发展，才是被压迫的无产阶级有可能认清自己的地位，掀起世界工人运动，在全世界上建立起包括有千百万工人的政党，即自觉地领导群众斗争的社会主义政党。没有议会制，没有选举制度，工人阶级就不会有这样的发展。因此，这一切东西在广大群众眼中具有很大的意义。

> 列宁：《论国家》，《列宁全集》第29卷，人民出版社1956年7月第1版，第442页。

当专门从事管理并因此需要一个强迫他人意志服从暴力的特殊强制机构（监狱、特殊队伍即军队，等等）的特殊集团出现时，国家也就出现了。

> 列宁：《论国家》，《列宁专题文集》之《论辩证唯物主义和历史唯物主义》，人民出版社2009年12月第1版，第285页。

国家是维护一个阶级对另一个阶级的统治的机器。当社会上还没有阶级的时候，当人们还在奴隶制时代以前，在较为平等的原始条件下，在劳动生产率还非常低的条件下从事劳动的时候，当原始人很费力地获得必需的生活资料来维持最简陋的原始生活的时候，没有产生而且不可能产生专

---

① 部分已被2009年12月版的《马克思恩格斯文集》所删减，这句话参见恩格斯《反杜林论》，人民出版社1956年12月版，第112页。

门分化出来实行管理并统治社会上其余一切人的特殊集团。只有当社会划分为阶级的第一种形式出现时，当奴隶制出现时，当某一阶级有可能专门从事最简单的农业劳动而生产出一些剩余物时，当这种剩余物对于奴隶维持最贫苦的生活并非绝对必需而由奴隶主攫为己有时，当奴隶主阶级的地位已经因此巩固起来时，为了使这种地位更加巩固，就必须有国家了。

　　列宁：《论国家》，《列宁专题文集》之《论辩证唯物主义和历史唯物主义》，人民出版社 2009 年 12 月第 1 版，第 288 页。

　　国家一直是从社会中分化出来的一种机构，是由一批专门从事管理、几乎专门从事管理或者主要从事管理的人组成的一种机构。人分为被管理者和专门的管理者，后者高居于社会之上，称为统治者，称为国家代表。这个机构，这个管理别人的集团，总是把持着一定的强制机构，实力机构，不管这种加之于人的暴力表现为原始时代的棍棒，或是奴隶制时代较为完善的武器，或是中世纪出现的火器，或是完全利用现代技术最新成果造成的、堪称 20 世纪技术奇迹的现代化武器，反正都是一样。使用暴力的手段虽然改变，但是只要国家存在，每个社会就总有一个集团进行管理，发号施令，实行统治，并且为了维持政权而把实力强制机构、其装备同每个时代的技术水平相适应的暴力机构把持在自己手中。

　　列宁：《论国家》，《列宁专题文集》之《论辩证唯物主义和历史唯物主义》，人民出版社 2009 年 12 月第 1 版，第 288 页。

　　国家形式是多种多样的。在奴隶占有制时期，在当时最先进、最文明、最开化的国家内，例如在完全建立于奴隶制之上的古希腊和古罗马，已经有各种不同的国家形式。那时已经有君主制和共和制、贵族制和民主制的区别。君主制是一人掌握权力，共和制是不存在任何非选举产生的权力机关；贵族制是很少一部分人掌握权力，民主只是人民掌握权力（民主制按希腊文一词直译过来，意思是人民掌握权力）。所有这些区别在奴隶制时代就产生了。虽然有这些区别，但奴隶占有制时代的国家，不论是君主制，还是贵族的或民主的共和国，都是奴隶占有制国家。

　　列宁：《论国家》，《列宁专题文集》之《论辩证唯物主义和历史唯物主义》，人民出版社 2009 年 12 月第 1 版，第 289 页。

　　在中世纪，农奴制占优势。当时的国家形式也是多样的，既有君主制也有共和制（虽然远不如前者明显），但始终只有地主——农奴主才被认为是统治者。农奴制农民根本没有任何政治权利。

列宁：《论国家》，《列宁专题文集》之《论辩证唯物主义和历史唯物主
义》，人民出版社 2009 年 12 月第 1 版，第 290—291 页。

地主阶级的经济力量衰落下去，新阶级即资本代表者的力量发展起来。结果社会被改造成这样：全体公民似乎一律平等了；以前那种奴隶主和奴隶的划分已经消灭了；所有人，不管他占有的是何种资本，是不是作为私有财产的土地，也不管他是不是只有一双做工的手的穷光蛋，都被认为在法律面前一律平等了。法律对大家都同样保护，对任何人所拥有的财产都加以保护，使其不受那些没有财产的、除了双手以外一无所有的、日益贫穷破产而变成无产者的群众的侵犯。资本主义社会的情形就是这样。

列宁：《论国家》，《列宁专题文集》之《论辩证唯物主义和历史唯物主
义》，人民出版社 2009 年 12 月第 1 版，第 292 页。

凡是存在着土地和生产资料的私有制，资本占统治地位的国家，不管怎样民主，都是资本主义国家，都是资本家用来控制工人阶级和贫苦农民的机器。至于普选权、立宪会议和议会，那不过是形式，不过是一种空头支票，丝毫也不能改变事情的实质。

列宁：《论国家》，《列宁专题文集》之《论辩证唯物主义和历史唯物主
义》，人民出版社 2009 年 12 月第 1 版，第 294 页。

资本既然存在，也就统治着整个社会，所以任何民主共和制、任何选举制度都不会改变事情的实质。

列宁：《论国家》，《列宁专题文集》之《论辩证唯物主义和历史唯物主
义》，人民出版社 2009 年 12 月第 1 版，第 295 页。

民主共和制和普选制同农奴制比较起来是一大进步，因为它们使无产阶级有可能达到现在这样的统一和团结，有可能组成整齐的、有纪律的队伍去同资本主义有步骤地进行斗争。农奴制农民连稍微近似这点的东西也没有，奴隶就更不用说了。我们知道，奴隶举行过起义，进行过暴动，掀起过国内战争，但是他们始终未能造成自觉的多数，未能建立起领导斗争的政党，未能清楚地了解他们所要达到的目的，甚至在历史上最革命的时机，还是往往成为统治阶级手下的小卒。资产阶级的共和制、议会和普选制，所有这一切，从全世界社会发展来看，是一大进步。人类走到了资本主义，而只有资本主义，凭借城市的文化，才使被压迫的无产者阶级有可能认清自己的地位，创立世界工人运动，造就出在全世界组织成政党的千百万工人，建立起自觉地领导群众斗争的社会主义政党。没有议会制度，没有选举制度，工人阶级就不会有这样的发展。因此，这一切东西在广大群众的眼中具有很大的意义。

> 列宁：《论国家》，《列宁专题文集》之《论辩证唯物主义和历史唯物主义》，人民出版社 2009 年 12 月第 1 版，第 295 页。

你们把你们的国家叫做自由国家，其实只要私有制存在，你们的国家即使是民主共和制的国家，也无非是资本家镇压工人的机器，而且国家愈自由，这种情形就愈明显。欧洲的瑞士和美洲的北美合众国就是这样的例子。这两个都是民主共和国，粉饰得很漂亮，侈谈劳动民主和全体公民一律平等，尽管如此，任何地方的资本统治都没有像这两个国家那样无耻，那样残酷，那样露骨。其实，瑞士和美国都是资本在实行统治，只要工人试图真的稍稍改善一下自己的处境，就立刻会引起一场国内战争。在这两个国家内，士兵较少，即常备军较少（瑞士实行民兵制，每个瑞士人的家里都有枪；美国直到最近还没有常备军），因此，罢工发生时，资产阶级就武装起来，雇用士兵去镇压罢工，而且在任何地方，对工人运动的镇压，都不如瑞士和美国那样凶暴残忍；在任何一国的议会里，资本的势力都不如这两个国家那样强大。资本的势力就是一切，交易所就是一切，而议会、选举则不过是傀儡、木偶……

> 列宁：《论国家》，《列宁专题文集》之《论辩证唯物主义和历史唯物主义》，人民出版社 2009 年 12 月第 1 版，第 296 页。

我们要抛弃一切关于国家就是普遍平等的陈腐偏见，那是骗人的，因为只要剥削存在，就不会有平等。地主不可能同工人平等，挨饿者也不可能与饱食者平等。

> 列宁：《论国家》，《列宁专题文集》之《论辩证唯物主义和历史唯物主义》，人民出版社 2009 年 12 月第 1 版，第 297 页。

我们已经从资本家那里把这个机器夺了过来，由自己掌握。我们要用这个机器或者说这根棍棒去消灭一切剥削。到世界上再没有进行剥削的可能，再没有土地占有者和工厂占有者，再没有一部分人吃得很饱而一部分人却在挨饿的现象的时候，就是说，只有到在没有发生这种情形的可能的时候，我们才会把这个机器毁掉。那时就不会有国家了，就不会有剥削了。这就是我们共产党人的观点。

列宁:《论国家》,《列宁专题文集》之《论辩证唯物主义和历史唯物主义》,人民出版社2009年12月第1版,第297页。

在资本主义社会里,在它最顺利的发展条件下,比较完全的民主制度就是民主共和制。但是这种民主制度始终受到资本主义剥削制度狭窄框子的限制,因此它实质上始终是少数人的即只是有产阶级的、只是富人的民主制度。资本主义社会的自由始终与古希腊共和国的自由即奴隶主的自由大致相同。由于资本主义剥削制度的条件,现代的雇佣奴隶被贫困压得喘不过气,结构都是"无暇过问民主","无暇过问政治",大多数居民在通常的平静的局势下都被排斥在社会政治生活之外。

列宁:《国家与革命》,《列宁专题文集》之《论社会主义》,人民出版社2009年12月第1版,第27页。

只有在共产主义社会中,当资本家的反抗已经彻底粉碎,当资本家已经消失,当资产阶级已经不存在(即社会各个成员在同社会生产资料的关系上已经没有差别)的时候,——只有在那个时候,"国家才会消失,才有可能谈自由"。只有在那个时候,真正完全的、真正没有任何例外的民主才有可能,才会实现。也只有在那个时候,民主才开始消亡,道理很简单:人们既然摆脱了资本主义奴隶制,摆脱了资本主义剥削制所造成的无数残暴、野蛮、荒谬和丑恶的现象,也就会逐渐习惯于遵守多少世纪以来人们就知道的、千百年来在一切行为守则上反复谈到的、起码的公共生活规则,而不需要暴力,不需要强制,不需要服从,不需要所谓国家这种实行强制的特殊机构。

列宁:《国家与革命》,《列宁专题文集》之《论社会主义》,人民出版社2009年12月第1版,第30页。

既然在消费品的分配方面存在着资产阶级权利,那当然一定要有资产阶级国家,因为如果没有一个能够强制人们遵守权利准则的机构,权利也就等于零。

列宁:《国家与革命》,《列宁专题文集》之《论社会主义》,人民出版社2009年12月第1版,第38—39页。

民主意味着平等。很明显,如果把平等正确地理解为消灭阶级,那么无产阶级争取平等的斗争以及平等的口号就具有极伟大的意义。但是,民主仅仅意味着形式上的平等。一旦社会全体成员在占有生产资料方面的平等即劳动平等、工资平等实现以后,在人类面前不可避免地立即就会产生一个问题：要更进一步，从形式上的平等进到事实上的平等，即实现"各尽所能，按需分配"的原则。……

民主是国家形式，是国家形态的一种。因此，它同任何国家一样，也是有组织有系统地对人们使用暴力，这是一方面。但另一方面，民主意味着在形式上承认公民一律平等，承认大家都有决定国家制度和管理国家的平等权利。而这一点又会产生如下的结果：民主在其发展的某个阶段首先把对资本主义进行革命的阶级——无产阶级团结起来，使他们有可能去打碎、彻底摧毁、彻底铲除资产阶级的（哪怕是共和派资产阶级的）国家机器即常备军、警察和官吏，代之以武装的工人群众（然后是人民普遍参加民兵）这样一种更民主的机器，但这仍然是国家机器。

在这里，"量转化为质"，因为这样高度的民主制度，是同越出资产阶级社会的框子、开始对社会进行社会主义的改造相联系的。如果真是所有的人都参加国家管理，那么资本主义就不能支持下去。而资本主义的发展又为真是"所有的人"能够参加国家管理创造了前提。

> 列宁：《国家与革命》，《列宁专题文集》之《论社会主义》，人民出版社
> 2009 年 12 月第 1 版，第 39—40 页。

国家是阶级矛盾不可调和的产物和表现。在阶级矛盾客观上不能调和的地方、时候和条件下，便产生国家。反过来说，国家的存在证明阶级矛盾不可调和。

> 列宁：《国家与革命》，《列宁专题文集》之《论马克思主义》，人民出版
> 社 2009 年 12 月第 1 版，第 180 页。

一方面，资产阶级的思想家，特别是小资产阶级的思想家，虽迫于无可辩驳的历史事实不得不承认，只有在有阶级矛盾和阶级斗争的地方才有国家——这样来"稍稍纠正"马克思，把国家说成是阶级调和的机关。在马克思看来，如果阶级调和是可能的话，国家既不会产生，也不会保持下去。在市侩和庸人般的教授和政论家们说来（往往还善意地引用马克思的话作根据！），国家正是调和阶级的。在马克思看来，国家是阶级统治的机关，是一个阶级压迫另一个阶级的机关，是建立一种"秩序"来抑制阶级冲突，使这种压迫合法化、固定化。在小资产阶级政治家看来，秩序正是阶级调和，而不是一个阶级对另一个阶级的压迫；抑制冲突就是调和，而不是剥夺被压迫阶级用来推翻压迫者的一定的斗争工具和斗争方式。

列宁：《国家与革命》，《列宁专题文集》之《论马克思主义》，人民出版
社 2009 年 12 月第 1 版，第 180 页。

由此可见，公社用来代替被打碎的国家机器的，似乎"仅仅"是更完
全的民主：废除常备军，一切公职人员完全由选举产生并完全可以撤换。
但是这个"仅仅"，事实上意味着两类根本不同的机构的大更替，在这里
恰巧看到了一个"量转化为质的例子"：民主实行到一般所能想象的最完
全最彻底的程度，就有资产阶级民主转化成无产阶级民主，即由国家（＝
对一定阶级实行镇压的特殊力量）转化成一种已经不是原来意义上的国家
的东西。

列宁：《国家与革命》，《列宁专题文集》之《论马克思主义》，人民出版
社 2009 年 12 月第 1 版，第 214—215 页。

每隔几年决定一次究竟由统治阶级中的什么人在议会里镇压人民、压
迫人民——这就是资产阶级议会制的真正本质，不仅在议会制的立宪君主
国内是这样，而且在最民主的共和国内也是这样。

列宁：《国家与革命》，《列宁专题文集》之《论马克思主义》，人民出版
社 2009 年 12 月第 1 版，第 218 页。

摆脱议会制的出路，当然不在于取消代表机构和选举制，而在于把代
表机构由清淡馆变成"工作"机构。"公社不应当是议会式的，而应当是
工作的机构，兼管行政和立法的机构。"

列宁：《国家与革命》，《列宁专题文集》之《论马克思主义》，人民出版
社 2009 年 12 月第 1 版，第 218 页。

在公社用来代替资产阶级社会贪污腐败的议会的那些机构中，发表意
见和讨论的自由不会流于骗局，因为议员必须亲自工作，亲自执行自己通
过的法律，亲自检查实际执行的结果，亲自对自己的选民直接负责。代表
机构仍然存在，然而议会制这种特殊的制度，这种立法和行政的分工，这
种议员们享有的特权地位，在这里是不存在的。

列宁：《国家与革命》，《列宁专题文集》之《论马克思主义》，人民出版
社 2009 年 12 月第 1 版，第 220 页。

没有代表机构，我们不可能想象什么民主，即使是无产阶级民主；而
没有议会制，我们却能够想象和应该想象，除非我们对资产阶级社会的批
评是空谈，除非推翻资产阶级统治的愿望不是我们真正的和真诚的愿望，
而是像孟什维克和社会革命党人，像谢德曼、列金、桑巴、王德威尔得之

流的那种骗取工人选票的"竞选"词句。

> 列宁:《国家与革命》,《列宁专题文集》之《论马克思主义》,人民出版
> 社 2009 年 12 月第 1 版,第 220 页。

　　恩格斯指出,权威和自治都是相对的概念,它们的应用范围是随着社会发展阶段的不同而改变的,把它们看做是绝对的东西是荒谬的;并且补充说,使用大机器和大规模生产的范围在日益扩大。

> 列宁:《国家与革命》,《列宁专题文集》之《论马克思主义》,人民出版
> 社 2009 年 12 月第 1 版,第 233 页。

　　恩格斯绝对不像资产阶级思想家和包括无政府主义者在内的小资产阶级思想家那样,从官僚制度的意义上去了解民主集中制。在恩格斯看来,集中制丝毫不排斥这样一种广泛的地方自治,这种自治在各个市镇和省自愿坚持国家统一的同时,绝对能够消除任何官僚制度和任何来自上面的"发号施令"。

> 列宁:《国家与革命》,《列宁专题文集》之《论马克思主义》,人民出版
> 社 2009 年 12 月第 1 版,第 244 页。

　　极少数人享受民主,富人享受民主,——这就是资本主义社会的民主制度。如果仔细地考察一下资本主义民主的结构,那么无论在选举权的一些"微小的"(似乎是微小的)细节上(居住年限、妇女被排斥等等),或是在代表机构的办事手续上,或是在纯粹资本主义的办报原则上,等等,到处都可以看到对民主制度的重重限制。用来对付穷人的这些限制、例外、排斥、阻碍,看起来似乎是很微小的,特别是在那些从来没有亲身体验过贫困、从来没有接近过被压迫阶级群众的生活的人(这种人在资产阶级的政论家和政治家中,如果不占百分之九十九,也得占十分之九)看起来是很微小的,但是这些限制加在一起,就把穷人排斥和推出政治生活之外,使他们不能积极参加民主生活。

> 列宁:《国家与革命》,《列宁专题文集》之《论社会主义》,人民出版社
> 2009 年 12 月第 1 版,第 28 页;同时参见列宁《国家与革命》,《列宁专
> 题文集》之《论马克思主义》,人民出版社 2009 年 12 月第 1 版,第
> 258—259 页。

　　在社会主义下,"原始"民主的许多东西都必然会复活起来,因为人民群众在文明社会史上破天荒第一次站起来了,不仅独立地参加投票和选举,而且独立地参加日常管理。在社会主义下,所有人将轮流来管理,因

此很快就会习惯于不要任何人来管理。

> 列宁：《国家与革命》，《列宁专题文集》之《论马克思主义》，人民出版
> 社 2009 年 12 月第 1 版，第 287 页。

在现代国家中，除常备军、警察、官吏这种主要是"压迫性的"机构以外，还有一种同银行和辛迪加关系非常密切的机构，它执行着大量计算登记工作（如果可以这样说的话）。这种机构不能打碎，也用不着打碎。应当是它摆脱资本家的控制，应当割去、砍掉、斩断资本家影响它的线索，应当使它服从无产阶级的苏维埃，使它成为更广泛、更包罗万象、更具有全民性的机构。只要依靠大资本主义所取得的成就（一般说来，无产阶级革命只有依靠这种成就，才能达到自己的目的），这些都是可以做到的。

> 列宁：《布尔什维克能保持国家政权吗?》，《列宁专题文集》之《论社会
> 主义》，人民出版社 2009 年 12 月第 1 版，第 44 页。

苏维埃民主制即目前具体实施的无产阶级民主制的社会主义性质就在于：第一，选举人是被剥削劳动群众，排除了资产阶级；第二，废除了选举上一切官僚主义的手续和限制，群众自己决定选举的程序和日期，并且有罢免当选人的完全自由；第三，建立了劳动者先锋队即大工业无产阶级的最优良的群众组织，这种组织使劳动者先锋队能够领导最广大的被剥削群众，吸收他们参加独立的政治生活，根据他们亲身的体验对他们进行政治教育，从而第一次着手使真正全体人民都学习管理，并且开始管理。

> 列宁：《苏维埃政权的当前任务》，《列宁专题文集》之《论社会主义》，
> 人民出版社 2009 年 12 月第 1 版，第 110—111 页。

必须坚持不懈地发展苏维埃组织和苏维埃政权组织。现在有一种使苏维埃成员变为"议会议员"或变为官僚的小资产阶级趋势。必须吸引全体苏维埃成员实际参加管理来防止这种趋势。在许多地方，苏维埃的各部正在变成一种逐渐同各人民委员部合并的机关。我们的目的是要吸收全体贫民实际参加管理，而实现这个任务的一切步骤——愈多样化愈好——应该详细地记载下来，加以研究，使之系统化，用更广泛的经验来检验它，并且定为法规。

> 列宁：《苏维埃政权的当前任务》，《列宁专题文集》之《论社会主义》，
> 人民出版社 2009 年 12 月第 1 版，第 111 页。

只要有贪污受贿这种现象，只要有贪污受贿的可能，就谈不上政治。在这种情况下甚至连搞政治的门径都没有，在这种情况下就无法搞政治，

因为一切措施都会落空，不会产生任何结果。在容许贪污受贿和此风盛行的条件下，实施法律只会产生更坏的结果。在这种条件下不能搞政治，这里没有搞政治的基本条件。

> 列宁：《新经济政策和政治教育委员会的任务》，《列宁专题文集》之《论社会主义》，人民出版社 2009 年 12 月第 1 版，第 268 页。

在我国，国家政权的一切政治经济工作都由工人阶级觉悟的先锋队共产党领导，工会应当是国家政权最亲密的和不可缺少的合作者。

> 列宁：《关于工会在新经济政策条件下的作用和任务的提纲草案》，《列宁专题文集》之《论社会主义》，人民出版社 2009 年 12 月第 1 版，第 302 页。

另一方面，应该把工农检查院的职员缩减到 300—400 人，这些职员要经过专门审查，看他们是否认真负责，是否了解我们的国家机关，同时还要经过专门考验，看他们是否了解科学组织劳动特别是管理、办公等方面劳动的原理。据我看，把工农检查院和中央监察委员会这样结合起来，对于两个机关都有好处。一方面，工农检查院因此能获得很高的、至少不亚于我们外交人民委员部的威信。另一方面，我们的中央委员会就会同中央监察委员会一起最终走上变成党的最高代表会议的道路，实际上中央委员会已经走上了这条道路，而为了在以下两方面正确地完成自己的任务，它应当沿着这条道路走到底：一方面，使它的组织和工作有计划、有目的、有系统，另一方面，通过我国工农中的优秀分子同真正广大的群众联系起来。

> 列宁：《我们怎样改组工农检查院》，《列宁专题文集》之《论社会主义》，人民出版社 2009 年 12 月第 1 版，第 362 页。

意志如果是国家的，就应该表现为政权机关所制定的法律，否则"意志"这两个字只是毫无意义的空气震动而已。

> 列宁：《矛盾的立场》，《列宁全集》第 25 卷，人民出版社 1958 年 5 月第 1 版，第 75 页。

一般说来，现代生产关系，即资本主义生产关系基础上的全部政治自由，都是资产阶级的自由。自由这一要求，首先就是表现着资产阶级的利益。资产阶级的代表就是最先提出了这个要求的。站在资产阶级方面的人到处都以主人资格来利用所得到的自由，把它局限于温和客气的资产阶级的范围，在和平时期将其和最精巧镇压革命无产阶级的手段配合起来，在大风暴时期将其和残忍横暴镇压革命无产阶级的手段配合起来。

> 列宁：《社会民主党在民主革命中的两种策略》，《列宁文选》第 1 卷，人民出版社 1953 年 12 月第 1 版，第 653 页。

只要看看现代国家的根本法，看看这些国家的管理制度，看看集会自由或出版自由，看看"公民在法律上一律平等"——那就处处可以看到任何一个正直的觉悟的工人都很熟悉的资产阶级民主的虚伪性。任何一个国家，即使是最民主的国家，在宪法上总是留下许多后路或保留条件，以保证资产阶级"在有人破坏秩序时"，实际上就是在被剥削阶级"破坏"自己的奴隶地位和试图不像奴隶那样俯首听命时，有可能调动军队来镇压工人，实行戒严等等。

> 列宁：《无产阶级政党和叛徒考茨基》，《列宁专题文集》之《论资本主义》，人民出版社 2009 年 12 月第 1 版，第 240 页。

在资产阶级民主制下，资本家千方百计地（"纯粹的"民主愈发达，方法就愈巧妙，愈有效）排斥群众，使他们不能参加管理，不能享受集会自由、出版自由等等。苏维埃政权是世界上第一个（严格说来是第二个，因为巴黎公社已开始这样做过）吸引群众即被剥削群众参加管理的政权。劳动群众参加资产阶级议会（在资产阶级民主制度下，议会任何时候也解决不了极其重大的问题；解决这些问题的是交易所和银行）的门径被千百道墙垣阻隔着，所以工人们都十分清楚地知道和感觉到，看到和觉察到：资产阶级的议会是别人的机构，是资产阶级压迫无产者的工具，是敌对阶级即剥削者少数的机构。

> 列宁：《无产阶级政党和叛徒考茨基》，《列宁专题文集》之《论资本主义》，人民出版社 2009 年 12 月第 1 版，第 242—243 页。

苏维埃是被剥削劳动群众自己的直接组织，它便于这些群众自己用一切可能的办法来建设国家和管理国家。这里，恰恰是被剥削劳动者的先锋队——城市无产阶级具有一种优越条件，就是大企业把他们很好地联合起来了，当们最容易进行选举和监督当选人。苏维埃组织自然而然是一切被剥削劳动者便于团结在他们的先锋队即无产阶级的周围。旧的资产阶级机构，即官吏，还有财富特权、资产阶级的教育和联系等等特权（资产阶级民主愈发达，这些事实上的特权也就愈多种多样）——所有这些，在苏维埃组织下正在消失。出版自由不再是假的，因为印刷所和纸张都从资产阶级手里夺过来了。最好的建筑如宫殿、公馆、地主宅邸等等也是如此。苏维埃政权把成千上万座最好的建筑物一下子从剥削者手里夺过来，就使群众的集会权利更加"民主"百万倍，而没有集会权利，民主就是骗局。非地方性的苏维埃的间接选举使苏维埃代表大会易于举行，使整个机构开支小些，灵活些，在生活沸腾，要求特别迅速地召回或派遣出席全国苏维埃代表大会的地方代表的时期，是工农更便于参加。

> 列宁：《无产阶级政党和叛徒考茨基》，《列宁专题文集》之《论资本主义》，人民出版社 2009 年 12 月第 1 版，第 243 页。

在世界上最民主的资产阶级国家里，哪一个国家的平常的、普通的工人，平常的、普通的雇农或者农村半无产者（即占人口大多数的被压迫群众的一分子），能够多少像在苏维埃俄国那样，享有在最好的建筑物里开会的自由，享有利用最大的印刷所和最好的纸库来发表自己意见、维护自己利益的自由，享有推选正是本阶级的人去管理国家、"建设"国家的自由呢？

> 列宁：《无产阶级政党和叛徒考茨基》，《列宁专题文集》之《论资本主义》，人民出版社 2009 年 12 月第 1 版，第 244 页。

全世界的工人只要从资产阶级报纸上看到承认真实情况的片段报道，就能本能地同情苏维埃共和国，正因为他们看到它是无产阶级的民主，是对穷人的民主，不是对富人的民主，而任何的、甚至最完善的资产阶级民主，实际上都是富人的民主。

> 列宁：《无产阶级政党和叛徒考茨基》，《列宁专题文集》之《论资本主义》，人民出版社 2009 年 12 月第 1 版，第 244 页。

即使在民主共和国，国家也不过是一个阶级镇压另一个阶级的机器。

> 列宁：《无产阶级政党和叛徒考茨基》，《列宁专题文集》之《论辩证唯物主义和历史唯物主义》，人民出版社 2009 年 12 月第 1 版，第 276 页。

但资本主义连形式上的平等（法律上的平等，饱食者和挨饿者、有产者和无产者的"平等"）也不能彻底做到。这种不彻底性的最鲜明的表现之一，就是男女间的不平等。完全的平等在任何一个资产阶级国家，甚至在最先进、最共和、最民主的资产阶级国家，也是不曾有过的。

> 列宁：《迎接国际妇女节》，《列宁全集》第 30 卷，人民出版社 1957 年 11 月第 1 版，第 347 页。

苏维埃组织无比深入地和广泛地发展了标志着资产阶级民主制比中世

纪有伟大历史进步性的那一面，即居民参加对公职人员的选举。在任何一个最民主的资产阶级国家中，劳动群众从来也没有像在苏维埃政权之下那样广泛、那样经常、那样普遍、那样简便地行使选举权，因为资产阶级在形式上给了他们这种权利，而实际上又加以限制。同时苏维埃组织还摒弃了资产阶级民主制消极的一面，即立法权和行政权分立的议会制，这一制度巴黎公社已开始废除，其狭隘性和局限性马克思主义早已指出。苏维埃把这两种权力合而为一，使国家机构接近劳动群众而排斥了资产阶级议会这道围墙，以为资产阶级议会以假招牌欺骗群众，掩饰议会投机家的金融勾当和交易所勾当，保障资产阶级的国家管理机构的不可侵犯性。

> 列宁：《俄共（布）纲领草案》，《列宁专题文集》之《论无产阶级政党》，人民出版社 2009 年 12 月第 1 版，第 193—194 页。

总的说来，资产阶级的民主制和议会制同苏维埃的或无产阶级的民主制之间的差别在于：前者是把重心放在冠冕堂皇地宣布各种自由和权利上，实际上却不让大多数居民即工人和农民稍微充分地享受这些自由和权利，相反地，无产阶级的或苏维埃的民主则不是把重心放在宣布全体人民的权利和自由上，而是着重于实际保证那些曾受资本压迫和剥削的劳动群众能实际参与国家管理，实际使用最好的集会场所、最好的印刷所和最大的纸库（储备）来教育那些被资本主义弄得愚昧无知的人们，实际保证这些群众有真正的（实际的）可能来逐渐摆脱宗教偏见等等的束缚。在实际上使被剥削的劳动者能够真正享受文化、文明和民主的福利，这正是苏维埃政权一项最重要的工作，而且今后应当坚定不移地把这项工作继续下去。

> 列宁：《俄共（布）纲领草案》，《列宁专题文集》之《论无产阶级政党》，人民出版社 2009 年 12 月第 1 版，第 194—195 页。

苏维埃政权在原则上实行了高得无比的无产阶级民主，对全世界作出实行这种民主的榜样，可是这种文化上的落后却限制了苏维埃政权的作用并使官僚制度复活。说起来苏维埃机构是全体劳动者都可以参加的，做起来却远不是人人都能参加，这是我们大家都知道的。这决不是因为法律造成了障碍，如在资产阶级时代那样；恰恰相反，我们的法律有助于这样做。但只有法律是不够的。必须有大量的教育工作、组织工作和文化工作，这不能用法律迅速办到，这需要进行长期的巨大的努力。

> 列宁:《关于党纲的报告》,《列宁专题文集》之《论无产阶级政党》,人
> 民出版社 2009 年 12 月第 1 版,第 215 页。

由于文化水平这样低,苏维埃虽然按党纲规定是通过劳动者来实行管理的机关,而实际上却是通过无产阶级先进阶层来为劳动者实行管理而不是通过劳动群众来实行管理的机关。

> 列宁:《关于党纲的报告》,《列宁专题文集》之《论无产阶级政党》,人
> 民出版社 2009 年 12 月第 1 版,第 219 页。

西欧和美国的共产主义者必须学会创造一种新的、不同寻常的、非机会主义的、不贪图禄位的议会活动,使共产党能够提出自己的口号,使真正的无产者能在没有组织的、备受压抑的贫民的帮助下传送和散发传单,走访工人住所,走访农村无产者和穷乡僻壤(好在欧洲大陆的穷乡僻壤比俄国要少得多,英国就更少)农民的茅舍,走进最下层的平民酒馆,进入真正的平民会社、团体,参加他们的临时集会,不用学者口吻(也不要太带议会腔)跟人民说话,丝毫也不追求议会的"肥缺",而是到处启发思想,发动群众,抓住资产阶级说过的话,利用资产阶级设立的机构,利用它规定的选举以及它向全体人民发出的号召,并使人民了解布尔什维主义,而在资产阶级统治下,除了选举期间,是从来没有这种机会的(大罢工当然例外,因为在大罢工时期,这样的全民鼓动机构在我国曾经更紧张地工作过)。在西欧和美国,要做这些事情是很困难的,是万分困难的,但这是可以做到而且应该做到的,因为共产主义运动的一切任务不花气力都是无法完成的,而气力必须花在完成日益多样化的、日益涉及社会生活各部门的、从资产阶级手中逐一夺取各个部门、各个领域的实际任务上。

> 列宁:《共产主义运动中的"左派"幼稚病》,《列宁专题文集》之《论
> 无产阶级政党》,人民出版社 2009 年 12 月第 1 版,第 262—263 页。

自由派总是说,资产阶级议会制度正在消灭阶级和阶级的区分,因为一切公民都毫无差别地拥有投票的权利,参与国家事务的权利。19 世纪下半叶的全部欧洲史和 20 世纪初的全部俄国革命史,都很清楚地表明这种观点是多么荒谬。在"民主制的"资本主义的自由下,经济上的差别并没有缩小,而是日益扩大,日益加深。议会制度并没有消除最民主的资产阶级共和国作为阶级压迫机关的本质,而是不断暴露这种本质。

列宁：《马克思主义和修正主义》，《列宁专题文集》之《论马克思主义》，人民出版社2009年12月第1版，第153—154页。

马克思加深和发展了哲学唯物主义，而且把它贯彻到底，把它对自然界的认识推广到对人类社会的认识。马克思的历史唯物主义是科学思想中的最大成果。过去在历史观和政治观方面占支配地位的那种混乱和随意性，被一种极其完整严密的科学理论所代替，这种科学理论说明，由于生产力的发展，如何从一种社会生活结构中发展出另一种更高级的结构，例如从农奴制中生长出资本主义。

正如人的认识反映不依赖于它而存在的自然界即发展着的物质那样，人的社会认识（即哲学、宗教、政治等等的不同观点和学说）反映社会的经济制度。政治设施是经济基础的上层建筑。我们看到，例如现代欧洲各国的各种政治形式，都是为巩固资产阶级对无产阶级的统治服务的。

列宁：《马克思的三个来源和三个组成部分》，《列宁专题文集》之《论马克思主义》，人民出版社2009年12月第1版，第68页。

譬如我们让巴什基尔人在俄国内部建立自治共和国，我们尽力帮助每个民族得到独立自由的发展，帮助它们多出版、多发行本民族语言的书报，我们还翻译和宣传我们的苏维埃宪法；同"西欧"和美洲资产阶级"民主"国家的宪法比起来，这个宪法不幸更为殖民地、附属国的受压迫的和没有充分权利的10亿以上的人民所喜爱，因为"西欧"和美洲资产阶级"民主"国家的宪法巩固土地和资本的私有制，即巩固少数"文明的"资本家对本国劳动者和亚洲非洲等地殖民地几亿人民的压迫。

列宁：《答美国记者问》，《列宁专题文集》之《论资本主义》，人民出版社2009年12月第1版，第247页。

按资产阶级民主制的本性说来，关于一般平等（其中也有民族平等）问题之抽象的或形式的提法，乃是这一民主制所特有的现象。资产阶级民主制在个人平等的名义下，宣示有产者与无产者间，剥削者与被剥削者间在形式上或法权上的平等，借此来极端欺骗被压迫阶级。资产阶级借口仿佛个人绝对平等，而把本身上就是商品生产关系的平等思想，变为反对消灭阶级的一种武器。要求平等的真正意思也就只是要求消灭阶级。

列宁：《民族与殖民地问题提纲初稿》，《列宁文选》第2卷，人民出版社1954年2月第1版，第790页。

对反革命分子适用死刑的必要性：

说布尔什维克反对在革命时期采用死刑，这明明是撒谎。1903 年，即布尔什维主义产生的那一年，在我党第二次代表大会上制定了党纲，大会的记录中记载着：要把废除死刑列入党纲的想法，只引起了嘲笑的喊声："对尼古拉二世也是这样吗？"在 1903 年，甚至孟什维克也不敢把废除对沙皇的死刑的建议提付表决。到了 1917 年克伦斯基统治时期，我在《真理报》上写过：任何一个革命政府没有死刑是不行的，全部问题仅在于该政府用死刑这个武器来对付哪一个阶级。考茨基不会革命地考虑问题已经到了这种程度，陷入庸俗的机会主义已经到了这种程度，以致他不能想象，革命的无产阶级政党远在自己取得胜利以前竟能公开承认必须对反革命分子使用死刑！

> 列宁：《资产阶级如何利用叛徒》，《列宁全集》第 30 卷，人民出版社 1957 年 11 月第 1 版，第 9 页。

一个人只要对革命稍有一点了解，他就不会忘记，现在说的不是一般的革命，而是从帝国主义对各国人民进行大屠杀中成长起来的革命。从这种战争中成长起来的无产阶级革命，竟不遭受属于地主资本家阶级的成千上万的军官的暗算和反革命谋杀，是可以想象的吗？在最残酷的国内战争正在进行，资产阶级阴谋引入外国军队来推翻工人政府的时期，工人阶级的革命政党竟不用死刑来惩处这种行为，是可以想象的吗？除去不可救药的、可笑的书呆子以外，任何一个人都会否定地回答这些问题的。

> 列宁：《资产阶级如何利用叛徒》，《列宁全集》第 30 卷，人民出版社 1957 年 11 月第 1 版，第 10 页。

既然人们的意识、人们的风俗习惯是由外部条件决定的，既然法律形式和政治形式的不适用是决定于经济内容的，那就很明显，我们应当促进经济关系的改造，以便使人民的风俗习惯及其政治制度也随之根本改变过来。

> 斯大林：《无政府主义还是社会主义？》，《斯大林全集》第 1 卷，人民出版社 1953 年 9 月第 1 版，第 293—294 页。

国家政权的工具，主要是集中于军队，惩罚机关，侦探机关和监狱。国家的活动是表现于两种职能上：内部的（主要的）职能，是约束被剥削者多数；外部的（非主要的）职能，是靠侵略他国领土来扩大本国统治阶级的领土，或是保护本国领土以防止他国侵犯。从前，在奴隶制度和封建制度下的情形，曾是如此。现时，在资本主义下的情形，也是如此。

斯大林：《在第十八次党代大会上关于联共（布）中央工作的总结报告》，《列宁主义问题》，人民出版社1955年版，第767—768页。

布哈林认为工人阶级应当在原则上敌视任何国家，包括工人阶级的国家在内。

……

布哈林在他登载于《青年国际》杂志上的论文中所陈述的观点，是否认从资本主义到社会主义的过渡时期中的国家的观点。

布哈林在这里忽略了一件"小事情"，即忽略了整个过渡时期，在这个时期中，工人阶级如果真正想镇压资产阶级和建设社会主义，就非有自己的国家不可。这是第一。

第二，……列宁不仅提到了这种理论，而且对它进行了严厉的批评，把它视为无政府主义的理论，并用推翻资产阶级以后建立和利用新国家即无产阶级专政国家的理论来和它对立。

最后，决不能把"炸毁"和"取消"国家的无政府主义理论和无产阶级国家"消亡"或"打破"、"粉碎"资产阶级国家机器的马克思主义理论混为一谈。有人喜欢把这两个不同的概念混为一谈，以为它们是同一思想的表现。但这是不对的。列宁在批评"炸毁"和"取消"一般国家的无政府主义理论的时候，正是以"打破"资产阶级国家机器和无产阶级国家"消亡"的马克思主义理论为根据的。

斯大林：《论联共（布）党内的右倾》，《斯大林全集》第12卷，人民出版社1955年12月第1版，第64—65页。

宪法并不是法律汇编。宪法是根本法，而且仅仅是根本法。宪法并不排除将来立法机关的日常立法工作，而要求有这种工作。宪法给这种机关将来的立法工作以法律基础。

斯大林：《关于苏联宪法草案》，《斯大林文选》，人民出版社1962年8月第1版，第101页。

我知道，许多资本主义的政府，尽管有"民主的"国会存在，却受大银行的监督。国会总想使人相信它们在监督政府。而事实上政府的成员却是由大财团内定的，政府的行动也是受大财团监督的。谁不知道无论在哪一个资本主义"强国"内,违反大财阀的意志,内阁是组不成的,只要这些财阀一施财政压力,部长们就抱头鼠窜地下台。和国会的假监督相反,银行对政府的监督才是真监督。

斯大林:《和第一个美国工人代表团的谈话》,《斯大林全集》第 10 卷,人民出版社 1954 年 12 月第 1 版,第 92 页。

马克思主义经典作家论宪法

一 宪法的本质和作用

（一）宪法是国家的根本大法

宪法并不是法律汇编。宪法是根本法，而且仅仅是根本法。宪法并不排除将来立法机关的日常立法工作，而要求有这种工作。宪法给这种机关将来的立法工作以法律基础。

> 斯大林：《关于苏联宪法草案》，《斯大林文选》，人民出版社 1962 年 8 月第 1 版，第 101 页。

宪法委员会起草新宪法草案时是从宪法不应该同纲领混淆这一点出发的。这就是说，纲领和宪法有重大的差别。纲领上说的是还没有的东西，是要在将来获得和争取到的东西，相反，宪法上应当说的是已经有的东西，是现在已经获得和已经争取到的东西。纲领主要是说将来，宪法却是说现在。

> 斯大林：《关于苏联宪法草案》，《斯大林文选》，人民出版社 1962 年 8 月第 1 版，第 89—90 页。

（二）宪法反映了阶级力量的对比关系

从前，通常是在社会变革的过程中已经达到了均势，在新的阶级关系已趋于稳定，统治内部的各个斗争派别彼此已经达到妥协，因而有可能继续相互进行斗争并把疲惫的人民群众排除于斗争范围外的时候，才制定和通过宪法的。这次的宪法却根本不是批准了什么社会革命，而是批准了旧社会对于革命的暂时胜利。

> 马克思：《1948 年至 1950 年的法兰西阶级斗争》，《马克思恩格斯选集》第 1 卷，人民出版社 1972 年 5 月第 1 版，第 426 页。

（三）无产阶级在革命取得胜利后，必须废除资产阶级宪法，制定社会主义宪法

斗争已经在进行。宪法的基础已在动摇。最近的将来会形成怎样的局面。这可由上述情况推知。宪法中心的、外来的因素具有民主的性质，而

我们将看到，舆论也会向民主的方向发展。

　　然而是哪一种民主制呢？不是过去那种同君主制和封建制度对立的法国大革命的民主制，而是现在这种同资产阶级和财产对立的民主制。以往的全部发展证明着这一点。资产阶级和财产统治着一切；穷人是无权的，他们备受压迫和凌辱，宪法不承认他们，法律压制他们；在英国民主制反对贵族制的斗争是穷人反对富人的斗争。英国所趋向的民主制是社会的民主制。

　　单纯的民主制并不能治愈社会的痼疾。民主制的平等是空中楼阁，穷人反对富人的斗争不能在民主制或单是政治的基础上完成。因此这个阶段只是一个过渡，只是最后一种纯粹政治的手段，这一手段还需要加以试验，但从其中马上就会发展出一种新的因素，一种超出现行政治范围的原则。

　　这个原则是社会主义的原则。

　　恩格斯：《英国状况　英国宪法》，《马克思恩格斯全集》第 1 卷，人民出版社 1956 年 12 月第 1 版，第 705 页。

二 资产阶级宪法

（一）资产阶级宪法的反动性和虚伪性

但是这个不列颠宪法是什么呢？它的实质是否就是代议机关或者限制行政权呢？这些特征并没有使它无论同北美合众国的宪法或是同无数"熟悉本行业务"的英国股份公司的章程有什么区别。不列颠宪法其实只是非正式执政的、但实际上统治者资产阶级社会一切决定性领域的资产阶级和正式执政的土地贵族之间的由来已久的、过时的、陈腐的妥协。

> 马克思：《不列颠宪法》，《马克思恩格斯全集》第11卷，人民出版社1962年6月第1版，第108页。

这个虚伪的宪法中常常出现的矛盾十分明显地证明，资产阶级口头上标榜是民主阶级，而实际上并不想成为民主阶级，它承认原则的正确性，但是从来不在实践中实现这种原则，法国真正的"宪法"不应当在我们所叙述的文件中寻找，而应当在根据这个文件通过的我们已经向读者简要地介绍过的组织法中寻找。这个宪法里包含了原则，——细节留待将来再说，而在这些细节里重新恢复了无耻的暴政！

> 马克思：《1948年11月4日通过的法兰西共和国宪法》，《马克思恩格斯全集》第7卷，人民出版社1959年4月第1版，第589页。

而钦定宪法呢？

好像过去曾经说过：在国王和他的人民之间绝不应有"一块纸片"。现在换了一种说法：在国王和他的人民之间只能有一块纸片。普鲁士的真正宪法就是戒严。法国的钦定宪法只包含有一条废除了这个宪法本身的条文，即第十四条。而普鲁士钦定宪法的每一条都仿佛是它的第十四条。

国王用这个宪法给自己钦定了新的特权。

他授权自己可以 in indefinitum〔无限期地〕解散议会。他授权大臣们在议会休会期间颁布任何法律（包括关于所有权等等的法律）。他准许议员可以控告大臣们的这种行动，但是在戒严的情况下，控告者有成为"内部敌人"的危险。最后，他授权自己，如果春天反革命的势力扩大了，就用一种从中世纪等级差别中有机地产生出来的基督教德意志的 Magna Charta 去代替这块悬在空中的"纸片",或者干脆结束玩弄宪法的把戏。甚至在后一种场合下,资产阶级中的保守派也会无动于衷,而只是祷告:

"主给的,主又拿去了,主的圣名遐迩传扬!"

马克思:《资产阶级和反革命》,《马克思恩格斯全集》第 6 卷,人民出版社 1961 年 8 月第 1 版,第 145—146 页。

(二) 资产阶级宪法的精神和基本内容归结在一个私有制上

我们看到,王权和上院已经失去了作用;我们看到,掌握大权的下院是用什么方法补充成员的;现在的问题是:实质上究竟是谁统治着英国呢?是财产。财产是贵族能左右农业区和小城市的代表选举;财产使商人和厂主能影响大城市及部分小城市的代表选举;财产使二者能通过行贿来加强自己的势力。财产的统治已经由改革法案通过财产资格的规定确认了。既然财产和通过财产而取得的势力构成资产阶级的本质,既然贵族在选举中利用自己财产的势力,因之他不是以贵族的身份出现而是和资产阶级站在同等的地位,可见实际上整个资产阶级的势力要比贵族的势力强大得多,可见真正进行统治的是资产阶级。

恩格斯:《英国状况 英国宪法》,《马克思恩格斯全集》第 1 卷,人民出版社 1956 年 12 月第 1 版,第 687—688 页。

各个资产阶级国家的宪法,通常是以资本主义制度牢不可破的信念为出发点的。这些宪法的主要基础是资本主义的原则,是资本主义的基本准则:对土地、森林、工厂以及其他生产工具和生产资料的私有制;人对人的剥削,以及剥削者和被剥削者的存在;在社会的一个极端是大多数劳动者受冻挨饿,而在另一个极端是少数不劳而获的人奢侈挥霍;以及其他等等。各资产阶级国家的宪法,就是以资本主义的这种准则为依据的。它们反映这些准则,用立法手续把这些准则固定下来。

斯大林:《关于苏联宪法草案》,《斯大林文选》,人民出版社 1962 年 8 月第 1 版,第 90—91 页。

(三) 资产阶级宪法是维护资产阶级专政的工具

3 月 21 日,在国民议会的日程上所列的是福迪提出的反对结社权的法案:查封俱乐部。宪法第八条保障一切法国人有结社权。因此,禁止俱乐部就是公然破坏宪法，而且制宪议会还得亲手批准对自己的这个圣物的亵渎。然而，俱乐部是革命无产阶级的集合地点，是它的秘密活动场所。国民议会自己就曾禁止工人们联合起来反对他们的的资产者。而俱乐部不就是要让整个工人阶级联合起来去反对整个资产阶级，不就是要建立一个工人的国家去对抗资产者的国家吗？俱乐部不就是十足的无产阶级制宪议会和十足的起义军备战部队吗？宪法首先要确立资产阶级的统治。因此，宪法所说的结社权显然只是指容许那些能与资产阶级统治，即与资产阶级制度相协调的社团存在。

马克思：《1948 年至 1950 年的法兰西阶级斗争》，《马克思恩格斯文集》第 2 卷，人民出版社 2009 年 12 月第 1 版，第 127—128 页。

全部英国宪法和一切立宪主义的舆论无非是一个弥天大谎，当它的真正本质有时在某些地方暴露得过于明显的时候，就不断地用无数的小谎言来弥补和掩盖。甚至当人们开始了解到这一套全是谎言和虚构的时候，还是紧紧地抱住它，而且抱得比任何时候都紧，唯恐这些空话、这些拼凑在一起的毫无意义的字母失散了，因为这些空话就是世界的基石，如果没有它们，世界和人类就会陷入纷乱的黑暗中！于是人们只好满怀厌恶的躲开这个有公开谎言和隐蔽谎言、伪善和自欺交织而成的罗网。

恩格斯：《英国状况　英国宪法》《马克思恩格斯全集》第 1 卷，人民出版社 1956 年 12 月第 1 版，第 704 页。

……而自由和平等也很自然地被宣布为人权。可以表明这种人权的特殊资产阶级性质的是美国宪法，他最先承认了人权，同时确认了存在于美国的有色人种奴隶制：阶级特权被置于法律保护之外，种族特权被神圣化了。

恩格斯：《反杜林论》，《马克思恩格斯选集》第 3 卷，人民出版社 1960 年 12 月第 1 版，第 145—146 页。

这个期待已久的精心制作的手艺品终于问世了！如果相信《泰晤士报》、《地球报》和一些法国德国报纸的说法，普鲁士总算已加入立宪国家的行列了。但是，《北极星报》已经充分令人信服的证明，这个所谓宪法不过是给普鲁士人民设下的一个陷阱而已，其目的是要剥夺已故的国王在需要人民的支持时所许给人民的那些权利。事情正是这样，弗里德里希—威廉企图利用这个所谓宪法来搜刮金钱，同时又不必向社会舆论做什么让步，这是毋庸置疑的。

恩格斯：《普鲁士宪法》，《马克思恩格斯全集》第 4 卷，人民出版社 1958 年 8 月第 1 版，第 33 页。

　　帝国宪法，以交给人民及其代议机关的权利来衡量，纯粹是 1850 年普鲁士宪法的抄本，而 1850 年宪法在条文里反映了极端反动的内容，根据这个宪法，政府握有全部实权，议院连否决税收的权利也没有，这个宪法在宪制冲突时期证明，政府可以对它为所欲为。

恩格斯：《1891 年社会民主党纲领草案批判》，《马克思恩格斯文集》第 4 卷，人民出版社 2009 年 12 月第 1 版，第 413 页。

　　看看现代国家的根本法，看看这些国家的管理制度，看看集会自由或出版自由，看看"公民在法律上一律平等"——那就处处可以看到任何一个正直的觉悟的工人都很熟悉的资产阶级民主的虚伪性。任何一个国家，即使是最民主的国家，在宪法上总是留下许多后路或保留条件，以保证资产阶级"在有人破坏秩序时"，实际上就是在被剥削阶级"破坏"自己的奴隶地位和试图不像奴隶那样俯首听命时，有可能调动军队来镇压工人，实行戒严等等。

列宁：《无产阶级革命和叛徒考茨基》，《列宁专题文集》之《论资本主义》，人民出版社 2009 年 12 月第 1 版，第 240 页。

　　每隔几年决定一次究竟有统治阶级中的什么人在议会里镇压人民、压迫人民，——这就是资产阶级议会制的真正本质，不仅在议会制的立宪君主国内是这样，而且在最民主的共和国内也是这样。

列宁：《国家与革命》，《列宁专题文集》之《论马克思主义》，人民出版社 2009 年 12 月第 1 版，第 218 页。

三　社会主义宪法

社会主义宪法的目的、意义和重要性

譬如我们让巴什基尔人在俄国内部建立自治共和国，我们尽力帮助每个民族得到独立自由的发展，帮助它们多出版、多发行本民族语言的书报，我们还翻译和宣传我们的苏维埃宪法；同"西欧"和美洲资产阶级"民主"国家的宪法比起来，这个宪法不幸更为殖民地、附属国的受压迫的和没有充分权利的 10 亿以上的人民所喜爱，因为"西欧"和美洲资产阶级"民主"国家的宪法巩固土地和资本的私有制，即巩固少数"文明的"资本家对本国劳动者和亚洲非洲等地殖民地几亿人民的压迫。

列宁：《答美国记者问》，《列宁专题文集》之《论资本主义》，人民出版社 2009 年 12 月第 1 版，第 247 页。

苏联新宪法对于苏联各族人民有更大的意义。苏联新宪法对于资本主义各国人民来说是行动的纲领，而对于苏联各族人民，却是他们斗争的总结，是他们在为人类解放而斗争的战线上胜利的总结。走过了艰难和斗争的道路，现在我们高兴地得到了这一个说明我们胜利果实的宪法。我们高兴地知道，我国人民究竟是为什么而进行了斗争，他们是怎样取得了有世界历史意义的胜利。我们高兴地知道，我国人民的鲜血没有白流，而是产生了应有的结果。这就会在精神上武装我国工人阶级，我国农民，我国劳动知识分子。这就会推动他们前进，激发他们理所当然的自豪感。这就会加强他们对自己力量的信心，动员他们去进行新的斗争，争取共产主义的新胜利。

斯大林：《关于苏联宪法草案》，《斯大林文选》，人民出版社 1962 年 8 月第 1 版，第 111 页。

提交这次代表大会审核的宪法草案的基本特点是什么呢？

宪法委员会受委托修改 1924 年宪法的条文。宪法委员会工作的结果，产生了宪法的新条文，即苏联新宪法草案。宪法委员会起草新宪法草案时是从宪法不应该同纲领混淆这一点出发的。这就是说，纲领和宪法有重大的差别。纲领上说的是还没有的东西，是要在将来获得和争取到的东西，相反，宪法上应当说的是已经有的东西，是现在已经获得和已经争取到的东西。纲领主要是说将来，宪法却是说现在。

……

这样，新宪法草案是已经走过的道路的总结，是已经取得的成就的总结。所以，它是把事实上已经获得和争取到的东西登记下来，用立法程序固定下来。

这就是苏联新宪法草案的第一个特点。

和资本主义各国的的宪法不同，苏联新宪法草案的出发点是资本主义制度在苏联已被消灭这一事实，是社会主义制度在苏联已经胜利这一事实。苏联新宪法草案的主要基础是社会主义的原则，是已经争取到和已经实现的社会主义的基本准则：对土地、森林、工厂以及其他生产工具和生产资料的社会主义所有制；剥削制度和剥削阶级的消灭；多数人贫困和少数人奢侈现象的消灭；失业的消灭；劳动是每个有工作能力的公民按"不劳动者不得食"这一公式履行的义务和光荣职责。劳动权，即每个公民有得到有保障的工作的权利；休息权；受教育权；以及其他等等。新宪法草案就是以社会主义的这些准则为依据的。它反映这些准则，用立法程序把这些准则固定下来。

这就是新宪法草案的第二个特点。

……

和资产阶级宪法不同，苏联新宪法草案所依据的是：社会上已经不再存在彼此对抗的阶级；社会是由工人和农民这两个互相友爱的阶级组成的；执政的正是这两个劳动阶级；对社会的国家领导权（专政）属于工人阶级这个社会的先进阶级；宪法所以需要，是为了把合乎劳动者愿望并有利于劳动者的社会秩序固定下来。

这就是新宪法草案的第三个特点。

……

和资本主义各国宪法不同，苏联新宪法草案具有深刻的国际主义性质。它的出发点是，一切民族和种族完全平等。它的出发点是，各民族和种族在肤色或语言、在文化水平或国家发展水平方面的区别，以及其他任何区别，都不能成为替民族不平等现象辩护的根据。它的出发点是，一切民族和种族，不管它们过去和现在的状况如何，不管它们强或弱，都应当在社会一切经济生活、社会生活、国家生活和文化生活方面享受同等的权利。

这就是新宪法草案的第四个特点。

新宪法草案的第五个特点，就是它的彻底的信守不移的民主主义。从民主主义的观点来看，各资产阶级宪法可以分为两类：一类宪法直接否认公民有平等的权利和民主自由，或在事实上把它们化为乌有。另一类宪法很乐意地接受、甚至标榜民主原则，但同时加上许多附带条件和限制，而使民主权利和自由残缺不全。它们说一切公民都有平等选举权，但同时又用居住期限、教育程度以至财产资格来加以限制。它们说公民有平等权利，但同时又加上附带条件，把妇女或一部分妇女除外。如此等等。

苏联新宪法草案的特点，就在于它完全没有这类附带条件和限制。它根本不分什么积极公民和消极公民，认为所有公民都是积极的。它不承认男性和女性、"定居者"和"暂居者"、有产者和无产者、受过教育者和未受过教育者有权利上的差别，认为所有公民都有平等的权利。决定每个公民在社会上的地位的，不是财产状况，不是民族出身，不是性别，不是职位，而是个人的能力和个人的劳动。

最后，新宪法草案还有一个特点。资产阶级的宪法通常限于规定公民的形式权利，而不注意实现这些权利的条件，实现这些权利的可能，实现这些权利的手段。它们空谈公民平等，可是忘记了，既然资本家和地主在社会上有财富和政治势力，而工人和农民却没有财富和政治势力，既然资本家和地主是剥削者，而工人和农民是被剥削者，那么厂主同工人、地主同农民，就不能有真正的平等。又如，它们空谈言论自由、集会自由、出版自由，可是忘记了，既然工人阶级不可能拥有适当的会场、良好的印刷厂、充分的印刷纸张等等，那么这些自由对于工人阶级就会变成空话。

新宪法草案的特点，就在于它不限于规定公民的形式权利，而把重点放在保障这些权利的问题上，放在实现这些权利的手段的问题上。它不是简单地宣布公民权利平等，而且用立法程序把剥削制度已被消灭的事实固定下来，把公民已经摆脱任何剥削的事实固定下来，以保障公民权利平等。它不是简单地宣布劳动权，而且用立法程序把苏联社会没有危机的事实、把失业已被消灭的事实固定下来，以保证劳动权。它不是简单地宣布民主自由，而且按立法程序，用一定的物质手段来保证这些自由。因此，很明显，新宪法草案的民主主义，并不是"通常的""公认的"一般民主主义，而是社会主义的民主主义。

这就是苏联新宪法草案的各个基本特点。

斯大林：《关于苏联宪法草案》，《斯大林文选》，人民出版社 1962 年 8 月第 1 版，第 89—94 页。

四 公民的权利和义务

（一）资产阶级宣扬的"民主"、"自由"、"平等"、"人权"的阶级本质

资产阶级的力量全部取决于金钱，所以他们要取得政权就只有使金钱成为人在立法上的行为能力的唯一标准。……这样，他们通过选举权和被选举权的财产资格的限制，使选举原则成为本阶级独有的财产。平等原则又由于被限制为仅仅在"法律上的平等"而一笔勾销了，法律上的平等就是在富人和穷人不平等的前提下的平等，即限制在目前主要的不平等的范围内的平等，简括地说，就是简直把不平等叫做平等。

> 恩格斯：《德国状况》，《马克思恩格斯全集》第2卷，人民出版社1957年12月第1版，第647—648页。

宪法一再重复这一个原则：对人民的权利和自由（例如：结社权、选举权、出版自由、教学自由等等）的调整和限制将由以后的组织法来规定，而这些"组织法"用取消自由的办法来"规定"被允诺的自由。奥地利和普鲁士资产阶级从法国原版中抄袭来的这种花招就在于，赋予完全的自由，宣布冠冕堂皇的原则，把有关如何运用这些原则的问题即细节留待以后的法律来加以解决；在1830年的法兰西宪法和它以前通过的一些宪法里就用过这种花招。

人民！你们不仅对原则，而且对细节可以抱有自己的主张，但是你们得首先取得政权。英国议会里的斗争正是围绕着这个问题进行的！

> 马克思：《1848年11月4日通过的法兰西共和国宪法》，《马克思恩格斯全集》第7卷，人民出版社1959年4月第1版，第588—589页。

1848年各种自由权的必然总汇，人身、新闻出版、言论、结社、集会、教育和宗教等自由都穿上宪法制服而成为不可侵犯的了。这些自由中的每一种都被宣布为法国公民的绝对权利，然而总是加上一个附带条件，说明它只有在不受"他人的同等权利和公共安全"或"法律"限制时才是无限制的，而这些法律正是要使各种个人自由彼此之间以及同公共安全协调起来。例如："公民有权成立团体，有权和平地，非武装地集会，有权进

行情愿并且通过报刊或者用其他任何方法发表意见。对于这些权利的享受，除受他人的同等权利和公共安全限制外，不受其他限制。"（法国宪法第2章第8条）"教育是自由的。教育的自由应在法律规定的范围内并在国家的最高监督下享用之。"（同上，第9条）"每一公民的住所是不可侵犯的，除非按照法定手续办事。"（第1章第3条）如此等等。所以，宪法要经常提到未来的基本法律；这些基本法律应当详细地解释这些附带条件并且调整这些无限制的自由权利的享用，使它们既不致互相抵触，也不致同公共安全相抵触。后来，这些基本法律由秩序之友制定出来，所有这些自由都得到调整，结果，资产阶级可以不受其他阶级的同等权利的的任何妨碍而享受这些自由。至于资产阶级完全禁止"他人"享受这些自由，或是允许"他人"在某些条件（这些条件都是警察的陷阱）下享受这些自由，那么这都是仅仅为了保证"公共安全"，也就是为了保证资产阶级的安全，宪法就是这样写的。所以，后来两方面都有充分权利援引宪法：一方面是废除了所有这些自由的秩序之友，另一方面是要求恢复所有这些自由的民主党人。宪法的每一条本身都包含有自己的对立面，包含有自己的上院和下院：在一般词句中标榜自由，在附带条件中废除自由。所以，当自由这个名字还备受尊重，而只是——当然是通过合法的途径——对它的真正实现设下了种种障碍时，不管这种自由在日常现实中的存在怎样被彻底消灭，它在宪法上的存在仍然是完整无损、不可侵犯的。

马克思：《路易·波拿巴的雾月十八日》，《马克思恩格斯文集》第2卷，人民出版社2009年12月第1版，第483—484页。

在英国，个人在宪法本身的范围内是没有任何权利的。这些权利之所以存在，或者是由于习惯，或者是由于个别跟宪法没有任何关系的法规。后面我们就会看到这种奇怪的分离现象是怎样产生的，现在我们先来批判这些权利。

第一个权利是，每个人都可以不经国家事先许可自由无阻的发表自己的意见，这也就是出版自由。有人认为，任何地方的出版自由都不如英国的出版自由这样广泛，这种看法一般说来是对的。不过英国的这种自由也还是很有限的。诽谤法、叛国法和渎神法都沉重地压在出版事业的身上；如果说对出版事业的迫害还不算多，那末这并不是由于法律，而是由于政府害怕因采取压制出版事业的措施而丧失民心。英国各党派的报纸每天都在违反出版法，因为他们既反对政府也反对个别的人，但人们对这一点都假装没有看见，等到时机成熟便来一场政治诉讼，那时再连出版物一起拿来算总账。1842年宪章派的遭遇就是这样，不久以前爱尔兰的合并取消派的遭遇也是这样正像1842年以后普鲁士的出版自由一样，英国的出版自由一百年来苟延残喘，完全是靠政府当局的恩典。

英国人的第二个"天生的权利"（birthright）是人民集会的权利，到目前为止欧洲还没有一个民族享受过这种权利，这种权利虽然由来已久，但只到后来才定为一条法规："人民有为讨论自身疾苦和向立法机关请愿减轻疾苦而集会的权利"。这里边已经包含了某些限制。如果集会的结果不是请愿，那末这个集会即使不算直接非法，但无论如何也是很值得怀疑的。在奥康奈尔的诉讼案中，检察官特别强调，这些已被认定为非法的集会，当时不是为讨论请愿而召开的。但主要的限制还是警察性的限制：中央和地方当局可以事先禁止或中断以至解散任何一个集会，他们不仅在克隆塔尔弗，而且在英格兰本土上也常常以这种手段来对付宪章派和社会主义者的集会。但这并不被认为是侵犯英国人的天生权利，因为宪章派和社会主义者都是穷人，所以他们是没有权利的。这一点除《北极星报》和《新道德世界》外谁也不过问，因此大陆上对这方面的情形一无所知。

再其次是结社的权利。凡以合法手段追求合法目的的一切结社都是容许的；但是这类会社每次只许成立一个不设地方机构的大机构。会社若划分为一些设有专门机构的地方支部，则只有为慈善目的和一般金钱目的才允许建立，而且还必须得到当地经管这类事务的官吏的许可。社会主义者之所以得到了组织协会的许可，就因为他们提出了这样一个目的；宪章派虽然在自己的章程中逐字逐句的抄下了社会主义协会的章程，但仍未被批准结社。现在他们不得不规避法律，并因而陷入这样一种境况：只消宪章协会任何会员的一个笔误，就足以连累整个团体坠入法律的圈套。但是，即使不管这一点，充分的结社权利也仍然是富人的特权；组织会社首先就需要钱，富有的反谷物法同盟筹措几十万元易如反掌，而贫穷的宪章协会或不列颠矿工工会单是应付经费开支就困难重重。况且没有经费的会社很少有什么作用，同时也不能进行宣传鼓动。

Habeas Corpus［人身保护］的权利，即每个被告（犯叛国罪的除外）有在诉讼开始以前交纳保证金获释的权利，这种备受赞扬的权利也仍然是富人的特权。穷人交不起保证金，因此只得进监狱。

这些个人权利中的最后一个，就是每个人都有权由和自己同类的人来审讯，而这一个权利也同样是富人的特权。

> 恩格斯：《英国状况 英国宪法》，《马克思恩格斯全集》第1卷，人民出版社1956年12月第1版，第695—697页。

现在我们知道，这个理性的王国不过是资产阶级的理想化的王国；永恒的正义在资产阶级的司法中得到实现；平等归结为法律面前的资产阶级的平等；被宣布为最主要的人权之一的是资产阶级的所有权；……

> 恩格斯：《反杜林论》，《马克思恩格斯文集》第9卷，人民出版社2009年12月第1版，第20页。

资产阶级在反对封建制度的斗争中和在发展资本主义生产的过程中不得不废除一切等级的即个人的特权，而且起初在私法方面，后来逐渐在公法方面实施了个人在法律上的平等权利，从那以来并且由于那个缘故，平等权利在口头上是被承认了。但是，追求幸福的欲望只有极微小的一部分可以靠观念上的权利来满足，绝大部分却要靠物质的手段来实现，而由于资本主义生产所关心的，是使绝大多数权利平等的人仅有最必需的东西来勉强维持生活，所以资本主义对多数人追求幸福的平等权利所给予的尊重，即使有，也未必比奴隶制或农奴制所给予得多一些。

> 恩格斯：《路德维希·费尔巴哈和德国古典哲学的终结》，《马克思恩格斯文集》第4卷，人民出版社2009年12月第1版，第293页。

凡是存在着土地和生产资料的私有制，资本占统治地位的国家，不管怎样民主，都是资本主义国家，都是资本家用来控制工人阶级和贫苦农民的机器。至于普选权、立宪会议和议会，那不过是形式，不过是一种空头支票，丝毫也不能改变事情的实质。

> 列宁：《论国家》，《列宁主题文集》之《论辩证唯物主义和历史唯物主义》，人民出版社2009年12月第1版，第294页。

所有的人，不管他占有的是何种资本，是不是作为私有财产的土地，也不管他是不是只有一双做工的手的穷光蛋，都被认为在法律面前一律平等了。法律对大家都同样保护，对任何人所拥有的财产都加以保护，使其不受那些没有财产的、除了双手以外一无所有的、日益贫穷破产而变成无产者的群众的侵犯，资本主义社会的情形就是这样。

> 列宁：《论国家》，《列宁主题文集》之《论辩证唯物主

义》，人民出版社 2009 年 12 月第 1 版，第 292 页。

（二）社会主义国家公民的基本权利和义务

他们宣布，这个国际协会以及加入协会的一切团体和个人，承认真理、正义和道德是他们彼此间和对一切人的关系的基础，而不分肤色、信仰或民族。

他们认为，一个人有责任不仅为自己本人，而且为每一个履行自己义务的人要求人权和公民权。没有无义务的权利，也没有无权利的义务。

> 马克思：《协会临时章程》，《马克思恩格斯全集》第 16 卷，人民出版社 1964 年 2 月第 1 版，第 16 页。

资产者的平等（消灭阶级特权）完全不同于无产者的平等（消灭阶级本身）。如果超出后者的范围，即抽象地理解平等，那么平等就会变成荒谬。

> 恩格斯：《反杜林论》，《马克思恩格斯文集》第 9 卷，人民出版社 2009 年 12 月第 1 版，第 355 页。

在世界上最民主的资产阶级国家里，哪一个国家的平常的、普通的工人，平常的、普通的雇农或者农村半无产者（即占人口大多数的被压迫群众的一分子），能够多少像在苏维埃俄国那样，享有在最好的建筑物里开会的自由，享有利用最大的印刷所和最好的纸库来发表自己意见、维护自己利益的自由，享有推选正是本阶级的人去管理国家、"建设"国家的自由呢？

> 列宁：《无产阶级革命叛徒考茨基》，《列宁专题文集》之《论资本主义》，人民出版社 2009 年 12 月第 1 版，第 244 页。

苏维埃政权在原则上实行了高得无比的无产阶级民主，对全世界作出实行这种民主的榜样，可是这种文化上的落后却限制了苏维埃政权的作用并使官僚制度复活。说起来苏维埃机构是全体劳动者都可以参加的，做起来却远不是人人都能参加，这是我们大家都知道的。这决不是因为法律造成了障碍，如在资产阶级时代那样；恰恰相反，我们的法律有助于这样做。但只有法律是不够的。必须有大量的教育工作、组织工作和文化工作，这不能用法律迅速办到，这需要进行长期的巨大的努力。

> 列宁：《关于党纲的报告》，《列宁专题文集》之《论无产阶级政党》，人民出版社 2009 年 12 月第 1 版，第 215 页。

由于文化水平这样低，苏维埃虽然按党纲规定是通过劳动者来实行管理的机关，而实际上却是通过无产阶级先进阶层来为劳动者实行管理而不是通过劳动群众来实行管理的机关。

> 列宁：《关于党纲的报告》，《列宁专题文集》之《论无产阶级政党》，人民出版社 2009 年 12 月第 1 版，第 219 页。

总之，在一切方面（语言、学校等等）实行民族平等是解决民族问题的一个必要条件。因此，必须在国家完全民主化的基础上颁布全国性的法律，无例外地禁止民族享有任何特权，禁止对少数民族权利加以任何妨碍或限制。

这样，也只有这样，才能实际地而不是纸上空谈地保障少数民族的权利。

> 斯大林：《马克思主义和民族问题》，《斯大林全集》第 2 卷，人民出版社 1953 年 12 月第 1 版，第 354—355 页。

只有我国革命才不仅打破了资本主义的枷锁，给了人民自由，而且给人民创造了富裕生活的物质条件。我国革命所以有力量而且不可战胜，原因就在这里。赶走资本家，赶走地主，赶走沙皇的爪牙，夺得政权，取得自由，这当然是一件好事情。这是很好的。但是，只有自由，可惜还远远不够。如果粮食不够，油类不够，布匹不够，住宅不好，那末单靠一个自由是解决不了问题的。同志们，单靠一个自由是很难生活的。为了能生活得好，生活得愉快，除了政治自由的福利以外，还必须要有物质福利。我国革命的特点就在于它不仅给了人民自由，而且给了人民物质福利，给了人民享受富裕的、有文化的生活的可能。

> 斯大林：《在全苏斯达汉诺夫工作者第一次会议上的讲话》，《斯大林文选》，人民出版社 1962 年 8 月第 1 版，第 52 页。

五　国家机构

（一）国家机构的性质

有产阶级，即土地贵族和资产者，使劳动人民处于被奴役的地位，这不仅靠他们的财富和力量，不仅靠资本对劳动的剥削，而且还靠国家的力量，靠军队、官僚和法庭。

恩格斯：《致国际工人协会西班牙联合会委员会》，《马克思恩格斯选集》第 2 卷，人民出版社 1972 年 5 月第 1 版，第 321 页。

正是在美国，同在任何其他国家中相比，"政治家们"都构成国民中一个更为特殊的和富有权势的部分。在这个国家里，轮流执政的两大政党中的每一个政党，又是由这样一些人操纵的，这些人把政治变成一种生意，拿联邦国会和各州议会的议席来投机牟利，或是以替本党鼓动为生，在本党胜利后取得职位作为报酬。大家知道，美国人在最近 30 年来是千方百计地想要摆脱这种已难忍受的桎梏，可是却在这个腐败的泥沼中越陷越深。正是在美国，我们可以最清楚地看到，本来只应为社会充当工具的国家政权怎样脱离社会而独立化。那里没有王朝，没有贵族，除了监视印第安人的少数士兵之外没有常备军，不存在拥有固定职位与享有年金的官僚。然而我们在那里却看到两大帮政治投机家，他们轮流执掌政权，以最肮脏的手段来达到最肮脏的目的，而国民却无力对付这两大政客集团，这些人表面上是替国民服务，实际上却是对国民进行统治与掠夺。

恩格斯：《〈法兰西内战〉恩格斯写的 1891 年版导言》，《马克思恩格斯文集》第 3 卷，人民出版社 2009 年第 1 版，第 110 页。

大家知道，现在就是武装队伍、监狱及其他强迫他人意志服从暴力的手段，即构成国家实质的东西。

列宁：《论国家》，《列宁专题文集》之《论辩证唯物主义和历史唯物主义》，人民出版社 2009 年 12 月第 1 版，第 285 页。

国家一直是从社会中分化出来的一种机构，是由一批专门从事管理、几乎专门从事管理或者主要从事管理的人组成的一种机构。人分为被管理者和专门的管理者，后者高居于社会之上，称为统治者，称为国家代表。

这个机构，这个管理别人的集团，总是把持着一定的强制机构，实力机构，不管这种加之于人的暴力表现为原始时代的棍棒，或是奴隶制时代较为完善的武器，或是中世纪出现的火器，或是完全利用现代技术最新成果造成的、堪称 20 世纪技术奇迹的现代化武器，反正都是一样。使用暴力的手段虽然改变，但是只要国家存在，每个社会就总有一个集团进行管理，发号施令，实行统治，并且为了维持政权而把实力强制机构、其装备同每个时代的技术水平相适应的暴力机构把持在自己手中。

> 列宁：《论国家》，《列宁专题文集》之《论辩证唯物主义和历史唯物主义》，人民出版社 2009 年 12 月第 1 版，第 288 页。

在我们这里是党领导政府的。而这种领导所以能够实现，是因为我们这里党得到多数的工人和一般劳动者的信任，他有权代表这个多数来领导政府机关。

……

资产阶级的报刊对于党这样"干涉"国家事务通常总是表示"惊奇"。但是这种"惊奇"完全是假装的。大家知道，在资本主义国家里，资产阶级政党正是这样"干涉"国家事务和领导政府的，而且那里是由极少数人操纵领导的，这些人和大银行有着各种联系，因此，他们竭力不让人民知道自己扮演的是什么角色。谁不知道在英国或其他资本主义国家里，每一个资产阶级政党都有一个由极少数操纵领导的人所组成的秘密内阁呢？

> 斯大林：《和第一个美国工人代表团的谈话》，《斯大林全集》第 10 卷，人民出版社 1954 年 12 月第 1 版，第 92—94 页。

国家政权的工具，主要集中于军队、惩罚机关、侦查机关和监狱。

> 斯大林：《在党的十八次代表大会上关于联共（布）中央工作的总结报告》，《斯大林文选》，人民出版社 1962 年 8 月第 1 版，第 253 页。

（二）资产阶级国家机构的产生、本质和特征

这个行政权力有庞大的官僚机构和军事机构，有复杂而巧妙的国家机器，有 50 万人的官吏大军和 50 万人的军队，这个俨如密网一般缠住法国社会全身并阻塞其一切毛孔的可怕的寄生机体，是在专制君主时代，在封建制度崩溃时期产生的，同时这个寄生机体又加速了封建制度的崩溃。……最后，议会制共和国在它反对革命的斗争中，除采用高压手段外，还

不得不加强政府权力的工具和中央集权。一切变革都是使这个机器更加完备，而不是把它摧毁。

马克思：《路易·波拿巴的雾月十八日》，《马克思恩格斯文集》第 2 卷，人民出版社 2009 年 12 月第 1 版，第 564—565 页。

议会形式只是行政权用以骗人的附属物而已。……

……

……第二帝国时期的议会制虽设有立法团和参议院，——普鲁士和奥地利这两个军事君主国家已照这种式样加以复制，但它也只是一种笑剧，只是专制制度的最劣等的附属品而已。

马克思：《〈法兰西内战〉初稿》，《马克思恩格斯选集》第 2 卷，人民出版社 1972 年 5 月第 1 版，第 411—413 页。

中央集权的国家政权连同其遍布各地的机关——常备军、警察局、官僚机构、教会和法院——这些机关是按照系统的和等级的分工原则建立的——起源于专制君主时代，当时它充当了新兴资产阶级社会反对封建制度的有力武器。

马克思：《法兰西内战》，《马克思恩格斯文集》第 3 卷，人民出版社 2009 年第 1 版，第 151 页。

现代资产阶级国家体现在议会和政府这两大机构上。在 1848—1851 年秩序党共和国时期，议会的大权独揽产生了它自身的否定——第二帝国，而把议会纯粹当作嘲弄对象的帝国制度是目前大陆上多数军事大国所盛行的制度。乍看起来，这种政府机构的僭取的专政仿佛是对社会本身的专政，它同样地凌驾于一切阶级之上，同样地给一切阶级以屈辱，但实际上，它现在已经成了——至少在欧洲大陆上是如此——占有者阶级能继续统治生产者阶级的唯一可能国家形式。

马克思：《〈法兰西内战〉二稿（摘录）》，《马克思恩格斯文集》第 3 卷，人民出版社 2009 年第 1 版，第 218 页。

自由派总是说，资产阶级议会制度正在消灭阶级和阶级的区分，因为一切公民都毫无差别地拥有投票的权利，参与国家事务的权利。19 世纪下半叶的全部欧洲史和 20 世纪初的全部俄国革命史，都很清楚地表明这种观点是多么荒谬。在"民主制的"资本主义的自由下，经济上的差别并没有缩小，而是日益扩大，日益加深。议会制度并没有消除最民主的资产阶级共和国作为阶级压迫机关的本质，而是不断暴露这种本质。

列宁：《马克思主义和修正主义》，《列宁专题文集》之《论马克思主义》，人民出版社 2009 年 12 月第 1 版，第 153—154 页。

我知道，许多资本主义的政府，尽管有"民主的"国会存在，却受大银行的监督。国会总想使人相信是它们在监督政府。而事实上政府的成员却是由大财团内定的，政府的行动也是受大财团监督的。谁不知道无论在哪一个资本主义"强国"内，违反大财阀的意旨，内阁是组不成的，只要这些财阀一施财政压力，部长们就抱头鼠窜地下台。和国会的假监督相反，银行对政府的监督才是真监督。

斯大林：《和第一个美国工人代表团的谈话》，《斯大林全集》第 10 卷，人民出版社 1954 年 12 月第 1 版，第 92 页。

（三）无产阶级国家机构的建立

……如果你读一下我的《雾月十八日》的最后一章，你就会看到，我认为法国革命的下一次尝试再不应该象以前那样把官僚军事机器从一些人的手里转到另一些人的手里，而应当把它打碎，这正是大陆上任何一次真正的人民革命的先决条件。

马克思：《致路·库格曼》，《马克思恩格斯选集》第 4 卷，人民出版社 1972 年 5 月第 1 版，第 392 页。

旧政权的纯属压迫性的机关予以铲除，而旧政权的合理职能则从僭越和凌驾于社会之上的当局那里夺取过来，归还给社会的承担责任的勤务员。

马克思：《法兰西内战》，《马克思恩格斯文集》第 3 卷，人民出版社 2009 年 12 月第 1 版，第 156 页。

这仅仅是为了指明下列事实：胜利了的无产阶级在能够利用旧的官僚的、行政集中的国家机构来达到自己的目的之前，必须把它加以改造；……

恩格斯：《致爱·伯恩施坦》，《马克思恩格斯选集》第 4 卷，人民出版社 1972 年 5 月第 1 版，第 441 页。

在现代国家中，除常备军、警察、官吏这种主要是"压迫性的"机构以外，还有一种同银行和辛迪加关系非常密切的机构，它执行着大量计算登记工作（如果可以这样说的话）。这种机构不能打碎，也用不着打碎。应当是它摆脱资本家的控制，应当割去、砍掉、斩断资本家影响它的线索，应当使它服从无产阶级的苏维埃，使它成为更广泛、更包罗万象、更具有全民性的机构。只要依靠人资本主义所取得的成就（一般说来，无产阶级革命只有依靠这种成就，才能达到自己的目的），这些都是可以做到的。

> 列宁：《布尔什维克能保持国家政权吗》，《列宁专题文集》之《论社会主义》，人民出版社 2009 年 12 月第 1 版，第 44 页。

资本主义建立了银行、辛迪加、邮局、消费合作社和职员联合会等这样一些计算机构。没有大银行，社会主义是不能实现的。

大银行是我们实现社会主义所必需的"国家机构"，我们可以把它当作现成的机构从资本主义那里拿过来，而我们在这方面的任务只是砍掉使这个极好机构资本主义畸形化的东西，使它成为更巨大、更民主、更包罗万象的机构。那时候量就会转化为质。统一的规模巨大无比的国家银行，连同它在各乡、各工厂中的分支机构——这已经是十分之九的社会主义机构了。这是全国性的簿记机关，全国性的产品生产和分配的计算机关，这可以说是社会主义社会的骨骼。

> 列宁：《布尔什维克能保持国家政权吗》，《列宁专题文集》之《论社会主义》，人民出版社 2009 年 12 月第 1 版，第 45 页。

（四）无产阶级国家机构是新型的民主的国家机构

公社一开始想必就认识到，工人阶级一旦取得统治权，就不能继续运用旧的国家机器来进行管理；工人阶级为了不致失去刚刚争得的统治，一方面应当铲除全部旧的、一直被利用来反对工人阶级的压迫机器，另一方面还应当保证本身能够防范自己的代表和官吏，即宣布他们毫无例外地可以随时撤换。

> 恩格斯：《〈法兰西内战〉恩格斯写的 1891 年版导言》，《马克思恩格斯文集》第 3 卷，人民出版社 2009 年 12 月第 1 版，第 110 页。

为了防止国家和国家机关由社会公仆变为社会主人——这种现象在至今所有的国家中都是不可避免的——公社采取了两个可靠的办法。第一，它把行政、司法和国民教育方面的一切职位交给由普选选出的人担任，而且规定选举者可以随时撤换被选举者。第二，它对所有公职人员，不论职位高低，都只付给跟其他工人同样的工资。公社所曾付过的最高薪金是6000 法郎。这样，即使公社没有另外给各代表机构的代表签发限权委托书，也能可靠地防止人们去追求升官发财了。

> 恩格斯：《〈法兰西内战〉恩格斯写的 1891 年版导言》，《马克思恩格斯文集》第 3 卷，人民出版社 2009 年 12 月第 1 版，第 110—111 页。

另一方面，应该把工农检查院的职员缩减到 300—400 人，这些职员要经过专门审查，看他们是否认真负责，是否了解我们的国家机关，同时还要经过专门考验，看他们是否了解科学组织劳动特别是管理、办公等方面劳动的原理。

　　……

我相信，把职员减少到我所说的那个数目，会使工农检查院工作人员的质量和整个工作的质量提高许多倍，同时也会使人民委员和部务委员有可能集中全力安排工作，有步骤地、不断地提高工作质量，而提高工作质量对于工农政权和我们苏维埃制度是绝对必要的。

> 列宁：《我们怎样改组工农检查院》，《列宁专题文集》之《论社会主义》，人民出版社 2009 年 12 月第 1 版，第 362—363 页。

为了革新我们的国家机关，我们一定要给自己提出这样的任务：第一是学习，第二是学习，第三还是学习，然后是检查，使我们学到的东西真正深入血肉，真正地完全地成为生活的组成部分，而不是学而不用，或只会讲些时髦的词句（毋庸讳言，这种现象在我们这里是特别常见的）。

> 列宁：《宁肯少些，但要好些》，《列宁专题文集》之《论社会主义》，人民出版社 2009 年 12 月第 1 版，第 368 页。

国家机关是廉洁奉公，还是贪污受贿；是实行节约，还是浪费人民财产；是在工作中弄虚作假，还是全心全意为国家服务；是劳动者的累赘，还是帮助劳动者的机关；是培植无产阶级的法制思想，还是以否定这个思想的精神腐化人民意识；是在向过渡到没有国家的共产主义社会这个方向前进，还是向普通的资产阶级国家的腐朽官僚制度倒退，——正确地解决这一问题，对于党和社会主义不能没有决定意义。

> 斯大林：《关于俄共（布）第十三次代表大会的总结》，《斯大林全集》第 6 卷，人民出版社 1956 年 8 月第 1 版，第 217 页。

（五）无产阶级国家机构的组织和活动原则

恩格斯绝对不像资产阶级思想家和包括无政府主义者在内的小资产阶级思想家那样，从官僚制度的意义上去了解民主集中制。在恩格斯看来，集中制丝毫不排斥这样一种广泛的地方自治，这种自治在各个市镇和省自愿坚持国家统一的同时，绝对能够消除任何官僚制度和任何来自上面的"发号施令"。

> 列宁：《国家与革命》，《列宁专题文集》之《论马克思主义》，人民出版
> 社 2009 年 12 月第 1 版，第 244 页。

巴黎公社做出了把来自下面的首创精神、独立性、放手的行动、雄伟的魄力和自愿实行的、与死套公式不相容的集中制互相结合起来的伟大榜样。

> 列宁：《怎样组织竞赛》，《列宁专题文集》之《论社会主义》，人民出版
> 社 2009 年 12 月第 1 版，第 60 页。

必须十分明确地划分党（及其中央）和苏维埃政权的职责；提高苏维埃工作人员和苏维埃机关的责任心和独立负责精神，党的任务则是对所有国家机关的工作进行总的领导，不是像目前那样进行过分频繁的、不正常的、往往是琐碎的干预。

> 列宁：《就党的第十一次代表大会政治报告提纲给维·米·莫洛托夫并转
> 俄共（布）中央全会的信》，《列宁专题文集》之《论无产阶级党》，人
> 民出版社 2009 年 12 月第 1 版，第 336 页。

在我国，国家政权的一切政治经济工作都由工人阶级觉悟的先锋队共产党领导，工会应当是国家政权最亲密的和不可缺少的合作者。

> 列宁：《关于工会在新经济政策条件下的作用和任务的提纲草案》，《列宁
> 专题文集》之《论社会主义》，人民出版社 2009 年 12 月第 1 版，第
> 302 页。

常常有人说在我国是"党的专政"。有人说我赞成党的专政，我记得在我们代表大会的一项决议中，似乎是在第十二次代表大会的决议中，曾经用过这样的语句，这当然是由于疏忽。看来同志们中间有人认为我国是党的专政，而不是工人阶级专政。但是，同志们，这是胡说。如果这是对的，那么，列宁当时教导我们说苏维埃实现专政而党领导苏维埃，就是错的了。列宁当时说无产阶级专政而不说党的专政，也是错的了。如果这是对的，那么当时就不需要苏维埃了，当时列宁在第十一次代表大会上就用不着说必须"划清党的机关和苏维埃机关的界限"了。可是，这种胡说是从什么地方来的，是怎样渗入党内的呢？这是由于对"党性"的迷恋，而这种迷恋，而这种迷恋这是对不带引号的党性为害最大；这是由于不关心理论问题；这是由于在提出口号以前缺乏思考的习惯，因为只要稍微想一

想，就会明白用党的专政来顶替阶级专政是十分荒谬的。这种荒谬的做法会在党内产生混乱思想和糊涂观念，这还用得着证明吗？

斯大林：《关于俄共（布）第十三次代表大会的总结》，《斯大林全集》第6卷，人民出版社1956年8月第1版，第224—225页。

"党是无产阶级的直接执政的先锋队，是领导者。"（列宁）在这个意义上党掌握政权，党管理国家。然而决不能把这一点了解为党是越过国家政权，无须国家政权而实现着无产阶级专政的，了解为党是越过苏维埃，不通过苏维埃而管理国家的。这还不是说，可以把党和苏维埃，把党和国家政权看作一个东西。党是政权的核心。但它和国家政权不是而且不能是一个东西。

斯大林：《论列宁主义的几个问题》，《斯大林全集》第8卷，人民出版社1954年8月第1版，第39—40页。

马克思主义经典作家论选举法

一　选举的本质、作用和历史发展

（一）民主制和选举制

极少数人享受民主，富人享受民主，——这就是资本主义社会的民主制度。如果仔细地考察一下资本主义民主的结构，那么无论在选举权的一些"微小的"（似乎是微小的）细节上（居住年限、妇女被排斥等等），或是在代表机构的办事手续上，或是在行使集会权的实际障碍上（公共建筑物不准"叫化子"使用!），或是在纯粹资本主义的办报原则上，等等，到处都可以看到对民主制度的重重限制。用来对付穷人的这些限制、例外、排斥、阻碍，看起来似乎是很微小的，特别是在那些从来没有亲身体验过贫困、从来没有接近过被压迫阶级群众的生活的人（这种人在资产阶级的政论家和政治家中，如果不占百分之九十九，也得占十分之九）看起来是很微小的，但是这些限制加在一起，就把穷人排斥和推出政治生活之外，使他们不能积极参加民主生活。

列宁：《国家与革命》，《列宁专题文集》之《论马克思主义》，人民出版社 2009 年 12 月第 1 版，第 258—259 页。

由此可见，公社用来代替被打碎的国家机器的，似乎"仅仅"是更完全的民主：废除常备军，一切公职人员完全由选举产生并完全可以撤换。但是这个"仅仅"，事实上意味着两类根本不同的机构的大更替，在这里恰巧看到了一个"量转化为质的例子"：民主实行到一般所能想象的最完全最彻底的程度，就有资产阶级民主转化成无产阶级民主，即由国家（＝对一定阶级实行镇压的特殊力量）转化成一种已经不是原来意义上的国家的东西。

列宁：《国家与革命》，《列宁专题文集》之《论马克思主义》，人民出版社 2009 年 12 月第 1 版，第 214—215 页。

苏维埃民主制即目前具体实施的无产阶级民主制的社会主义性质就在于：第一，选举人是被剥削劳动群众，排除了资产阶级；第二，废除了选举上一切官僚主义的手续和限制，群众自己决定选举的程序和日期，并且有罢免当选人的完全自由；第三，建立了劳动者先锋队即大工业无产阶级的最优良的群众组织，这种组织使劳动者先锋队能够领导最广大的被剥削群众，吸收他们参加独立的政治生活，根据他们亲身的体验对他们进行政治教育，从而第一次着手使真正全体人民都学习管理，并且开始管理。

列宁：《苏维埃政权的当前任务》，《列宁专题文集》之《论社会主义》，人民出版社 2009 年 12 月第 1 版，第 110—111 页。

在资产阶级民主制下，资本家千方百计地（"纯粹的"民主愈发达，方法就愈巧妙，愈有效）排斥群众，使他们不能参加管理，不能享受集会自由、出版自由等等。苏维埃政权是世界上第一个（严格说来是第二个，因为巴黎公社已开始这样做过）吸引群众即被剥削群众参加管理的政权。劳动群众参加资产阶级议会（在资产阶级民主制度下，议会任何时候也解决不了极其重大的问题；解决这些问题的是交易所和银行）的门径被千百道墙垣阻隔着，所以工人们都十分清楚地知道和感觉到，看到和觉察到：资产阶级的议会是别人的机构，是资产阶级压迫无产者的工具，是敌对阶级即剥削者少数的机构。

列宁：《无产阶级革命和叛徒考茨基》，《列宁专题文集》之《论资本主义》，人民出版社 2009 年 12 月第 1 版，第 242—243 页。

苏维埃组织无比深入地和广泛地发展了标志着资产阶级民主制比中世纪有伟大历史进步性的那一面，即居民参加对公职人员的选举。在任何一个最民主的资产阶级国家中，劳动群众从来也没有像在苏维埃政权之下那样广泛、那样经常、那样普遍、那样简便地行使选举权，因为资产阶级在形式上给了他们这种权利，而实际上又加以限制。同时苏维埃组织还摒弃了资产阶级民主制消极的一面，即立法权和行政权分立的议会制，这一制度巴黎公社已开始废除，其狭隘性和局限性马克思主义早已提出。

列宁：《俄共（布）纲领草案》，《列宁专题文集》之《论无产阶级政党》，人民出版社 2009 年 12 月第 1 版，第 193 页。

（二）代表机关和选举

没有代表机构，我们不可能想象什么民主，即使是无产阶级民主；……

列宁：《国家与革命》，《列宁专题文集》之《论马克思主义》，人民出版社 2009 年 12 月第 1 版，第 220 页。

法国和美国的议会制度的经验明显地表明经过普选制产生的表面上民

土的政权，实际上是和真正民主制相去很远而且背道而驰的一种同财政资本结合的联合政权。在法国，在这个资产阶级民主制的国家里，议会是由全民选举的，但是部长是由里昂银行指派的。在美国，选举是普遍的，但是执掌政权的是亿万富翁洛克菲勒的傀儡。

斯大林：《在全俄工农兵代表苏维埃第三次代表大会上的讲话》，《斯大林全集》第4卷，人民出版社1956年8月第1版，第33—34页。

自由资产者先生们"毫不反对"也给人民以选举权，但是要有一个条件，就是人民代表议院要受富豪议院的控制，而富豪议院一定要竭力修改和取消人民代表议院所通过的种种决议。因此，他们在自己的纲领中说："我们需要两院制。"

斯大林：《资产阶级在布置圈套》，《斯大林全集》第1卷，人民出版社1953年9月第1版，第162页。

资产阶级世界给自治区域对中央的关系确定了一种固定形式。我指的是北美、加拿大和瑞士。在这些国家里，中央政权是由各个州（或各邦）全体居民所选出的全国议会和各州（或各邦）政府所选出的联邦院这两个平行的机关组成的。这样就形成了立法滞缓、扼杀任何革命事业的两院制。

斯大林：《在鞑靼—巴什基里亚苏维埃共和国成立大会筹备会议上的讲话》，《斯大林全集》第4卷，人民出版社1956年8月第1版，第82页。

普选权不是为了每三年或六年决定一次由统治阶级中什么人在议会里当人民的假代表，而是为了服务于组织在公社里的人民，正如个人选择权服务于任何一个为自己企业招雇工人和管理人员的雇主一样。大家都很清楚，企业也像个人一样，在实际业务活动中一般都懂得在适当的位置上使用适当的人，万一有错立即纠正。另一方面，如果用等级授权制去代替普选制，那是最违背公社精神不过的。

马克思：《法兰西内战》，《马克思恩格斯文集》第3卷，人民出版社2009年第1版，第156页。

（三）选举反映了阶级力量的对比关系

国家内部的一切斗争——民主政体、贵族政体和君主政体相互之间的斗争，争取选举权的斗争等等，不过是一些虚幻的形式，在这些形式下进行着各个不同阶级间的真正的的斗争。

马克思、恩格斯：《费尔巴哈》，《马克思恩格斯选集》第1卷，人民出版社 1972 年 5 月第 1 版，第 38 页。

（四） 选举的历史发展

1. 原始公社的选举

摩尔根举出易洛魁人的氏族，特别是塞讷卡部落的氏族，作为这种原始氏族的古典形式。这个部落内有八个氏族……每个氏族内都盛行以下的习俗：

1. 氏族推选一个酋长（平时的首脑）和一个酋帅（军事领袖）。酋长必须从本氏族成员中选出，他的职位在氏族内世袭，一旦出缺，必须立刻重新补上；军事领袖，也可以从氏族以外的人中选出并且有时可以暂缺。由于易洛魁人奉行母权制，因而酋长的儿子属于另一氏族，所以从不选举前一酋长的儿子做酋长，而是往往选举他的兄弟做酋长，或者选举他的姊妹的儿子做酋长。所有的人，无论男女，都参加选举。不过选举须经其余七个氏族确认，只有在这以后，当选为酋长的人才被隆重地，就是说由全易洛魁联盟的联合议事会委任。这样做的意义，在后面就可以看出来。酋长在氏族内部的权力，是父亲般的、纯粹道德性质的；他手里没有强制的手段。此外，由于他的职位，他也是塞讷卡部落议事会以及全体易洛魁人联盟的议事会的成员。酋帅仅仅在出征时才能发号施令。

2. 氏族可以任意罢免酋长和酋帅。这仍是由男女共同决定的。被罢免的人，此后便像其他人一样成为普通战士，成为私人。此外，部落议事会也可以甚至违反氏族的意志而撤换酋长。

……

10. 氏族有议事会，它是氏族的一切成年男女享有平等表决权的民主集会。这种议事会选举、罢免酋长和酋帅，以及其余的"信仰守护人"；它作出为被杀害的氏族成员接受赎罪献礼（即杀人赔偿金）或实行血族复仇的决定；它收养外人加入氏族。总之，它是氏族的最高权力机关。

恩格斯：《家庭、私有制和国家的起源》，《马克思恩格斯文集》第 4 卷，
人民出版社 2009 年 12 月第 1 版，第 99—102 页。

那么，美洲印第安人部落有什么特征呢？

……

3. 有隆重委任氏族所选出的酋长和军事领袖的权利。

4. 有罢免他们的权利，甚至可以违反他们氏族的愿望而罢免他们。由于这些酋长和军事领袖都是部落议事会的成员，部落对待他们有这种权利是当然的。凡已经组成部落联盟而且一切部落都有代表参加联盟议事会的地方，上述权利便转归联盟议事会了。

……

6. 有管理公共事务的部落议事会。它是由各个氏族的酋长和军事领袖组成的——这些人是氏族的真正代表，因为他们是随时都可以罢免的；议事会公开开会，四周围着其余的部落成员，这些成员有权加入讨论和发表自己的意见；决议则由议事会作出。按照通例，每个出席的人都可以随意发表意见，妇女也可以通过她们所选出的演说人陈述自己的意见。

恩格斯：《家庭、私有制和国家的起源》，《马克思恩格斯文集》第4卷，

人民出版社2009年12月第1版，第105—107页。

我们已经看到，易洛魁人和其他印第安人的酋长职位是怎样继承的。一切职位多数场合都是在氏族内部选举的，因而是在氏族范围内世袭的。在递补遗缺时，最亲近的同氏族亲属——兄弟，或姊妹的儿子，逐渐享有了优先权，除非有理由摈弃他。因此，如果说在希腊人中间，在父权制统治之下，把赛勒斯的职位通常是传给儿子或儿子中的一个，那末这仅仅证明，儿子们在这里可能指望通过人民选举而获得继承权，但决不是说不经过人民选举就承认继承合法性。在这种情况下，我们在易洛魁人和希腊人中间所看到的，是氏族内部的特殊的显贵家庭的最初萌芽，而在希腊人那里，而在希腊人那里，还是未来的世袭元首或君主的最初萌芽。因此，可以推想希腊人的巴赛勒斯，正像罗马的"王"（勒克斯）一样，必须是或者由人民选举的，或者为人民的公认的机关——议事会或人民大会——所认可的。

恩格斯：《家庭、私有制和国家的起源》，《马克思恩格斯选集》第4卷，

人民出版社2009年12月第1版，第102页。

2. 奴隶主国家的选举

结果组成了雅典国家。它是由10个部落所选出的500名代表组成的议事会来管理的，最后一级的管理权属于人民大会，每个雅典公民都可以参加这个大会并享有投票权；此外，有执政官和其他官员掌管各行政部门和司法事务。在雅典没有总揽执行权力的最高官员。

恩格斯：《家庭、私有制和国家的起源》，《马克思恩格斯文集》第 4 卷，人民出版社 2009 年 12 月第 1 版，第 135 页。

国家形式是多种多样的。在奴隶占有制时期，在当时最先进、最文明、最开化的国家内，例如在完全建立与奴隶制之上的古希腊和古罗马，已经有各种不同的国家形式。那时已经有君主制和共和制、贵族制和民主制的区别。君主制是一人掌握权力，共和制是不存在任何非选举产生的权力机关；贵族制是很少一部分人掌握权力，民主只是人民掌握权力（民主制按希腊文一词直译过来，意思是人民掌握权力）。所有这些区别在奴隶制时代就产生了。虽然有这些区别，但奴隶占有制时代的国家，不论是君主制，还是贵族的或民主的共和国，都是奴隶占有制国家。

列宁：《论国家》，《列宁专题文集》之《论辩证唯物主义和历史唯物主义》，人民出版社 2009 年 12 月第 1 版，第 289 页。

奴隶占有制共和国按其内部结构来说分为两种：贵族共和国和民主共和国。在贵族共和国中参加选举的是少数享有特权的人，在民主共和国中参加选举的是全体，但仍然是奴隶主的全体，奴隶是除外的。

列宁：《论国家》，《列宁专题文集》之《论辩证唯物主义和历史唯物主义》，人民出版社 2009 年 12 月第 1 版，第 289—290 页。

在中世纪，农奴制占优势。当时的国家形式也是多样的，既有君主制也有共和制（虽然远不如前者明显），但始终只有地主——农奴主才被认为是统治者。农奴制农民根本没有任何政治权利。

列宁：《论国家》，《列宁专题文集》之《论辩证唯物主义和历史唯物主义》，人民出版社 2009 年 12 月第 1 版，第 290—291 页。

地主为了维持自己的统治，为了保持自己的权力，必须有一种机构能使大多数人统统服从他们，服从他们的一定的法律、规则，这些法律基本上是为了一个目的——维持地主统治农奴制农民的权力。这就是农奴制国家，这种国家，例如在俄国或者在至今还是农奴制占统治的十分落后的亚洲各国，具有不同的形式，有的是共和制，有的是君主制。国家实行君主制时，权力归一人掌握，实行共和制时，从地主当中选出来的人多少可以参政，——这就是农奴制社会的情形。

列宁：《论国家》，《列宁专题文集》之《论辩证唯物主义和历史唯物主义》，人民出版社 2009 年 12 月第 1 版，第 291 页。

3. 资产阶级普选制的历史地位

普选只是测量工人阶级成熟性的标尺。在现今的国家里，普选制不能而且永远不会提供更多的东西；不过，这也就足够了。在普选制的温度计标示出工人的沸点的那一天，他们以及资本家同样都知道该怎么办了。

恩格斯：《家庭、私有制和国家的起源》，《马克思恩格斯文集》第 4 卷，人民出版社 2009 年 12 月第 1 版，第 193 页。

即使普选权再没有提供什么别的好处，只是使我们能够每三年计算一次自己的力量；只是通过定期确认的选票数目的意外迅速的增长，既加强工人的胜利信心，同样又增加对手的恐惧，因而成为我们最好的宣传手段；只是给我们提供了关于我们自身力量和各个敌对党派力量的精确情报，从而给了我们一把衡量我们的行动是否适度的独一无二的尺子，使我们既可避免不适时的畏缩，又可避免不合时宜的蛮勇，——即使这是选举权所给予我们的唯一的好处，那也就够多了。但是它的好处还要多得多。当竞选宣传中，它给了我们独一无二的手段到人民还疏远我们的地方去接触群众，并迫使一切政党在全体人民面前回答我们的抨击，维护自己的观点和行动；此外，它在帝国国会中给我们的代表提供了一个讲坛，我们的代表在这个讲坛上可以比在报刊上和集会上更有权威和更自由得多地向自己在议会中的对手和议会外的群众讲话。

恩格斯：《卡·马克思〈1948 年至 1950 年的法兰西阶级斗争〉一书导言》，《马克思恩格斯文集》第 4 卷，人民出版社 2009 年 12 月第 1 版，第 545 页。

民主共和制和普选制同农奴制比较起来是一大进步，因为它们使无产阶级有可能达到现在这样的统一和团结，有可能组成整齐的、有纪律的队伍去同资本主义有步骤地进行斗争。农奴制农民连稍微近似这点的东西也没有，奴隶就更不用说了。我们知道，奴隶举行过起义，进行过暴动，掀起过国内战争，但是他们始终未能造成自觉的多数，未能建立起领导斗争的政党，未能清楚地了解他们所要达到的目的，甚至在历史上最革命的时机，还是往往成为统治阶级手下的小卒。资产阶级的共和制、议会和普选制，所有这一切，从全世界社会发展来看，是一大进步。人类走到了资本主义，而只有资本主义，凭借城市的文化，才使被压迫的无产者阶级有可能认清自己的地位，创立世界工人运动，造就出在全世界组织成政党的千百万工人，建立起自觉地领导群众斗争的社会主义政党。没有议会制度，没有选举制度，工人阶级就不会有这样的发展。因此，这一切东西在广大群众的眼中具有很大的意义。

> 列宁：《论国家》，《列宁专题文集》之《论辩证唯物主义和历史唯物主义》，人民出版社 2009 年 12 月第 1 版，第 295 页。

4. 社会主义的选举制度是历史上真正民主的选举制度

摆脱议会制的出路，当然不在于取消代表机构和选举制，而在于把代表机构由清谈馆变成"工作"机构。"公社不应当是议会式的，而应当是工作的机构，兼管行政和立法的机构。"

> 列宁：《国家与革命》，《列宁专题文集》之《论马克思主义》，人民出版社 2009 年 12 月第 1 版，第 218 页。

在公社用来代替资产阶级社会贪污腐败的议会的那些机构中，发表意见和讨论的自由不会流于骗局，因为议员必须亲自工作，亲自执行自己通过的法律，亲自检查实际执行的结果，亲自对自己的选民直接负责。代表机构仍然存在，然而议会制这种特殊的制度，这种立法和行政的分工，这种议员们享有的特权地位，在这里是不存在的。

> 列宁：《国家与革命》，《列宁专题文集》之《论马克思主义》，人民出版社 2009 年 12 月第 1 版，第 220 页。

在社会主义下，"原始"民主的许多东西都必然会复活起来，因为人民群众在文明社会史上破天荒第一次站起来了，不仅独立地参加投票和选举，而且独立地参加日常管理。

> 列宁：《国家与革命》，《列宁专题文集》之《论马克思主义》，人民出版社 2009 年 12 月第 1 版，第 287 页。

苏维埃是被剥削劳动群众自己的直接组织，它便于这些群众自己用一切可能的办法来建设国家和管理国家。这里，恰恰是被剥削劳动者的先锋队——城市无产阶级具有一种优越条件，就是大企业把他们很好地联合起来了，他们最容易进行选举和监督当选人。苏维埃组织自然而然是一切被剥削劳动者便于团结在他们的先锋队即无产阶级的周围。旧的资产阶级机构，即官吏，还有财富特权、资产阶级的教育和联系等等特权（资产阶级民主愈发达，这些事实上的特权也就愈多种多样）——所有这些，在苏维埃组织下正在消失。出版自由不再是假的，因为印刷所和纸张都从资产阶级手里夺过来了。最好的建筑如宫殿、公馆、地主宅邸等等也是如此。苏维埃政权把成千上万座最好的建筑物一下子从剥削者手里夺过来，就使群众的集会权利更加"民主"百万倍，而没有机会权利，民主就是骗局。

列宁：《无产阶级革命和叛徒考茨基》，《列宁专题文集》之《论资本主义》，人民出版社 2009 年 12 月第 1 版，第 243 页。

二 资产阶级的选举制度

（一）资产阶级的选举制度是由生产资料私有制决定的

在君主立宪的国家里，只有拥有一定资本的人即资产者，才有选举权。这些资产者选民选出议员，而他们的议员可以运用拒绝纳税的权力，选出资产阶级政府。

> 恩格斯：《共产主义原理》，《马克思恩格斯选集》第 1 卷，人民出版社 1972 年 5 月第 1 版，第 215 页。

在历史上的大多数国家中，公民的权利是按照财产状况分级规定的，这直接地宣告国家是有产阶级用来防御无产者阶级的组织。在按照财产状况划分阶级的雅典和罗马，就已经是这样。在中世纪的封建国家中，也是这样，在这里，政治上的权力地位是按照地产来排列的。现代的代议制的国家的选举资格，也是这样。

> 恩格斯：《家庭、私有制和国家的起源》，《马克思恩格斯文集》第 4 卷，人民出版社 2009 年第 1 版，第 192 页。

凡是存在着土地和生产资料的私有制、资本占统治地位的国家，不管怎样民主，都是资本主义国家，都是资本家用来控制工人阶级和贫苦农民的机器。至于普选权、立宪会议和议会，那不过是形式，不过是一种空头支票，丝毫也不能改变事情的实质。

> 列宁：《论国家》，《列宁专题文集》之《论辩证唯物主义和历史唯物主义》，人民出版社 2009 年 12 月第 1 版，第 294 页。

资本既然存在，也就统治着整个社会，所以任何民主共和制、任何选举制度都不会改变事情的实质。

> 列宁：《论国家》，《列宁专题文集》之《论辩证唯物主义和历史唯物主义》，人民出版社 2009 年 12 月第 1 版，第 295 页。

（二）资产阶级的选举制度限制和剥夺劳动人民的选举权利，保障资产阶级的特权

这就是"法兰西共和国宪法"，这就是运用宪法的方法。读者马上就会看出，每个文件从头到尾是一大套掩饰极其奸诈的意图的漂亮话。宪法

的措词本身使破坏宪法成为不可能的事情，因为每个条款都包含着相反的一面，而完全取消条款本身。例如："投票是直接的和普遍的"——"除法律将来规定的情况外"。

因此，不能说 1850 年 5 月 31 日的法律（它剥夺了 2/3 的居民的选举权）完全违反宪法。

宪法一再重复着一个原则：对人民的权利和自由（例如，结社权、选举权、出版自由、教学自由等等）的调整和限制将有以后的组织法加以规定，——而这些"组织法"用取消自由的办法来"规定"被允诺的自由。奥地利和普鲁士资产阶级从法国原版中抄袭来的这种花招就在于，赋予完全的自由，宣布冠冕堂皇的原则，把有关如何运用这些原则的问题即细节留待以后的法律来加以解决；在 1830 年的法兰西宪法和它以前通过的一些宪法里就用过这种花招。

人民！你们不仅对原则，而且对细节可以抱有自己的主张，但是你们得首先取得政权。英国议会里的斗争正是围绕着这个问题进行的！

马克思：《1848 年 11 月 4 日通过的法兰西共和国宪法》，《马克思恩格斯全集》第 7 卷，人民出版社 1959 年 4 月第 1 版，第 588—589 页。

（三）在资产阶级国家，不可能实现真正民主的选举

如果看一下资本主义国家，那末那里的代表和选民之间存在着一种特殊的，可以说是相当奇怪的关系。在进行选举的时候，代表们向选民百般讨好，阿谀奉承，发誓赌咒要忠诚不渝，许下各种各样的诺言。看来，代表是完全从属于选民的。但是只要选举一结束，候选人一变成代表，这种关系就根本改变了。代表不再从属于选民，他们完全独立了。在四五年内，即在下次选举以前，代表觉得自己是完全自由的，并不从属于人民，并不从属于自己的选民。他可以从一个营垒转入另一个营垒，他可以从正路转入邪路，他甚至可以迷恋于一些不完全需要的鬼蜮伎俩，他可以随心所欲地玩弄花招，——它是独立的。

能认为这样的关系是正常的吗？同志们，绝对不能。

斯大林：《在莫斯科市斯大林选区选举前的选民大会上的演说》，《斯大林文选》，人民出版社 1962 年 8 月第 1 版，第 162—163 页。

（四） 资产阶级选举中的舞弊和暴行

上届下院解散以前，议员们决定给自己的继任者尽量制造困难，阻挠他们进入议会。他们通过了一条严峻的法律，禁止行贿、舞弊、恫吓和一切选举中的诈骗行为。

……

……但是，我们只要把这个法律和在这个法律通过之后紧接着进行的大选对比一下，就会看出这个法律使托利党获得了无可争辩的光荣：在他们执政期间，理论上宣布了最纯洁的选举，而在实践中却发生了最大规模的选举舞弊。

"新的选举正在进行，其间演出了从过去托利党人的垄断以来的空前未有的行贿、舞弊、暴行、酗酒和谋杀的活剧。我们听说有些荷枪实弹的士兵抓住自由派选民，强迫他们在地主的监视下违背自己的信念投票；如果人民对被迫害的选民表示同情，这些士兵就冷酷地瞄准这些人开枪，他们大批地屠杀手无寸铁的人〈指六里桥、克勒尔郡和里美黎克的事件〉。也许有人会说：这都发生在爱尔兰啊！不错，可是在英格兰托利党人利用警察去捣毁对手的讲坛；他们派遣成群的匪徒和打手到街上去拦截和吓唬自由派选民；他们开设了道地的酒窟；他们不惜巨资进行收买，例如在得比就是这样；几乎在每一个竞选的地方，他们都不断恫吓选民。"

上面是厄内斯特·琼斯的《人民报》描写的情形。听了宪章派这个周报的报道以后，现在我们来听听同宪章派敌对的政党的周刊——工业资产阶级最稳健、最理智、最温和的刊物，伦敦的"经济学家"怎样说吧。

"我们确信并且可以肯定地说，这次大选中发生的舞弊和恫吓，出现的谄媚、狂热和放肆，都是以往的类似情况所不及的。据说，这次选举中行贿的规模比往年大得多……最近这次选举中使用的各种各样的恫吓和非法影响选民的手段超过了最大胆的想像……大摆酒宴，玩弄卑劣的阴谋，大规模地行贿，野蛮地恐吓选民，诬蔑候选人的声誉，蹂躏正直的选民，收买和侮辱软弱的选民，光天化日之下露骨地无耻地进行造谣、陷害、诽谤，亵渎神圣的语言，诋毁高尚的名声，——如果我们把所有这些东西集合在一起，我们就会在一大堆肉体被践踏、灵魂受折磨的牺牲者面前感到毛骨悚然；而新议会就是在这些牺牲者的坟墓顶上建立起来的。"

恫吓和舞弊是司空见惯的方式。首先是政府方面直接施加压力。例如，在得比，有一个选举代理人在行贿时被当场抓住，从他身上搜出了军务大臣贝雷斯福德少校的一封信，这位少校借给他一笔钱作竞选费用，要他凭信到一家商行去支取。"普尔公报"公布了由一个海军基地司令官签署的海军部给预备役军官的通告，要他们投政府提名的候选人的票。此外，还直接使用了武力，在科克、拜尔法斯特和里美黎克就发生了这样的事情（在里美黎克打死了八个人）。地主威胁佃户，如果佃户不和他们投一样的票，就要把他们从土地上赶走；得比勋爵的地产管理人在这方面给他们的同行做出了榜样。店主遭到失去主顾的威胁，工人遭到解雇的威胁；到处都使用了把选民灌醉的办法，如此等等，不一而足。除了使用这些世俗的舞弊方法外，托利党还采用了宗教的手段。女王颁布了禁止天主教举行游行仪式的告谕，借以煽起宗教狂热和宗教仇恨；到处都是"打倒天主教徒！"的喊声。斯托克波尔特的骚动就是这个告谕所造成的一个后果。当然，爱尔兰的神甫也用类似的武器回敬了敌人。

马克思：《选举中的舞弊》，《马克思恩格斯全集》第8卷，人民出版社1961年10月第1版，第398—400页。

在这三篇论述"英国状况"的第一篇文章里已经谈过，下院通过它的贿选问题调查委员会宣布下院是靠贿赂选出来的，而托马斯·邓科布这个坚定的宪章主义者和宪章派在议会里的唯一代表，早就直言不讳地对下院说过，这里所有的人，包括他本人在内，没有一个人能够说自己不是靠贿赂而是由选民自由地选出来的。去年夏天，斯托克波尔特的代表和反谷物法同盟的领袖理查·科布顿在曼彻斯特的一个群众大会上说，贿赂的规模从来还没有像现在这样大；在伦敦，托利党的卡尔顿俱乐部和自由派的改革俱乐部里，城市代表的席位完全公开拍卖，谁出的价钱高，就卖给谁，这些俱乐部就像做生意一样地进行交易："你出多少多少英镑，我们就保证给你一个什么什么位置"等等。除此之外，在进行选举时还有一些"正当的"办法，这些办法就是：投票时到处酗酒，候选人请选民到小酒馆喝酒，在投票的地方结伙扰乱，吵架殴斗，——所有这一切都充分表明任期七年的代表是一文不值的。

恩格斯：《英国状况　英国宪法》，《马克思恩格斯全集》第1卷，人民出版社1956年12月第1版，第687页。

（五）无产阶级对资产阶级选举的态度

1. 无产阶级政党要利用资产阶级的选举，宣传革命纲领，教育和组织群众

因为工人并不尊重法律，而只是在无力改变它的时候才承认它的力量，所以，他们至少要提出修改法律的建议，他们力求以无产阶级的法律来代替资产阶级的法律，这是再自然不过的事情。无产阶级所提出的这种法律就是人民宪章（people's charter），它在形式上纯粹是政治性的，它要求在民主基础上改组下院。宪章运动是工人反抗资产阶级的强有力的形式。在工会的活动和罢工中，这种反抗总是分散的，是个别的工人或个别部门的工人同个别的资产者作斗争。即使斗争普遍化了，这多半也不是由于工人的自觉；当工人自觉地这样做的时候，这种自觉的基础就是宪章运动。在宪章运动旗帜下起来反对资产阶级的是整个工人阶级，他们首先向资产阶级的政权进攻，向资产阶级用来保护自己的法律围墙进攻。宪章派是从民主党中产生出来的。民主党是在上个世纪80年代和无产阶级同时并在无产阶级内部发展起来的政党，它在法国革命时期强大起来，在缔结和约后成为"激进"政党。那时，它的主要中心在伯明翰和曼彻斯特，以前是在伦敦。它曾经和自由资产阶级联合起来迫使旧议会的寡头政客通过了改革法案，从那时起，他已经是一个越来越巩固的和资产阶级对立的工人政党了。1838年以威廉·洛维特为首的全伦敦工人协会（Working Men' Association）委员会草拟了人民宪章，其中包括下列"六条"：（1）一切有健全意识和没有犯罪行为的成年男子均有普选权；（2）议会每年改选一次；（3）为议员支付薪金，使没有财产的人也能够当代表；（4）选举采用无记名投票方式，以避免资产阶级的贿买和恐吓；（5）设立平等的选区，以保证平等的代表权；（6）取消纯属形式的300英镑地产的代表资格限制，使每个选民都同样有被选举权。这六条只涉及下院的构成，初看起来都是无可非议的，但是却足以把英国的宪法连同女王和上院彻底毁掉。

恩格斯：《英国工人阶级状况》，《马克思恩格斯文集》第1卷，人民出版社2009年第1版，第463—464页。

宪章运动的民主和迄今一切资产阶级政治上的民主的区别也就在这里。宪章运动本质上具有社会性质。在激进资产者看来，"六条"就是一切，这"六条"最多还能促使人们对宪法做某些修改，但它对无产者来说，这"六条"不过是一种手段而已。"政治权力是我们的手段，社会幸福是我们的目的"，这就是宪章派现在明确喊出的口号。

> 恩格斯：《英国工人阶级状况》，《马克思恩格斯文集》第1卷，人民出版社2009年第1版，第470页。

西欧和美国的共产主义者必须学会创造一种新的、不同寻常的、非机会主义的、不贪图禄位的议会活动，使共产党能够提出自己的口号，使真正的无产者能在没有组织的、备受压抑的贫民的帮助下传送和散发传单，走访工人住所，走访农村无产者和穷乡僻壤（好在欧洲大陆的穷乡僻壤比俄国要少得多，英国就更少）农民的茅舍，走进最下层的平民酒馆，进入真正的平民会社、团体，参加他们的临时集会，不用学者口吻（也不要太带议会腔）跟人民说话，丝毫也不追求议会的"肥缺"，而是到处启发思想，发动群众，抓住资产阶级说过的话，利用资产阶级设立的机构，利用它规定的选举以及它向全体人民发出的号召，并使人民了解布尔什维主义，而在资产阶级统治下，除了选举期间，是从来没有这种机会的（大罢工当然例外，因为在大罢工时期，这样的全民鼓动机构在我国曾经更紧张地工作过）。在西欧和美国，要做这些事情是很困难的，是万分困难的，但这是可以做到而且应该做到的，因为共产主义运动的一切任务不花气力都是无法完成的，而气力必须花在完成日益多样化的、日益涉及社会生活各部门的、从资产阶级手中逐一夺取各个部门、各个领域的实际任务上。

> 列宁：《共产主义运动中的"左派"幼稚病》，《列宁专题文集》之《论无产阶级政党》，人民出版社2009年12月第1版，第262—263页。

2. 批判资产阶级，机会主义关于资产阶级选举制度的谬论

要知道，拉萨尔曾把"普遍的、平等的、直接的选举权"当作工人阶级夺取政权的唯一的和绝对正确的手段来加以鼓吹；如果说当时人们对出版自由、结社权和集会权这些本来也是资产阶级所赞成或者至少说过赞成的如此次要的东西采取藐视的态度，那又有什么奇怪呢？既然资产阶级对这些东西感兴趣，难道这不正是工人对宣传这些东西表示冷淡的理由吗？……

而现在情况怎样呢？"普遍的、直接的、平等的选举权"已经存在了两年。已经进行了两次国会的选举。工人没有能够执掌政权并按照拉萨尔的方案颁布关于"国家帮助"的命令，而是勉勉强强地把半打左右的代表选进国会。俾斯麦当了联邦首相，而全德工人联合会被解散了。

恩格斯：《论拉萨尔派工人联合会的解散》，《马克思恩格斯全集》第16卷，人民出版社1964年2月第1版，第369页。

三　社会主义的选举制度

（一）社会主义选举制度的本质、作用和优越性

公社是由巴黎各区通过普选选出的市政委员组成的。这些委员对选民负责，随时可以罢免。其中大多数自然都是工人或公认的工人阶级的代表。

马克思：《法兰西内战》，《马克思恩格斯文集》第3卷，人民出版社2009年12月第1版，第154页。

相反，在我们这里，在我们国家里，选举却是在完全另外一种情况下进行的。在我们这里，没有资本家，没有地主，因而也不存在有产阶级对贫苦阶级的压迫。在我们这里，选举是在工人、农民和知识分子合作的情况下进行的，是在他们互相信任的情况下进行的，我可以说，是在互相友爱的情况下进行的，因为在我们这里没有资本家，没有地主，没有剥削，根本没有什么人为了歪曲民意而去压制人民。

这就是为什么我们的选举是全世界唯一真正自由和真正民主的选举。

斯大林：《在莫斯科市斯大林选区选举前的选民大会上的演说》，《斯大林文选》，人民出版社1962年8月第1版，第161页。

只有在社会主义制度胜利的基础上，只有在我们的社会主义不单单正在建设、而且已经深入生活、深入人民的日常生活的基础上，才可能产生这种自由的和真正民主的选举。10年以前也许还可以争论我们这里能否建设社会主义的问题。但是现在，这已经不是争论的问题了。现在，这已经是事实问题，是现实生活的问题，是贯穿在人民全部生活中的习惯问题了。我们的大小工厂都是在没有资本家的情况下进行工作的。领导这种工作的是来自人民中间的人。这也就是我们这里所说的真正的社会主义。在我们的田野上，庄稼人是在没有地主、没有富农的情况下工作的，领导这种工作的是来自人民中间的人。这也就是我们这里所说的日常生活中的社会主义，这也就是我们这里所说的自由的社会主义的生活。

就是在这样的基础上产生了我们的新的、真正自由和真正民主的选举，人类历史上不曾有过先例的选举。

斯大林：《在莫斯科市斯大林选区选举前的选民大会上的演说》，《斯大林

文选》，人民出版社 1962 年 8 月第 1 版，第 162 页。

我们新的选举制度，将对一切机关和团体起督促作用，促使他们改善自己的工作。苏联普遍的、平等的、直接的和不记名的选举制度。将成为人民手中的鞭子，用来鞭策工作做得不好的政权机关。

> 斯大林：《和美国"斯科里浦斯—霍华德报系"报业联合公司总经理罗易·霍华德先生的谈话》，《斯大林文选》，人民出版社 1962 年 8 月第 1 版，第 80 页。

人民是在选举苏联政权机关时，用普遍的、平等的、直接的，不记名的选举方法，来审查自己的国家领导者。

> 斯大林：《论党的工作缺点和消灭托洛茨基两面派及其他两面派的办法》，《斯大林文选》，人民出版社 1962 年 8 月第 1 版，第 142 页。

我认为选举运动就是选民对作为执政党的我国共产党进行裁判的法庭。选举结果便是选民的判决。如果我国共产党害怕批评和检查，那它就没有多大价值了。共产党愿意接受选民的判决。

> 斯大林：《在莫斯科市斯大林选区选举前的选民大会上的演说》，《斯大林文选》，人民出版社 1962 年 8 月第 1 版，第 453 页。

（二）社会主义选举制度的基本原则

普选权在此以前一直被滥用，或者被当做议会批准神圣国家政权的工具，或者被当做统治阶级手中的玩物，只是让人民每隔几年行使一次，来选举议会制下的阶级统治的工具；而现在，普选权已被应用于它的真正目的：由各公社选举它们的行政的和创制法律的公职人员。

> 马克思：《〈法兰西内战〉初稿》，《马克思恩格斯文集》第 3 卷，人民出版社 2009 年第 1 版，第 196 页。

非地方性的苏维埃的间接选举使苏维埃代表大会易于举行，使整个机构开支小些，灵活些，在生活沸腾，要求特别迅速地召回或派遣出席全国苏维埃代表大会的地方代表的时期，使工农更便于参加。

> 列宁：《无产阶级革命和叛徒考茨基》，《列宁专题文集》之《论资本主义》，人民出版社 2009 年 12 月第 1 版，第 243 页。

我们已经宣布过，依照宪法，我们将实行普遍的、平等的、直接的、不记名的选举。……

……

为什么我们的选举是普遍的呢？因为全体公民，除了被法庭判决剥夺选举权的以外，都有选举权和被选举权。

为什么我们的选举是平等的呢？因为财产上的差别（这种差别还部分地存在），种族和民族的不同，都不会造成任何特权或损害。妇女也和男子平等，享受同样的选举权和被选举权。我们的选举将是真正平等的。

为什么要不记名呢？因为我们要使苏联公民完全自由地选出他们所要选的人，选出他们所信任能足够保证他们利益的人。

为什么要直接选举呢？因为在当地直接选举一切代表机关，直至最高机关，能够更好地保证我们这个幅员广大的国家的劳动者的利益。

> 斯大林：《和美国"斯科里浦斯—霍华德报系"报业联合公司总经理罗
> 易·霍华德先生的谈话》，《斯大林文选》，人民出版社 1962 年 8 月第 1
> 版，第 78—80 页。

（三） 社会主义选举制度坚持男女平等的原则

当我们取得政权时，一定要使妇女不仅参加选举，而且被选为代表，发表演说；这里的教育部门已在这样做。

> 恩格斯：《致伊达·鲍利》，《马克思恩格斯全集》第 34 卷，人民出版社
> 1972 年 6 月第 1 版，第 234 页。

（四） 实行选民对代表的罢免权和监督权

从前有一种错觉，以为行政和政治管理是神秘的事情，是高不可攀的职务，只能委托给一个受过训练的特殊阶层，即国家寄生虫、俸高禄厚的势利小人和领干薪的人，这些人身居高位，收罗人民群众中的知识分子，把他们放到等级制国家的低级位置上去反对人民群众自己。现错觉已经消除。彻底清除了国家等级制，以随时可以罢免的勤务员来代替骑在人民头上作威作福的老爷们，以真正的责任制来代替虚伪的责任制，因为这些勤务员总是在公众监督之下进行工作的。

> 马克思：《〈法兰西内战〉初稿（摘录）》，《马克思恩格斯文集》第 3 卷，
> 人民出版社 2009 年 12 月第 1 版，第 196 页。

必须坚持不懈地发展苏维埃组织和苏维埃政权组织。现在有一种使苏维埃成员变为"议会议员"或变为官僚的小资产阶级趋势。必须吸引全体苏维埃成

员实际参加管理来防止这种趋势。在许多地方，苏维埃的各部正在变成一种逐渐同各人民委员部合并的机关。我们的目的是要吸收全体贫民实际参加管理，而实现这个任务的一切步骤——愈多样化愈好——应该详细地记载下来，加以研究，使之系统化，用更广泛的经验来检验它，并且定位法规。

> 列宁：《苏维埃政权的当前任务》，《列宁专题文集》之《论社会主义》，人民出版社 2009 年 12 月第 1 版，第 111 页。

我们的宪法估计到了这一点，它制定了一项法律，这项法律规定，如果代表开始耍滑头，如果他们离开正路，如果他们忘记自己应当从属于人民，从属于选民，那末选民就有权在任期未满前撤回自己的代表。

同志们，这是一项非常好的法律。代表应当知道，他是人民的勤务员，是人民派到最高苏维埃的使者，他应该遵循人民指示给他的路线。如果他离开了正路选民就有权要求重新选举，就有权使离开正路的代表落选。这是一项非常好的法律。

> 斯大林：《在莫斯科市斯大林选区选举前的选民大会上的演说》，《斯大林文选》，人民出版社 1962 年 8 月第 1 版，第 163 页。

我们工人代表必须使人民不仅成为投票者，而且成为统治者。执政的并不是选举者和投票者，而是统治者。

> 斯大林：《在全俄工兵农代表苏维埃第三次代表大会上的讲话》，《斯大林全集》第 4 卷，人民出版社 1956 年 8 月第 1 版，第 34 页。

选民，人民，应当要求自己的代表始终胜任自己的任务；要求他们在自己的工作中不堕落为政治上的庸人；要求他们始终不愧为列宁式的政治活动家；要求他们成为象列宁那样的明朗和确定的活动家；要求他们象列宁那样在战斗中无所畏惧和对人民的敌人毫不留情；要求他们在事情开始复杂化、在地平线上出现某种危险的时候，毫不惊慌失措，毫无类似惊慌失措的迹象，要求他们也象列宁那样没有任何类似惊慌失措的迹象；要求他们在解决复杂问题、需要全面地确定方针、全面地考虑事情的正反方面的时候，也能够象列宁那样英明和从容；要求他们也象列宁那样诚实和正直；要求他们象列宁那样热爱自己的人民。

> 斯大林：《在莫斯科市斯大林选区选举前的选民大会上的演说》，《斯大林文选》，人民出版社 1962 年 8 月第 1 版，第 163 页。

选民的职能并不因选举的结束而结束。他们的职能在该届最高苏维埃存在的整个时期内，一直都有效。我已经谈过关于代表离开正路时选民有权在任期未满前撤回自己的代表的法律。因此，选民的义务和权利就在于，始终要监督自己的代表，提醒自己的代表无论如何不能堕落为政治上的庸人，提醒自己的代表要做像伟大的列宁那样的人。

> 斯大林：《在莫斯科市斯大林选区选举前的选民大会上的演说》，《斯大林文选》，人民出版社 1962 年 8 月第 1 版，第 164—165 页。

（五）关于选举的宣传

你认为不会有竞选。可是竞选一定会有，而且我预料会很热烈。我们有不少机关工作做得不好。有时某个地方政权机关，不善于满足城乡劳动者各方面与日俱增的需求。你有没有建立好的学校呢？你有没有改善住宅条件呢？你是不是一个官僚呢？你有没有帮助我们，使得我们的劳动功效更大，使得我们的生活更文明呢？这将是一种标准，千万选民将用这个标准去衡量候选人，抛开不适当的候选人，把他们从候选人名单中取消，提出最优秀的人来充当候选人。是的，竞选将是热烈的，它将围绕许多极其尖锐的问题（主要是实际的、对于人民有头等意义的问题）来进行。

> 斯大林：《和美国"斯科里浦斯—霍华德报系"报业联合公司总经理罗易·霍华德先生的谈话》，《斯大林文选》，人民出版社 1962 年 8 月第 1 版，第 80 页。

在竞选时，共产党并不是单独活动。它是和非党人士结成联盟进行选举的。从前，共产党员对非党人士和无党派是有点不信任的。这是因为当时各种资产阶级团体在选民面前假若不戴起假面具，便很不利，所以它们往往用无党无派的旗子来掩饰。从前就是如此。现在我们的时代不同了。现在有一个叫做苏维埃社会制度的壁垒把非党人士和资产阶级隔开了。这个壁垒同时又把非党人士和共产党员联合成为一个共同的苏维埃的集体。他们生活在共同集体里，一起为巩固我国威力而斗争；为了我们祖国的自由和尊严，一起在战场上作战流血；他们一起锻造和锻造出了我国对敌人的胜利。他们之间的区别，不过是一些人入了党，而另一些人没有入党罢了。但这是形式上的区别。重要的是两者都在创造一个共同的事业。因此共产党员和非党人士的联盟是一件自然而富有生气的事情。

> 斯大林：《在莫斯科市斯大林选区选举前的选民大会上的演说》，《斯大林文选》，人民出版社 1962 年 8 月第 1 版，第 453—454 页。

马克思主义经典作家关于人权的理论

一 人权的社会性

1. 人的本质是社会关系的总和，所谓人权无非是处于一定社会关系中的人的权利

人是最名副其实的社会动物，不仅是一种合群的动物，而且只有在社会中才能独立的动物。

> 马克思：《〈政治经济学批判〉导言》，《马克思恩格斯全集》第12卷，人民出版社1962年8月第1版，第734页。

人们用以生产自己必须的生活资料的方式，首先取决于他们得到的现成的和需要再生产的生活资料本身的特性。这种生产方式不仅应当从它是个人肉体存在的再生产这方面来加以考察。它在更大程度上是这些个人的一定的活动方式、表现他们生活的一定形式、他们的一定的生活方式。个人怎样表现自己的生活，他们自己也就怎样。因此，他们是什么样的，这同他们的生产是一致的——既和他们生产什么一致，又和他们怎样生产一致。因而，个人是什么样的，这取决于他们进行生产的物质条件。

> 马克思、恩格斯：《德意志意识形态》，《马克思恩格斯全集》第3卷，人民出版社1960年12月第1版，第24页。

对于各个个人来说，出发点总是他们自己，当然是在一定历史条件和关系中的个人，而不是思想家们所理解的"纯粹的个人"。然而在历史发展进程中，在每一个人的个人生活同他的屈从于某一劳动部门和与之相关的各种条件的生活之间出现了差别，——这正是由于在分工条件下社会关系必然变成某种独立的东西。……在资产阶级的统治下个人似乎要比先前更自由些，因为他们的生活条件对他们来说是偶然的；然而事实上，他们当然更不自由，因为他们更加受到物的力量的统治。

> 马克思、恩格斯：《德意志意识形态》，《马克思恩格斯全集》第3卷，人民出版社1960年12月第1版，第86页。

所谓人权无非是市民社会（即资产阶级社会——引者注）的成员的权利。

> 马克思：《论犹太人问题》，《马克思恩格斯全集》第1卷，人民出版社1956年12月第1版，第437页。

市民社会的成员，就是政治国家的基础、前提。国家通过人权承认的正是这样的人。

马克思：《论犹太人问题》，《马克思恩格斯文集》第1卷，人民出版社1956年12月第1版，第45页。

2. 人权是平等、自由、民主等观念的法权形式，它的内容是反映一种经济关系，并由这种经济关系本身决定

在社会发展的这一阶段上（指原始氏族制度——引者注），还谈不到法律意义的权利。

恩格斯：《家庭、私有制和国家的起源》，《马克思恩格斯全集》第21卷，人民出版社1965年9月第1版，第53页。

在社会发展某个很早的阶段，产生了这样一种需要：把每天重复着的产品生产、分配和交换用一个共同规则约束起来，借以使个人服从生产和交换的共同条件。这个规则首先表现为习惯，不久便成了法律。随着法律的产生，就必然产生出以维护法律为职责的机关——公共权力，即国家。随着社会的进一步发展，法律进一步发展为或多或少广泛的立法。这种立法越复杂，他的表现方式也就越远离于社会日常经济生活条件所借以表现的方式。立法就显得好像是一个独立的因素，这个因素似乎不是从经济关系中，而是从自身的内在根据中，可以说，从"意志概念"中，获得它存在的理由和继续发展的根据。人们忘记他们的法起源于他们的经济生活条件，正如他们忘记他们自己起源于动物界一样。随着立法进一步发展为复杂和广泛的整体，出现了新的社会分工的必要性：一个职业法学家阶层形成起来了，同时也就产生了法学。法学在其进一步发展中把各民族和各时代的法的体系互相加以比较，不是把它们视为相应经济关系的反映，而是把它们视为自身包含有自我根据的体系。比较是以某种共同点为前提的：法学家把这些法的体系中一切多少相同的东西统称为自然法，这样便有了共同点。而衡量什么算自然法和什么又不算自然法的尺度，则是法本身的最抽象的表现，即公平。于是，从此以后，在法学家和盲目相信他们的人的眼中，法的发展就只不过是使获得法的表现的人类生活状态一再接近于公平理想，即接近于永恒公平。而这个公平却始终只是现存经济关系的或者反映其保守方面，或者反映其革命方面的观念化的、神圣化的表现。希腊人和罗马人的公平认为奴隶制度是公平的；1789年资产者阶级的公平要求废除封建制度，因为据说它不公平。

> 恩格斯：《论住宅问题》，《马克思恩格斯文集》第 3 卷，人民出版社 2009 年 12 月第 1 版，第 322—323 页。

……资本是天生的平等物，就是说，它要求在一切生产领域内剥削劳动的条件都是平等的，把这当作自己的天赋人权……

> 马克思：《资本论》，《马克思恩格斯全集》第 23 卷，人民出版社 1972 年 9 月第 1 版，第 436 页。

平等归结为法律面前的资产阶级的平等；被宣布为最主要的人权之一的是资产阶级的所有权……

> 恩格斯：《社会主义从空想到科学的发展》，《马克思恩格斯文集》第 3 卷，人民出版社 2009 年 12 月第 1 版，第 524 页。

这种具有契约形式的法权关系，是一种反映着经济关系的意志关系。这种法权关系或意志关系的内容是由这种经济关系本身决定的。

> 马克思：《资本论》，《马克思恩格斯全集》第 23 卷，人民出版社 1972 年 9 月第 1 版，第 103 页。

创造这种权利的，是生产关系。一旦生产关系达到必须改变外壳的程度，这种权利和一切以他为根据的交易的物质源泉，即一种有经济上和历史上的存在理由的、从社会生活的生产过程产生的源泉，就会消失。

> 马克思：《资本论》，《马克思恩格斯全集》第 25 卷，人民出版社 1974 年 11 月第 1 版，第 874—875 页。

民主是国家形式，是国家形态的一种。因此，他同任何国家一样，也是有组织有系统地对人们使用暴力，这是一方面。但另一方面，民主意味着在形式上承认公民一律平等，承认大家都有决定国家制度和管理国家的权利。

> 列宁：《国家与革命》，《列宁全集》第 31 卷，人民出版社 1985 年 10 月第 2 版，第 96 页。

3. 只有在集体中才可能有个人自由

个人力量（关系）由于分工转化为物的力量这一现象，不能靠从头脑里抛开关于这一现象的一般观念的办法来消灭，而只能靠个人重新驾驭这些物的力量并消灭分工的办法来消灭。没有集体，这是不可能实现的。只有在集体中，个人才能获得全面发展其才能的手段，也就是说，只有在集体中才可能有个人自由。

马克思、恩格斯:《德意志意识形态》,《马克思恩格斯全集》第 3 卷,人民出版社 1960 年 12 月第 1 版,第 84 页。

在过去的种种冒充的集体中,如在国家等等中,个人自由只是对那些在统治阶级范围内发展的个人来说是存在的,他们之所以有个人自由,只是因为他们是这一阶级的个人。从前各个个人所结成的那种虚构的集体,总是作为某种独立的东西而使自己与各个个人对立起来;由于这种集体是一个阶级反对另一个阶级的联合,因此对于被支配的阶级来说,它不仅是完全虚幻的集体,而且是新的桎梏。在真实的集体的条件下,各个个人在自己的联合中并通过这种联合获得自由。

从上述一切中可以看出,某一阶级的个人所结成的、受他们反对另一阶级的那种共同利益所制约的社会关系,总是构成这样一种集体,而个人只是作为普通的个人隶属于这个集体,只是由于他们还处在本阶级的生存条件下才隶属于这个集体;他们不是作为个人而是作为阶级的成员处于这种社会关系中的。在控制了自己的生存条件和社会全体成员的生存条件的革命无产者的集体中,情况就完全不同了。在这个集体中个人是作为个人而参加的。它是个人的这样一种联合(自然是以当时已经发达的生产力为基础的),这种联合把个人的自由发展和运动的条件置于他们的控制之下。而这些条件在从前是受偶然性支配的,并且是作为某种独立的东西同各个个人对立的,这是由于他们作为个人是分散的,是由于分工使他们有了一种必不可免的联合,而这种联合又因为他们的分散而成了一种对他们来说是异己的联系。过去的联合只是一种(决不像"社会契约"中所描绘的那样是任意的,而是必然的)关于这样一些条件的协定(参阅例如北美合众国和南美诸共和国的形成),在这些条件下,个人然后有可能利用偶然性为自己服务。这种在一定条件下无阻碍地享用偶然性的权利,迄今一直称为个人自由。而这些生存条件当然只是现存的生产力和交往的形式。

马克思、恩格斯:《德意志意识形态》,《马克思恩格斯全集》第 3 卷,人民出版社 1960 年 12 月第 1 版,第 84—85 页。

一个人的发展取决于和他直接或间接进行交往的其他一切人的发展;彼此发生关系的个人的世世代代是相互联系的,后代的肉体的存在是由他们的前代决定的,后代继承着前代积累起来的生产力和交往形式,这就决定丁他们这一代的相互关系。总之，我们可以看到，发展不断地进行着，单个人的历史绝不能脱离他以前的或同时代的个人的历史，而是由这种历史决定的。

马克思、恩格斯：《德意志意识形态》，《马克思恩格斯全集》第 3 卷，人民出版社 1960 年 12 月第 1 版，第 515 页。

二 人权的阶级性、具体性

1. 在阶级社会中，没有抽象的超阶级的人性，只有具体的带着阶级性的人性。任何一个时代的统治思想，都不过是统治阶级的思想

个人隶属于一定阶级这一现象，在那个除了反对统治阶级以外不需要维护任何特殊的阶级利益的阶级还没有形成之前，是不可能消灭的。

> 马克思、恩格斯：《德意志意识形态》，《马克思恩格斯全集》第 3 卷，人民出版社 1960 年 12 月第 1 版，第 86 页。

既然这种文献在德国人手里就不再表现一个阶级反对另一个阶级的斗争，于是德国人就满以为自己克服了"法国人的片面性"，就满以为自己不是坚持真实的要求，而是坚持对于真理的要求，不是代表无产阶级的利益，而是代表人性的利益，即一般人的利益，这种人是不属于任何阶级，并且根本不存在于现世界，而只存在于哲学冥想的渺茫太空。

> 马克思、恩格斯：《共产党宣言》，《马克思恩格斯全集》第 4 卷，人民出版社 1958 年 8 月第 1 版，第 496 页。

人们的观念、观点、概念，简短些说，人们的意识，是随着人们的生活条件、人们的社会关系和人们的社会存在的改变而改变的，——这一点难道需要有什么特别的深奥思想才能了解吗？

思想的历史，岂不是证明，精神生产是随着物质生产的改造而改造吗？任何一个时代的统治思想都不过是统治阶级的思想。

> 马克思、恩格斯：《共产党宣言》，《马克思恩格斯全集》第 4 卷，人民出版社 1958 年 8 月第 1 版，第 488 页。

统治阶级的思想在每一时代都是占统治地位的思想。这就是说，一个阶级是社会上占统治地位的物质力量，同时也是社会上占统治地位的精神力量。支配着物质生产资料的阶级，同时也支配着精神生产的资料，因此，那些没有精神生产资料的人的思想，一般地是受统治阶级支配的。占统治地位的思想不过是占统治地位的物质关系在观念上的表现，不过是表现为思想的占统治地位的物质关系；因而，这就是那些使某一个阶级成为统治阶级的各种关系的表现，因而这也就是这个阶级的统治的思想。此外，构成统治阶级的各个个人也都具有意识，因而他们也会思维；既然他们正是作为一个阶级而进行统治，并且决定着某　历史时代的整个面貌，不言而喻，他们在这个历史时代的一切领域中也会这样做，就是说，他们还作为思维着的人，作为思想的生产者而进行统治，他们调节着自己时代的思想的生产和分配；而这些意味着他们的思想是一个时代的占统治地位的思想。

马克思、恩格斯：《德意志意识形态》，《马克思恩格斯全集》第 3 卷，人民出版社 1960 年 12 月第 1 版，第 52 页。

把统治思想同进行统治的个人分割开来，主要是同生产方式的一定阶段所产生的各种关系分割开来，并由此作出结论说，历史上始终是思想上占统治地位，这样一来，就很容易从这些不同的思想中抽象出"一般思想"、观念等等，而把它们当作历史上占统治地位的东西，从而把所有这些个别的思想和概念说成是历史上发展着的"概念"的"自我规定"。在这种情况下，人们的一切关系都可能从人的观念、想象的人、人的本质、"人"中引申出来，那就是十分自然的了。思辨哲学就是这样做的。

马克思、恩格斯：《德意志意识形态》，《马克思恩格斯全集》第 3 卷，人民出版社 1960 年 12 月第 1 版，第 55 页。

2. 没有抽象的超阶级的人权、平等、自由、民主，它们都是具体的，属于一定阶级的

抽象的平等理论，即使在今天以及在今后较长的时期里，也都是荒谬的。没有一个社会主义的无产者或理论家想到要承认自己同布须曼人或火地岛人之间、哪怕同农民或半封建农业短工之间的抽象平等；这一点只要是在欧洲的土地上一被消除，抽象平等的观点也会立时被消除。随着合理的平等的建立，抽象平等本身也就失去任何意义了。现在之所以要求平等，那是由于预见到在当前的历史条件下随着平等要求自然而然来到的智力上和道德上的平等化。但是，永恒的道德应当在任何时候和任何地方都是可行的。关于平等的这种主张，甚至杜林也没有想提过；相反，他还容许暂时性的压制，这样也就承认平等不是永恒真理，而是历史的产物和一定的历史状况的特征。

恩格斯：《反杜林论》，《马克思恩格斯文集》第 9 卷，人民出版社 2009 年 12 月第 1 版，第 354—355 页。

平等的命题是说不应该存在任何特权，因而它在本质上是否定的，它宣布以往的全部历史都是糟糕的。由于它缺少肯定的内容，由于它一概否定过去的一切，所以它既适合于由 1789—1796 年的大革命来提倡，也适合于后来的那些制造体系的平庸之徒。但是，如果想把平等＝正义当成是最高的原则和最终的真理，那是荒唐的。平等仅仅存在于同不平等的对立中，正义仅仅存在于同非正义的对立中，因此，它们还摆脱不了同以往旧历史的对立，就是说摆脱不了旧社会本身。

> 恩格斯：《反杜林论》，《马克思恩格斯文集》第 9 卷，人民出版社 2009
> 年 12 月第 1 版，第 353—354 页。

资产者的平等（消灭阶级特权）完全不同于无产者的平等（消灭阶级本身）。如果超出后者的范围，即抽象地理解平等，那么平等就会变成荒谬。

> 恩格斯：《反杜林论》，《马克思恩格斯文集》第 9 卷，人民出版社 2009
> 年 12 月第 1 版，第 355 页。

既然国家只是在斗争中、在革命中用来对敌人实行暴力镇压的一种暂时的机关，那末，说自由的人民国家，就纯粹是无稽之谈了：当无产阶级还需要国家的时候，它之所以需要国家并不是为了自由，而是为了镇压自己的敌人，一到有可能谈自由的时候，国家本身就不存在了。

> 《恩格斯致奥·倍倍尔》，《马克思恩格斯全集》第 34 卷，人民出版社
> 1972 年 6 月第 1 版，第 123 页。

民主和少数服从多数的原则不是一个东西。民主就是承认少数服从多数的国家，即一个阶级对另一个阶级、一部分居民对另一部分居民使用有系统的暴力的组织。

> 列宁：《国家与革命》，《列宁全集》第 31 卷，人民出版社 1985 年 10 月第
> 2 版，第 78 页。

3. 权利和义务的对立或统一，在不同的社会制度下，对不同的阶级来说，其状况和意义是不同的

氏族制度的伟大，但同时也是它的局限性，就在于这里没有统治和奴役存在的余地。在氏族制度内部，权利和义务之间还没有任何差别……同样，部落和氏族分为不同的阶级也是不可能的。这就使我们不能不对这种社会状态的经济基础加以研究了。

> 恩格斯：《家庭、私有制和国家起源》，《马克思恩格斯全集》第 21 卷，
> 人民出版社 1965 年 9 月第 1 版，第 180 页。

由于文明时代的基础是一个阶级对另一个阶级的剥削，所以它的全部

发展都是在经常的矛盾中进行的。生产的每一进步，同时也就是被压迫阶级即大多数人的生活状况的一个退步。对一些人是好事的，对另一些人必然是坏事，一个阶级的任何新的解放，必然是对另一个阶级的新的压迫。……如果说在野蛮人中间，像我们已经看到的那样，不大能够区别权利和义务，那末文明时代却使这两者之间的区别和对立连最愚蠢的人都能看得出来，因为它几乎把一切权利赋予一个阶级，另一方面却几乎把一切义务推给另一个阶级。

　　　恩格斯：《家庭、私有制和国家起源》，《马克思恩格斯全集》第 21 卷，人民出版社 1965 年 9 月第 1 版，第 201—202 页。

　　我提议把"为了所有人的平等权利"改成"为了所有人的平等权利和平等义务"等等。平等义务，对我们来说，是对资产阶级民主的平等权利的一个特别重要的补充，而且使平等权利失去道地资产阶级的含义。

　　　恩格斯：《1891 年社会民主党纲领草案批判》，《马克思恩格斯全集》第 22 卷，人民出版社 1972 年 9 月第 1 版，第 271 页。

三 以平等、自由、民主为基本内容的人权是历史地发展的

在最古的自发的公社中，最多只谈得上公社成员之间平等权利，妇女、奴隶和外地人自然不在此列。在希腊人和罗马人那里，人们的不平等比任何平等受重视得多。如果认为希腊人和野蛮人、自由民和奴隶、公民和被保护民、罗马的公民和罗马的臣民（指广义而言），都可以要求平等的政治地位，那末这在古代人看来必定是发了疯。在罗马帝国时期，所有这些区别，除自由民和奴隶的区别外，都逐渐消失了；这样，至少对自由民来说产生了私人的平等，在这种平等的基础上罗马法发展起来了，它是我们所知道的以私有制为基础的法律的最完备形式。但是只要自由民和奴隶之间的对立还存在，就谈不上一般人的平等得出的法律结论，我们不久以前还在北美联邦各蓄奴州里看到了这一点。

恩格斯：《反杜林论》，《马克思恩格斯全集》第 20 卷，人民出版社 1971 年 3 月第 1 版，第 113—114 页。

平等——正义。——平等是正义的表现，是完善的政治制度或社会制度的原则，这一观念完全是历史地产生的。在自然形成的公社中，平等是不存在的，或者只是非常有限地、对个别公社中掌握全权的成员来说才是存在的，而且是与奴隶制交织在一起的。在古希腊罗马的民主政体中也是如此。一切人——希腊人、罗马人和野蛮人，自由民和奴隶，本国人和外国人，公民和被保护民等等——的平等，在古希腊罗马人看来，不仅是发疯的，而且是犯罪的，它的萌芽在基督教中始终一贯地受到迫害。

恩格斯：《反杜林论》，《马克思恩格斯文集》第 9 卷，人民出版社 2009 年 12 月第 1 版，第 352—353 页。

平等观念本身是一种历史的产物，这个观念的形成，需要全部以往的历史，因此它不是自古以来就作为真理而存在的。现在，在大多数人看来，它在原则上是不言而喻的，这不是由于它具有公理的性质，而是由于 18 世纪的思想的传播。因此，如果说这两个著名的男人今天置身于平等的基础

上，那么，这正是因为他们被想象为 19 世纪的"有教养的"人，而且这对于他们说来是很"自然的"。现实的人过去和现在如何行动，都始终取决于他们所处的历史条件。

> 恩格斯：《反杜林论》，《马克思恩格斯文集》第 9 卷，人民出版社 2009
> 年 12 月第 1 版，第 355 页。

基督教只承认一切人的一种平等，即原罪的平等，这同它曾经作为奴隶和被压迫者的宗教的性质是完全适合的。此外，基督教至多还承认上帝的选民的平等，但是这种平等只是在开始时才被强调过。在新宗教的最初阶段同样可以发现财产共有的痕迹，这与其说是来源于真正的平等观念，不如说是来源于被迫害者的团结。僧侣和俗人对立的确立，很快就使这种基督教平等的萌芽也归于消失。——日耳曼人在西欧的横行，逐渐建立了空前复杂的社会的和政治的等级制度，从而在几个世纪内消除了一切平等观念，但是同时使西欧和中欧卷入了历史的运动，在那里第一次创造了一个牢固的文化区域，并在这个区域内第一次建立了一个由互相影响和互相防范的、主要是民族国家所组成的体系。这样就准备了一个基础，后来只是在这个基础上才有可能谈人的平等和人权的问题。

> 恩格斯：《反杜林论》，《马克思恩格斯全集》第 20 卷，人民出版社 1971
> 年 3 月第 1 版，第 114 页。

实际上，事情是这样的：人们每次都不是在他们关于人的理想所决定和所容许的范围之内，而是在现有的生产力所决定和所容许的范围之内取得自由的。但是，作为过去取得的一切自由的基础的是有限的生产力；受这种生产力所制约的、不能满足整个社会的生产，使得人们的发展只能具有这样的形式：一些人靠另一些人来满足自己的需要，因而一些人（少数）得到了发展的垄断权；而另一些人（多数）经常地为满足最迫切的需要而进行斗争。因而暂时（即在新的革命的生产力产生以前）失去了任何发展的可能性。由此可见，到现在为止，社会一直是在对立的范围内发展的，在古代是自由民和奴隶之间的对立，在中世纪是贵族和农奴之间的对立，近代是资产阶级和无产阶级之间的时立。这一方面可以解释被统治阶级用以满足自己需要的那种不正常的"非人的"方式，另一方面可以解释交往的发展范围的狭小以及因之造成的整个统治阶级的发展范围的狭小；由此可见，这种发展的局限性不仅在于一个阶级被排斥于发展之外，而且还在于把这个阶级排斥于发展之外的另一阶级在智力方面也有局限性；所以"非人的东西"也同样是统治阶级命中所注定的。这里所谓"非人的东西"同"人的东西"一样，也是现代关系的产物……"人的"这一正面说法是同某一生产发展的阶段上占统治地位的一定关系以及由这种关系所决定的满足需要的方式相适应的。同样，"非人的"这一反面说法是同那些想在现存生产方式内部把这种统治关系以及在这种关系中占统治地位的满足需要的方式加以否定的意图相适应的，而这种意图每天都由这一生产发展的阶段不断地产生着。

> 马克思、恩格斯：《德意志意识形态》，《马克思恩格斯全集》第 3 卷，人民出版社 1960 年 12 月第 1 版，第 507—508 页。

这样，平等的观念，无论以资产阶级的形式出现，还是以无产阶级的形式出现，本身都是一种历史的产物，这一观念的形成，需要一定的历史关系，而这种历史关系本身又以长期的已往的历史为前提。所以这样的平等观念什么都是，就不是永恒的真理。

> 恩格斯：《反杜林论》，《马克思恩格斯全集》第 20 卷，人民出版社 1971 年 3 月第 1 版，第 117 页。

一旦社会的经济进步，把摆脱封建桎梏和通过消除封建不平等来确立权利平等的要求提到日程上来，这种要求就必定迅速地获得更大的规模。虽然这一要求是为了工业和商业的利益提出的，可是也必须为广大农民要求同样的平等权利，农民受着各种程度的奴役，直到完全成为奴隶，他们必须把自己极大部分的劳动时间无偿地献给仁慈的封建领主，此外，还得向领主和国家缴付无数的代役租。另一方面，也不能不要求废除封建特惠、贵族免税权以及个别等级的政治特权。由于人们不再生活在象罗马帝国那样的世界帝国中，而是生活在那些相互平等地交往并且处在差不多相同的资产阶级发展阶段的独立国家所组成的体系中，所以这种要求就很自然地获得了普遍的、超出个别国家范围的性质，而自由和平等也很自然地被宣布为人权。可以表明这种人权的特殊资产阶级性质的是美国宪法，它最先承认了人权，同时确认了存在于美国的有色人种奴隶制：阶级特权被置于法律保护之外，种族特权被神圣化了。

> 恩格斯：《反杜林论》，《马克思恩格斯全集》第 20 卷，人民出版社 1971 年 3 月第 1 版，第 115 页。

1. 资产阶级"政治国家"、"公民权利"与"市民社会"、"个人权利"的分离

政治解放的限度首先就表现在：即使人还没有真正摆脱某种限制，国家也可以摆脱这种限制，即使人还不是自由人，国家也可以成为共和国。

> 马克思：《论犹太人问题》，《马克思恩格斯全集》第1卷，人民出版社1956年12月第1版，第426页。

在政治国家真正发达的地方，人不仅在思想中，在意识中，而且在现实中，在生活中，都过着双重的生活——天国的生活和尘世的生活。前一种是政治共同体中的生活，在这个共同体中，人把自己看作社会存在物；后一种是市民社会中的生活，在这个社会中，人作为私人进行活动，把别人看作工具，把自己也降为工具，成为外力随意摆布的玩物。

宗教信徒和公民的差别，就是商人和公民、短工和公民、地主和公民、活的个人和公民之间的差别。宗教信徒和政治人之间的矛盾，也就是 bourgeois［市民社会的一分子］和 citoyen［公民］之间、市民社会一分子和他的政治外貌之间的矛盾。

> 马克思：《论犹太人问题》，《马克思恩格斯全集》第1卷，人民出版社1956年12月第1版，第428—429页。

政治国家的成员中之所以信奉宗教，是由于个人生活和类生活、市民社会生活和政治生活的二元性；他们信教是由于人把处于自己的现实个性彼岸的国家生活当作他的真实生活；他们信教是由于宗教在这里是市民社会的精神，使人们相互脱节和分离的表现。政治民主国家之所以是基督教的，是因为在这样的国家，人——不是某一个人，而是一切人——是有主权的人，是有最高权力的人，但这是无教化、非社会的人，偶然存在的人，本来面目的人，被我们整个社会组织败坏了的人，失掉自身的人，自我排斥的人，被非人的关系和势力控制了的人，一句话，还不是真正的类存在物。在基督教是想象情景、幻觉和教条的事物（即人的主权，不过是作为不同于现实人的那种人——外在的存在物——的主权），在民主国家，却是感性的现实性、现在性、世俗准则。

> 马克思：《论犹太人问题》，《马克思恩格斯全集》第1卷，人民出版社1956年12月第1版，第434页。

我们现在就来看看所谓人权，而且是真正的、发现这些权利的北美人和法国人所享有的人权吧！这种人权一部分是政治权利。只有同别人一起才能行使的权利。这种权利的内容就是参加这个共同体，而且是参加政治共同体，参加国家。这些权利属于政治自由的范畴，属于公民权利的范畴；而公民权利，如上所述，决不以无条件地彻底地废除宗教为前提，因此也不以废除犹太教为前提。须要研究的是另一部分人权，即与 droit du citoyen [公民权] 不同的 droits de l'homme [人权].

……

Droits de l'homme ——人权之作为人权是和 droits du citoyen ——公民权不同的。和 citoyen [公民] 不同的这个 homme [人] 究竟是什么人呢？不是别人，就是市民社会的成员。为什么市民社会的成员称作"人"，只是称作"人"，为什么他的权利称为人权呢？这个事实应该用什么来解释呢？只有用政治国家和市民社会的关系，政治解放的本质来解释。

首先我们肯定这样一个事实。就是不同于 droit du citoyen [公民权] 的所谓人权（droits de l'homme）无非是市民社会的成员的权利，即脱离了人的本质和共同体利己主义的人的权利。

马克思：《论犹太人问题》，《马克思恩格斯全集》第 1 卷，人民出版社 1956 年 12 月第 1 版，第 436—437 页。

政治解放同时也是市民社会从政治中得到解放，甚至是从一切普遍内容的假象中获得解放。

封建社会已经瓦解，只剩下了自己的基础——人，但这是作为它的真正基础的人，即利己的人。

因此，这种人，市民社会的成员，就是政治国家的基础、前提。国家通过人权承认的正是这样的人。

但是，利己的人的自由和承认这种自由，实际上是承认构成这种人的生活内容的精神要素和物质要素的不可阻挡的运动。

因此，人并没有摆脱宗教，他取得了信仰宗教的自由。他没有摆脱财产，他取得了占有财产自由。他并没有摆脱经营的利己主义，他取得了经营的自由。

政治国家的建立和市民社会分解为独立的个体——这些个体的关系通过权利表现出来，正像等级制度中和行帮制度中的人的关系通过特权表现出来一样——是通过同一个行为实现的。但是，人，作为市民社会成员的人，即非政治的人，必然表现为自然人。Droits de l'homme［人权］表现为droits naturels［自然权利］，因为有自我意识的活动集中于政治行为。利己的人是已经解体的社会的消极的、现成的结果，是有直接确定性的对象，因而也是自然的对象。政治革命把市民生活分解成几个组成部分，但没有变革这些组成部分本身，没有加以批判。它把市民社会，也就是把需要、劳动、私人利益和私人权利等领域看做自己持续存在的基础，看做无须进一步论证的前提，从而看做自己的自然基础。最后，人，正像他是市民社会成员一样，被认为是本来意义上的人，这是和citoyen［公民］不同的homme［人］，因为他是感性的、单个的、直接存在的人，而政治人只是抽象的、人为的人，寓意的人，法人。现实的人只有以利己的个体形式出现才可予以承认，真正的人只有以抽象的citoyen［公民］形式出现才可予以承认。

……

政治解放一方面把人归结为市民社会的成员，归结为利己的、独立的个体，另一方面把人归结为公民，归结为法人。

恩格斯：《论犹太人问题》，《马克思恩格斯文集》第1卷，人民出版社2009年12月第1版，第45—46页。

请看一下"德法年鉴"，那里指出特权、优先权符合于与等级相联系的私有制，有权利符合于竞争、自由私有制的状态（第206页及其他各页）；指出人权本身就是特权，而私有制就是垄断。

马克思、恩格斯：《德意志意识形态》，《马克思恩格斯全集》第3卷，人民出版社1960年12月第1版，第228页。

只有当现实的个人同时也是抽象的公民，并且作为个人，在自己的经验生活、自己的个人劳动、自己的个人关系中间，成为类存在物的时候，只有当人认识到自己的"原有力量"并把这种力量组织成为社会力量因而不再把社会力量当作政治力量跟自己分开的时候，只有到了那个时候，人类解放才能完成。

马克思：《论犹太人问题》，《马克思恩格斯全集》第1卷，人民出版社1956年12月第1版，第443页。

2. 现代的平等要求，是指一切人和一切公民都应有平等的政治地位和社会地位，经济平等成了无产阶级特有的战斗口号

一切人，作为人来说，都有某些共同点，在这些共同点所及的范围内，他们是平等的，这样的观念自然是非常古老的。但是现代的平等要求是与此完全不同的，这种平等要求更应当是，当人的这种共同特性中，从人就他们是人而言这种平等中，引申出这样的要求：一切人，或至少是一个国家的一切公民，或一个社会的一切成员，都应当有平等的政治地位和社会地位。要从这种相对平等的原始观念中得出国家和社会中的平等权利的结论，要使这个结论甚至能够成为某种自然而然的、不言而喻的东西，那就必然要经过而且确实已经经过了几千年。

> 恩格斯：《反杜林论》，《马克思恩格斯全集》第 20 卷，人民出版社 1971
> 年 3 月第 1 版，第 113 页。

随着城市的兴起，以及或多或少有所发展的资产阶级和无产阶级的因素的相应出现，作为资产阶级存在条件的平等要求，也必然逐渐地再度提出，而与此相联的必然是无产阶级从政治平等中引申出社会平等的结论。这一点最先明确地表现在农民战争中，当然，采取了宗教形式。平等要求的资产阶级方面是由卢梭首先明确地阐述的，但还是作为全人类要求来阐述的。在这里，正如资产阶级提出任何要求时一样，无产阶级也是作为命中注定的影子跟着资产阶级，并且得出自己的结论（巴贝夫）。资产阶级的平等同无产阶级的结论之间的这种联系应当详加发挥。

> 恩格斯：《反杜林论》，《马克思恩格斯全集》第 9 卷，人民出版社 2009
> 年 12 月第 1 版，第 353 页。

资产阶级的平等要求，也有无产阶级的平等要求伴随着。从消灭阶级特权的资产阶级要求提出的时候起，同时也就出现了消灭阶级本身的无产阶级要求——起初采取宗教的形式，以早期基督教为凭借，以后就以资产阶级的平等论本身为依据了。无产阶级抓住了资产阶级的话柄：平等应当不仅是表面的，不仅在国家的领域中实行，他还应当是实际的，还应当在社会的、经济的领域中实行。尤其是法国资产阶级自大革命开始把公民的平等提到首位以来，法国无产阶级就针锋相对地提出社会的、经济的平等的要求，这种平等成了法国无产阶级所特有的战斗口号。

> 恩格斯：《反杜林论》，《马克思恩格斯全集》第 20 卷，人民出版社 1971
> 年 3 月第 1 版，第 116—117 页。

生产资料的全国性的集中将成为自由平等的生产者的联合体所构成的社会的全国性基础，这些生产者将按照共同的合理的计划自觉地从事社会劳动。这就是十九世纪的伟大经济运动所引向的人道目标。

马克思：《论土地国有化》，《马克思恩格斯全集》第 18 卷，人民出版社 1964 年 10 月第 1 版，第 67 页。

马克思主义所了解的平等，并不是个人需要和日常生活方面的平均，而是阶级的消灭。这就是说：（甲）在推翻和剥夺资本家以后，一切劳动者都平等地摆脱剥削而得到解放；（乙）在生产资料转归全社会公有以后，对于大家都平等地废除生产资料私有制；（丙）带动都有按个人能力劳动的平等义务，一切劳动者都有各取所需的平等权利（共产主义社会）。同时，马克思主义认为，无论在社会主义时期或共产主义时期，个人的口味和需要在质量上或在数量上都不是而且也不能是彼此一样，大家平等的。

斯大林：《在党的第十七次代表大会上关于联共（布）中央工作的总结报告》，《斯大林全集》第 13 卷，人民出版社 1956 年 4 月第 1 版，第 314 页。

四 资产阶级人权是顺应资本主义生产关系
而产生并为其服务的

（一）商品生产及交换关系是滋长自由平等思想的土壤

如果说是经济形式，交换，确立了主体之间的全面平等，那么内容，即促使人们去进行交换的个人材料和物质材料，则确立了自由。可见，平等和自由不仅在以交换价值为基础的交换中受到尊重，而且交换价值的交换是一切平等和自由的生产的、现实的基础。

> 马克思：《政治经济学批判》，《马克思恩格斯全集》第 46 卷上册，人民出版社 1979 年 7 月第 1 版，第 197 页。

一旦社会的经济进步，把摆脱封建桎梏和通过消除封建不平等来确立权利平等的要求提到日程上来，这种要求就必定迅速地获得更大的规模。……由于人们不再生活在象罗马帝国那样的世界帝国中，而是生活在那些相互平等地交往并且处在差不多相同的资产阶级发展阶段的独立国家所组成的体系中，所以这种要求就很自然地获得了普遍的、超出个别国家范围的性质，而自由和平等也很自然地被宣布为人权。

> 恩格斯：《反杜林论》，《马克思恩格斯全集》第 20 卷，人民出版社 1971 年 3 月第 1 版，第 116 页。

此外，在封建的中世纪的内部孕育了这样一个阶级，这个阶级在它进一步的发展中，注定成为现代平等要求的代表者，这就是市民等级。最初市民等级本身是一个封建等级，当 15 世纪末海上航路的伟大发现为它开辟了一个新的更加广阔的活动场所时，它使封建社会内部的主要靠手工进行的工业和产品交换发展到比较高的水平。欧洲以外的、以前只在意大利和列万特（注：地中海东岸诸国的旧称。——译者注）之间进行的贸易，这时已经扩大到了美洲和印度，就重要性来说，很快就超过了欧洲各国之间的和每个国家内部的交换。美洲的黄金和白银在欧洲泛滥起来，它好似一种瓦解因素渗入封建社会的一切罅隙、裂缝和细孔。手工业不再能满足日益增长的需要；在最先进的国家的主要工业部门里，手工业为工场手工业代替了。

可是社会的政治结构决不是紧跟着社会经济生活条件的这种剧烈的变革立即发生相应的改变。当社会日益成为资产阶级社会的时候，国家制度仍然是封建的。大规模的贸易，特别是国际贸易，尤其是世界贸易，要求有自由的、在行动上不受限制的商品所有者，他们作为商品所有者是有平等权利的，他们根据对他们所有人来说都平等的（至少在当地是平等的）权利进行交换。从手工业向工场手工业转变的前提是，有一定数量的自由工人（所谓自由，一方面是他们摆脱了行会的束缚，另一方面是他们失去了自己使用自己劳动力所必需的资料），他们可以和厂主订立契约出租他们的劳动力，因而作为缔约的一方是和厂主权利平等的。最后，一切人类劳动由于而且只是由于都是一般人类劳动而具有的等同性和同等意义（注：参看马克思《资本论》第1卷第1章第3节A3，见《马克思恩格斯全集》第23卷第70—75页。——编者注），在现代资产阶级经济学的价值规律中得到了自己的不自觉的，但最强烈的表现，根据这一规律，商品的价值是由其中所包含的社会必要劳动来计量的。——但是，在经济关系要求自由和平等权利的地方，政治制度却每一步都以行会束缚和各种特权同它对抗。地方特权、级差关税以及各种各样的特别法令，不仅在贸易方面打击外国人和殖民地居民，而且还时常打击本国的各类国民；行会特权处处和时时都一再阻挡着工场手工业发展的道路。无论在哪里，道路都不是自由通行的，对资产阶级竞争者来说机会都不是平等的——而自由通行和机会平等是首要的和愈益迫切的要求。

> 恩格斯：《反杜林论》，《马克思恩格斯全集》第20卷，人民出版社1971年3月第1版，第114—116页。

（二）资产阶级在其经济发展过程中，适应了人权的要求

资产阶级在剥夺了官僚对所谓教育的垄断权以后，在意识到它在真正理解资产阶级社会要求方面优越于官僚以后，它也想获得同它的社会地位相称的政治地位。资产阶级为了达到它的目的，就必然要取得自由讨论自身利益、观点以及政府的行动的可能。它把这叫做"出版自由权"它必然要取得毫无阻碍地结成社团的可能。它把这叫做"结社自由权"。同样，它必然要取得信仰自由等等，而这是自由竞争的必然后果。

> 马克思：《资产阶级和反革命》，《马克思恩格斯全集》第6卷，人民出版

社 1961 年 8 月第 1 版，第 121 页。

创造这种权利的，是生产关系。一旦生产关系达到必须改变外壳的程度，这种权利和一切以它为依据的交易的物质源泉，即一种有经济上和历史上存在理由的、从社会生活的生产过程产生的源泉，就会消失。

马克思、恩格斯：《共产党宣言》，《马克思恩格斯全集》第 25 卷，人民出版社 1974 年 11 月第 1 版，第 874—875 页。

日耳曼人在西欧的横行，逐渐建立了空前复杂的社会和政治的等级制度，从而在几个世纪内消除一切平等观念，但是同时把西欧和中欧卷入了历史的运动，在那里第一次创造了密集的文化区域，并在这个区域内第一个建立了一个由互相影响和互相防范的、主要是民族的国家所组成的体系。这样就准备了一个基础，后来只是在这个基础上才有可能谈人的平等的人权的问题。

恩格斯：《反杜林论》，《马克思恩格斯全集》第 20 卷，人民出版社 1971 年 3 月第 1 版，第 114 页。

Droits de l'homme，人权，它本身不同于 droit du citoyen，公民权。与 citoyen［公民］不同的这个 homme［人］究竟是什么人呢？不是别人，就是市民社会的成员。为什么市民社会的成员称作"人"，只称作"人"，为什么他的权利称做人权呢？我们用什么来解释这个事实呢？只有用政治国家和市民社会的关系，政治解放的本质来解释。

马克思：《论犹太人问题》《马克思恩格斯文集》第 1 卷，人民出版社 2009 年 12 月第 1 版，第 40 页。

五　资产阶级人权的历史进步性

（一）从宗教神权和封建特权下获得的政治解放是一大进步

政治解放当前是一大进步；尽管它不是普遍的人的解放的最后形式，但在迄今为止的世界制度内，它是人的解放的最后形式。不言而喻，我们这里指的是现实的、实际的解放。

人把宗教从公法领域驱逐到私法领域中去，这样人就在政治上从宗教中解放出来。

> 马克思：《论犹太人问题》，《马克思恩格斯文集》第 1 卷，人民出版社
> 2009 年 12 月第 1 版，第 32 页。

权利的公平和平等，是十八、十九世纪的资产者打算在封建制的不公平、不平等和特权的废墟上建立他们的社会大厦的基石。

> 恩格斯：《马克思和洛贝尔图斯。〈哲学的贫困〉德文版序言》，《马克思
> 恩格斯全集》第 21 卷，人民出版社 1965 年 9 月第 1 版，第 210 页。

资本主义和封建主义相比，是在"自由"、"平等"、"民主"、"文明"的道路上向前迈进了具有世界历史意义的一步。

> 列宁：《答美国记者问》，《列宁专题文集》之《论资本主义》，人民出版
> 社 2009 年 12 月第 1 版，第 248 页。

民主共和制和普选制同农奴制比较起来是一大进步，因为它们使无产阶级有可能达到现在这样的统一和团结，有可能组成整齐的、有纪律的队伍去同资本有步骤地进行斗争。农奴制农民连稍微近似这点的东西也没有，奴隶就更不用说了。……资产阶级的共和制、议会和普选制，所有这一切，从全世界社会发展来看，是一大进步。人类走到了资本主义，而只有资本主义，凭借城市的文化，才使被压迫的无产者阶级有可能认清自己的地位，创立世界工人运动，造就出在全世界组织成政党的千百万工人，建立起自觉地领导群众斗争的社会主义政党。没有议会制度，没有选举制度，工人阶级就不会有这样的发展。因此，这一切东西在广大群众的眼中具有很大的意义。因此，要来一个转变是件很困难的事情。

> 列宁：《论国家》，《列宁专题文集》之《论辩证唯物主义和历史唯物主
> 义》，人民出版社 2009 年 12 月第 1 版，第 295 页。

现代社会主义，就其内容来说，首先是对统治于现代社会中的有产者和无产者之间、资本家和雇佣工人之间的阶级对立和统治于生产中的无政府状态这两个方面进行考察的结果。但是，就其理论形式来说，它起初表现为十八世纪法国伟大启蒙学者所提出的各种原则的进一步的、似乎更彻底的发展。和任何新的学说一样，它必需首先从已有的思想材料出发，虽然它的根源深藏在物质的经济的事实中。

在法国为行将到来的革命启发过人们头脑的那些伟大人物，本身都是非常革命的。他们不承认任何外界的权威……以往的一切社会形式和国家形式、一切传统观念都被当作不合理的东西扔到垃圾堆里去了；到现在为止，世界所遵循的只是一些成见；过去的一切只值得怜悯和鄙视。只是现在阳光才照射出来，理性的王国才开始出现。从今以后，迷信、偏私、特权和压迫，必将为永恒的真理，为永恒的正义，为基于自然的平等和不可剥夺的人权所排挤。

> 恩格斯：《社会主义从空想到科学的发展》，《马克思恩格斯全集》第19卷，人民出版社1963年12月第1版，第205—206页。

（二）为资本主义生产方式的自由发展扫除障碍

现在大家几乎都承认，现存的社会制度是由现在的统治阶级即资产阶级创立的。资产阶级所固有的生产方式（从马克思以来称为资本主义生产方式），是同封建制度的地方特权、等级特权以及相互的人身束缚不相容的；资产阶级摧毁了封建制度，并且在它的废墟上建立了资产阶级的社会制度，建立了自由竞争、自由迁徙、商品所有者平等的王国，以及资产阶级的一切美妙东西。资本主义生产方式现在可以自由发展了。

> 恩格斯：《社会主义从空想到科学的发展》，《马克思恩格斯全集》第19卷，人民出版社1963年12月第1版，第229页。

一切人，或至少是一个国家的一切公民，或一个社会的一切成员，都应当有平等的政治地位和社会地位。要从这种相对平等的原始观念中得出国家和社会中的平等权利的结论，要使这个结论甚至能够成为某种自然而然的、不言而喻的东西，那就必然要经过而且确实已经经过了几千年。在最古的自发的公社中，最多只谈得上公社成员之间的平等权利，妇女、奴隶和外地人自然不在此列。在希腊人和罗马人那里，人们的不平等比任何平等受重视得多。

> 恩格斯：《反杜林论》，《马克思恩格斯全集》第 20 卷，人民出版社 1971
> 年 3 月第 1 版，第 113 页。

当父权制和专偶制随着私有财产的分量超过共同财产以及随着对继承权的关切而占了统治地位的时候，结婚便更加依经济上的考虑为转移了。买卖婚姻的形式正在消失，但它的实质却在越来越大的范围内实现，以致不仅对妇女，而且对男子都规定了价格，而且不是根据他们的个人品质，而是根据他们的财产来规定价格。当事人双方的相互爱慕应当高于其他一切而成为婚姻基础的事情，在统治阶级的实践中是自古以来都没有的。至多只是在浪漫故事中，或者在不受重视的被压迫阶级中，才有这样的事情。

这就是从地理发现的时代起，资本主义生产通过世界贸易和工场手工业而准备取得世界统治的时候它所遇到的状况。人们想必认为，这种结婚方式对于资本主义生产是非常合适的，而事实上也确实如此。但是——世界历史的讽刺是神秘莫测的——正是资本主义生产注定要把这种结婚方式打开一个决定性的缺口。它把一切变成了商品，从而消灭了过去留传下来的一切古老的关系，它用买卖、"自由"契约代替了世代相传的习俗，历史的法。英国的法学家亨·萨·梅恩说，同以前的各个时代相比，我们的全部进步就在于从身份进到契约，从过去留传下来的状态进到自由契约所规定的状态，他自以为他的这种说法是一个伟大的发现，其实，这一点，就它的正确而言，在《共产党宣言》中早已说过了。

> 恩格斯：《家庭、私有制和国家的起源》，《马克思恩格斯文集》第 4 卷，
> 人民出版社 2009 年 12 月第 1 版，第 92—93 页。

当古代世界走向灭亡的时候，古代的各种宗教就被基督教击败了。当 18 世纪基督教思想在启蒙思想的打击下陷于灭亡的时候，封建社会曾经同当时革命的资产阶级进行了你死我活的斗争。信仰自由和宗教自由的思想，不过表明自由竞争在知识领域里占统治地位罢了。

> 马克思、恩格斯：《共产党宣言》，《马克思恩格斯全集》第 4 卷，人民出
> 版社 1958 年 8 月第 1 版，第 488 页。

六 资产阶级人权的历史局限性

（一）资产阶级人权是在资本统治基础上的自由发展

另一方面，由此也产生一种荒谬的看法，把自由竞争看成是人类自由的终极发展，认为否定自由竞争等于否定个人自由，等于否定以个人自由为基础的社会生产。但这不过是在局限性的基础上，即在资本统治的基础上的自由发展。因此，这种个人自由同时也是最彻底地取消任何个人自由，而使个性完全屈从于这样的社会条件，这些社会条件采取物的权力的形式而且是极其强大的物，离开彼此发生关系的个人本身而独立的物。

> 马克思：《经济学手稿》，《马克思恩格斯全集》第 46 卷下册，人民出版社 1980 年 8 月第 1 版，第 161 页。

个人自由只是对那些在统治阶级范围内发展的个人来说是存在的，他们之所以有个人自由，只是因为他们是这一阶级的个人。

> 马克思、恩格斯：《德意志意识形态》，《马克思恩格斯全集》第 3 卷，人民出版社 1960 年 12 月第 1 版，第 84 页。

1848 年各种自由的必然总汇，人身、新闻出版、言论、结社、集会、教育和宗教等自由，都穿上宪法制服而成为不可侵犯的了。这些自由中的每一种都被宣布为法国公民的绝对权利，然而总是加上一个附带条件，说明它只有在不受"他人的同等权利和公共安全"或"法律"限制时才是无限制的，而这些法律正是要使各种个人自由彼此之间以及同公共安全协调起来……结果，资产阶级可以不受其他阶级的同等权利的任何妨碍而享受这些自由。至于资产阶级完全禁止"他人"享受这些自由，或是允许"他人"在某些条件（这些条件都是警察的陷阱）下享受这些自由，那么这都是仅仅为了保证"公共安全"，也就是为了保证资产阶级的安全……

> 马克思：《路易·波拿巴的雾月十八日》，《马克思恩格斯文集》第 2 卷，人民出版社 2009 年 12 月第 1 版，第 483—484 页。

这个政治生活的革命实践和它的理论还处于最尖锐的矛盾状态。例如，一方面安全被宣布为人权，一方面又公开承认破坏通信秘密是理所当然的。一方面"无限制的出版自由"〔1793 年宪法（指法国资产阶级宪法——引者注）第□二二条] 作为人权和个人自由的后果而得到保证，一方面出版自由又被完全取缔，因为"出版自由一旦危及公共自由，就应取缔"（小罗伯斯庇尔语）。换句话说，自由这一人权一旦和政治生活发生冲突，就不再是权利，而在理论上，政治生活只是人权、个人权利的保证，因此，它一旦和自己的目的即这些人权发生矛盾，就必须被抛弃。

> 马克思：《论犹太人问题》，《马克思恩格斯全集》第 1 卷，人民出版社 1956 年 12 月第 1 版，第 440 页。

（二）资产阶级用金钱的特权代替了以往的一切个人特权和世袭特权

交换价值，或者更确切地说，货币制度，事实上是平等和自由的制度，而在这个制度更详尽的发展中对平等和自由起干扰作用的，是这个制度所固有的干扰，这正好是平等和自由的实现，这个平等和自由证明本身就是不平等和不自由。

> 马克思：《经济学手稿》，《马克思恩格斯全集》第 46 卷上册，人民出版社 1979 年 7 月第 1 版，第 201 页。

资产阶级的力量全部取决于金钱，所以他们要取得政权就只有使金钱成为人在立法上的行为能力的唯一标准。他们一定得把历代的一切封建特权和政治垄断权合成一个金钱的大特权和大垄断权。资产阶级的政治统治之所以具有自由主义的外貌，原因就在于此。资产阶级消灭了国内各个现存等级之间一切旧的差别，取消了一切依靠专横而取得的特权和豁免权。他们不得不把选举原则当作统治的基础，也就是说在原则上承认平等；他们不得不解除在君主制度下书报检查对报刊的束缚；他们为了摆脱在国内形成独立王国的特殊的法官阶层的束缚，不得不实行陪审制。就这一切而言，资产者真像是真正的民主主义者。但是资产阶级实行这一切改良，只是为了用金钱的特权代替以往的一切个人特权和世袭特权。这样，他们通过选举权和被选举权的财产资格的限制，是选举原则成为本阶级独有的财产。平等原则又由于被限制为仅仅在"法律上的平等"而一笔勾销了，法律上的平等就是在富人和穷人不平等的前提下的平等，即限制在目前主要的不平等的范围内的平等，简括地说，就是简直把不平等叫做平等。这样，出版自由就仅仅是资产阶级的特权，因为出版需要钱，需要购买出版物的人，而购买出版物的人也得要有钱。陪审制也是资产阶级的特权，因为他们采取了适当的措施，只选"有身份的人"做陪审员。

> 恩格斯：《德国状况》，《马克思恩格斯全集》第 2 卷，人民出版社 1957 年 12 月第 1 版，第 647—648 页。

无产者在法律上和事实上都是资产阶级的奴隶，资产阶级掌握着他们的生死大权。它给他们生活资料，但是取回"等价物"，即他们的劳动。它甚至使他们产生一种错觉，似乎他们是按照自己的意志行动的，似乎他们是作为一个自主的人自由地、不受任何强制地和资产阶级签订合同的。好一个自由！无产者除了接受资产阶级向他们提出的条件或者饿死、冻死、赤身露体地到森林中的野兽那里去找一个藏身之所，就再没有任何选择的余地了。

> 恩格斯：《英国工人阶级状况》，《马克思恩格斯全集》第 2 卷，人民出版社 1957 年 12 月第 1 版，第 360 页。

人权本身就是特权，而私有制就是垄断。

> 马克思、恩格斯：《德意志意识形态》，《马克思恩格斯全集》第 3 卷，人民出版社 1960 年 12 月第 1 版，第 229 页。

……任何的、甚至最完善的资产阶级民主，实际上都是对富人的民主。

> 列宁：《无产阶级革命和叛徒考茨基》，《列宁全集》第 35 卷，人民出版社 1985 年 10 月第 2 版，第 250 页。

（三）在资本主义制度下，自由平等对无产者只是一种形式

资产阶级民主制和封建制度相比，改变了经济奴役形式，为这种奴役做了特别漂亮的装饰，但并没有改变也不能改变这种奴役的实质。资本主义和资产阶级民主制就是雇佣奴隶制。

> 列宁：《答美国记者问》，《列宁全集》第 37 卷，人民出版社 1986 年 10 月第 2 版，第 109 页。

七 资本主义制度下人权的阶级实质

（一）平等地剥削劳动力，是资本的首要人权

在1789年，人权这一政治问题本身就包含着自由竞争这一社会问题。

马克思、恩格斯：《论波兰问题》，《马克思恩格斯全集》第4卷，人民出版社1958年8月第1版，第536页。

（二）自由这一人权的实际应用就是私有财产这一人权

自由这一人权的实际应用就是私有财产这一人权。

私有财产这一人权是什么呢？

第16条（1793年宪法）："财产权是每个公民任意地享用和处理自己的财产、自己的收入即自己的劳动和勤奋所得的果实的权利。"

这就是说，私有财产这一人权就是任意地、同他人无关地、不受社会影响地享用和处理自己财产的权利；这一权利是自私自利的权利。这种个人自由和对这种自由的应用构成了市民社会的基础。这种自由使每个人不是把他人看作自己自由的实现，而是看作自己自由的限制。但这种自由首先就宣布了人权是"任意地享用和处理自己的财产、自己的收入即自己的劳动和勤奋所得的果实"。

此外还有其他的人权：平等和安全。

平等，在这里就其非政治的意义上来说，无非是上述自由的平等，就是说，每个人都同样被看成那种独立自在的单子。1795年宪法根据这种平等的含义把它的概念规定如下：

第3条（1795年宪法）："平等就是法律对一切人都一视同仁，不论是予以保护还是予以惩罚。"

安全呢？

第8条（1793年宪法）："安全就是社会为了维护自己每个成员的人身、权利和财产而给予他的保障。"

安全是市民社会的最高社会概念，是警察的概念；按照这个概念，整个社会的存在只是为了保证自己每个成员的人身、权利和财产不受侵

犯。……

市民社会没有借助安全这一概念而超出自己的利己主义。相反，安全却是它的利己主义的保障。

> 马克思：《论犹太人问题》，《马克思恩格斯文集》第 1 卷，人民出版社 2009 年 12 月第 1 版，第 41—42 页。

国家的统治形式可以各不相同：在有这种形式的地方，资本就用这种方式表现它的力量，在有另一种形式的地方，资本又用另一种方式表现它的力量，但实质上政权总是操在资本手里，不管权利有没有资格限制或其他限制，不管是不是民主共和国，反正都是一样，而且共和国愈民主，资本主义的这种统治就愈加厉害，愈无耻。北美合众国是世界上最民主的共和国之一，可是，世界上没有一个国家像美国那样（凡是在 1905 年以后到过那里的人大概都知道），资本权力即一小撮亿万富翁统治社会的权力表现得如此横蛮，采用贿赂手段如此明目张胆。资本既然存在，也就统治着整个社会，所以任何民主共和国、任何选举制度都不会改变事情的实质。

> 列宁：《论国家》，《列宁专题文集》之《论辩证唯物主义和历史唯物主义》，人民出版社 2009 年 12 月第 1 版，第 295 页。

（三）资本主义制度下的人权只代表少数人的利益

总之，资本主义社会里的民主是一种残缺不全的、贫乏的和虚伪的民主，是只供富人、只供少数人享受的民主。无产阶级专政，向共产主义过渡的时期，将第一次提供人民享受的、大多数人享受的民主，同时对少数人即剥削者实行必要的镇压。只有共产主义才能提供真正完全的民主，而民主愈完全，它也就愈迅速地成为不需要的东西，愈迅速地自行消亡。

> 列宁：《国家与革命》，《列宁全集》第 31 卷，人民出版社 1985 年 10 月第 2 版，第 86 页。

人权并没有使人摆脱财产，而是使人有占有财产的自由；人权并没有使人放弃追求财富的龌龊行为，而是使人有经营的自由。

> 马克思、恩格斯：《神圣家族》，《马克思恩格斯全集》第 2 卷，人民出版社 1957 年 12 月第 1 版，第 145 页。

（四）资产阶级的民主国家是资本镇压劳动的机器

就是资产阶级民主国的统治党仅仅对其他资产阶级政党才保护少数，

而对无产阶级,则在一切重大的、深刻的、根本的问题上,不仅不"保护少数",反而实行戒严或制造大暴行。民主愈发达,在发生危及资产阶级的任何深刻的政治分歧时,大暴行或内战也就愈容易发生。

> 列宁:《无产阶级革命和叛徒考茨基》,《列宁全集》第 35 卷,人民出版社 1985 年 10 月第 2 版,第 246—247 页。

在最民主的资产阶级的国家中,被压迫群众随时随地都可以碰到这个惊人的矛盾:一方面是资本家"民主"所标榜的形式上的平等,一方面是使无产者成为雇佣奴隶的千百种事实上的限制和诡计。正是这个矛盾使群众认清了资本主义的腐朽、虚假和伪善。

> 列宁:《无产阶级革命和叛徒考茨基》,《列宁全集》第 37 卷,人民出版社 1986 年 10 月第 2 版,第 247 页。

"财富"的无限权力在民主共和制下更可靠,是因为它不依赖政治机构的某些缺陷,不依赖资本主义的不好的政治外壳。民主共和制是资本主义所能采用的最好的政治外壳,所以资本一掌握……这个最好的外壳,就能十分巩固十分可靠地确立自己的权力,以致在资产阶级民主共和国中,无论人员、无论机构、无论政党的任何更换,都不会使这个权力动摇。

> 列宁:《国家与革命》,《列宁专题文集》之《论马克思主义》,人民出版社 2009 年 12 月第 1 版,第 186 页。

最民主的资产阶级共和国从来都是而且不能不是资本镇压劳动者的机器,资本政权的工具,资产阶级的专政。资产阶级民主共和国许诺并且宣告政权属于大多数人,但是它从来没能实现过,因为存在着土地和其他生产资料的私有制。

> 列宁:《第三国际及其在历史上的地位》,《列宁全集》第 36 卷,人民出版社 1985 年 10 月第 2 版,第 295 页。

八　资产阶级人权的虚伪性

（一）只要剥削存在，就不会有平等

……只要剥削存在，就不会有平等。

> 列宁：《论国家》，《列宁专题文集》之《论辩证唯物主义和历史唯物主义》，人民出版社 2009 年 12 月第 1 版，第 297 页。

由于文明时代的基础是一个阶级对另一个阶级的剥削，所以它的全部发展都是在经常的矛盾中进行的。……对一些人是好事，对另一些人必然是坏事，一个阶级的任何解放，必然是对另一个阶级的新的压迫……文明时代……几乎把一切权利赋予一个阶级，两方面却几乎把一切义务推给另一个阶级。

> 恩格斯：《家庭、私有制和国家的起源》，《马克思恩格斯全集》第 21 卷，人民出版社 1965 年 9 月第 1 版，第 201 页。

在英国，工人较难以进入议会。因为议员不领取任何薪金，而工人所有的只不过是用自己劳动赚来的生活资料，所以议会对工人来说是可望而不可及的，而资产阶级顽固地拒绝付给议员们薪金，他们很懂得，这是防止工人阶级拥有自己的议会代表的一种手段。

> 《卡尔·马克思关于工人阶级的政治行为的发言记录》，《马克思恩格斯全集》第 17 卷，人民出版社 1963 年 11 月第 1 版，第 697 页。

尽管如此，但从政治上废除私有财产不仅没有废除私有财产，反而以私有财产为前提。当国家宣布出身、等级、文化程度、职业为非政治的差别的时候，当国家不管这些差别而宣布每个人都是人民主权的平等参加者的时候，当它从国家的观点来观察人民现实生活的一切因素的时候，国家就是按照自己的方式废除了出身、等级、文化程度、职业的差别。尽管如此，国家还是任凭私有财产、文化程度、职业按其固有的方式发挥作用，作为私有财产、文化程度、职业未表现其特殊的本质。国家远远没有废除所有这些实际差别，相反地，只有在这些差别存在的条件下，它才能存在，只有同它这些因素处于对立的状态，它才会感到自己是政治国家，才会实现自己的普遍性。

马克思：《论犹太人间题》，《马克思恩格斯全集》第 1 卷，人民山版社
1956 年 12 月第 1 版，第 427 页。

实行自由竞争无异就是公开宣布：从今以后，由于社会各成员的资本
多寡不等，所以他们之间也不平等，资本成为决定性的力量，而资本家，
资产者则成为社会上的第一个阶级。但是，自由竞争在大工业发展初期之
所以必要，因为只有在这种社会状况下大工业才能成长起来。资产阶级这
样消灭了贵族和行东的社会威力以后，也就摧毁了他们的政治权力。资产
阶级在社会上成了第一个阶级以后，它就宣布自己在政治上也是第一个阶
级。这是通过实行代议制而实现的；代议制是以资产阶级在法律面前平等
和法律承认自由竞争为基础的。这种制度在欧洲各国采取君主立宪的形式。
在君主立宪的国家里，只有拥有一定资本的人即资产者，才有选举权。这
些资产者选民选出议员，而他们的议员可以运用拒绝纳税的权力，选出资
产阶级的政府。

恩格斯：《共产主义原理》，《马克思恩格斯全集》第 4 卷，人民出版社
1958 年 8 月第 1 版，第 362 页。

（二）资产阶级"恩赐"给人民的权利严格限制在对资本有利的范围内

只要看看现代国家的根本法，看看这些国家的管理制度，看看集会自
由或出版自由，看看"公民在法律上一律平等"，那就处处可以看到任何
一个正直的觉悟的工人都很熟悉的资产阶级民主的虚伪性。任何一个国家，
即使是最民主的国家，在宪法上总是留下许多后路或保留条件，以保证资
产阶级"在有人破坏秩序时"，实际上就是在被剥削阶级"破坏"自己的
奴隶地位和试图不像奴隶那样俯首听命时，有可能调动军队来镇压工人，
实行戒严等等。

列宁：《无产阶级革命和叛徒考茨基》，《列宁全集》第 35 卷，人民出版
社 1985 年 10 月第 2 版，第 245 页。

资产阶级害怕充分自由和充分民主，因为它知道，觉悟的即社会主义
的无产阶级会利用自由来反对资本的统治。因此，资产阶级实际上不是想
要充分的自由，充分的人民专制，而是想同反动派勾结起来，同专制政府
勾结起来。资产阶级想要议会制度而不要官僚制度，为的是保证资本的统

治，同时却想要君主政体，常备军，并保留官僚制度的某些特权，这样可以使革命不能进行到底，使无产阶级不能武装起来，——所谓武装既是指用武器直接武装，又是指用充分自由武装。

列宁：《革命的官样文章和革命和事业》，《列宁全集》第 12 卷，人民出版社 1987 年 10 月第 2 版，第 112 页。

（三）形式上的自由、平等、博爱掩盖着垄断、专制和剥削的本质

这样也就证明了现代资本家，也像奴隶主或剥削农奴劳动的封建主一样，是靠占有他人无偿劳动发财致富的，而所有这些剥削形式彼此不同的地方只在于占有这种无偿劳动的方式有所不同罢了。这样一来，有产阶级的所谓现代社会制度中占支配地位的是公道、正义、权利平等、义务平等和利益普遍协调这一类虚伪的空话，就失去了最后的根据，于是现代资产阶级社会就像以前的各种社会一样被揭穿：它也是微不足道的并且不断缩减的少数人剥削绝大多数人的庞大机构。

恩格斯：《卡尔·马克思》，《马克思恩格斯全集》第 19 卷，人民出版社 1963 年 12 月第 1 版，第 125 页。

这样，宪法就把实际权力授给了总统，而力求为国民议会保证精神上的权力。可是，不用说，法律条文不可能创造精神上的权力，宪法就在这方面也是自己否定自己，因为它规定总统由所有的法国人直接投票选举。全法国的选票是分散在 750 个国民议会议员之间，可是在这里选票就集中在一个人身上。每一单个人民代表不过是某个政党、某个城市、某个桥头堡的代表，甚至只是表示必须选出一个人来凑足 750 个人民代表，人们并不去特别注意事情本身和被选举者本人，可是总统是由全国人民所选出，选举总统是行使主权的人民每四年运用一次的王牌。民选的国民议会和国民只有形而上学的联系，而民选的总统却和国民发生个人联系。国民议会的确通过它的各个代表反映着国民精神的多种多样的方面，而总统却是国民精神的化身。和国民议会不同，总统是一种神权的体现者，他是人民恩赐的统治者。

马克思：《路易·波拿巴的雾月十八日》，《马克思恩格斯全集》第 8 卷，人民出版社 1961 年 10 月第 1 版，第 137 页。

　　美国的资产阶级吹嘘他们国内的自由、平等和民主，以此欺骗人民。但是，不论是这个资产阶级还是世界上其他任何资产阶级或政府，都不能也不敢根据真正自由、平等和民主的原则同我们的政府进行竞赛，比如说，订立一种条约，保证我国政府和其他任何政府自由交换……以政府名义用任何一种文字出版的刊有本国法律条文和宪法条文并说明该宪法比起其他宪法有哪些优点的小册子。

　　世界上任何一个资产阶级政府都不敢同我们订立这样一个和平、文明、自由、平等、民主的条约。

　　为什么呢？因为除了苏维埃政府以外，一切政府都是靠压迫和欺骗群众来维持的。但是，1914—1918 年的大战已经把大骗局戳穿了。

　　列宁：《答美国记者问》，《列宁专题文集》之《论资本主义》，人民出版社 2009 年 12 月第 1 版，第 249—250 页。

九　资本扩张决定了民族权利不可能平等

剥削压迫弱小民族是资本主义发展过程中的普遍现象

当我们把自己的目光从资产阶级文明的故乡转向殖民地的时候，资产阶级文明的极端伪善和它的野蛮本性就赤裸裸地呈现在我们面前，因为它在故乡还装出一副很有体面的样子，而一到殖民地它就丝毫不加掩饰了。

马克思：《不列颠在印度统治的未来结果》，《马克思恩格斯全集》第9卷，人民出版社1961年12月第1版，第251页。

英国资产阶级看来将被迫在印度实行的一切，既不会给人民群众带来自由，也不会根本改善他们的社会状况，因为这两者都不仅仅决定于生产力的发展，而且还决定于生产力是否归人民所有。

马克思：《不列颠在印度统治的未来结果》，《马克思恩格斯全集》第9卷，人民出版社1961年12月第1版，第250页。

十 在一定条件下，无产阶级可以利用资产阶级人权为自己的利益服务

（一）无产阶级可以利用资产阶级人权争取自身的经济和政治利益

假如无产阶级不能立即利用民主来实行直接侵犯私有制和保证无产阶级生存的各种措施，那末，这种民主对无产阶级就会毫无用处。

恩格斯：《共产主义原理》，《马克思恩格斯全集》第 4 卷，人民出版社 1958 年 8 月第 1 版，第 367 页。

政治自由——特别是结社、集会和出版的自由——是我们进行宣传鼓动工作的手段；我们的这些手段是否会被夺走，难道是无所谓的吗？如果有人侵犯这些手段，难道我们不应当起而反抗吗？

恩格斯：《关于工人阶级的整治行动》，《马克思恩格斯全集》第 17 卷，人民出版社 1963 年 11 月第 1 版，第 445 页。

（二）无产阶级不能对资产阶级人权抱有迷信和幻想

它（无产阶级的平等要求——引者注）是从对资产阶级平等要求的反应中产生的，它从这种平等要求中吸取了或多或少正确的、可以进一步发展的要求，成了用资本家本身的主张发动工人起来反对资本家的鼓动手段；……无产阶级平等要求的实际内容都是消灭阶级的要求。任何超出这个范围的平等要求，都必然要流于荒谬。

恩格斯：《反杜林论》，《马克思恩格斯全集》第 20 卷，人民出版社 1971 年 3 月第 1 版，第 117 页。

十一 社会主义社会人权的基础是公有制和无产阶级专政

（一）资本主义生产力的发展为社会主义社会人权的形成准备了条件

自从资本主义生产方式在历史上出现以来，由社会占有全部生产资料，常常作为未来的理想隐隐约约地浮现在个别人物和整个的派别的脑海中。但是，这种占有只有在实现它的物质条件已经具备的时候才能成为可能，才能成为历史的必然性。正如其他一切社会进步一样，这种占有之所以能够实现，并不是由于人们认识到阶级的存在同正义、平等等等相矛盾，也不是仅仅由于人们希望废除阶级，而是由于具备了一定的新的经济条件。

> 恩格斯：《反杜林论》，《马克思恩格斯全集》第20卷，人民出版社1971年3月第1版，第306页。

这一批判证明：资本主义的生产形式和交换形式日益成为生产本身所无法忍受的桎梏；这些形式所必然产生的分配方式造成了日益无法忍受的阶级状况，造成了人数愈来愈少但是愈来愈富的资本家和人数愈来愈多而总的说来处境愈来愈恶劣的一无所有的雇佣工人之间的日益尖锐的对立；最后，在资本主义生产方式内部所造成的、它自己不能再驾驭的、大量的生产力，正在等待着为了有计划地合作而组织起来的社会去占有，以便保证而且是以不断增长的规模来保证全体社会成员都有生存和自由发展其才能的手段。

> 恩格斯：《反杜林论》，《马克思恩格斯全集》第20卷，人民出版社1971年3月第1版，第164页。

大工业及其所引起的生产无限扩大的可能性，使人们能够建立这样一种社会制度，在这种社会制度下，一切生活必需品都将生产得很多，使每一个社会成员都能够完全自由地发展和发挥他的全部力量和才能。

> 恩格斯：《共产主义原理》，《马克思恩格斯全集》第4卷，人民出版社1958年8月第1版，第364页。

（二）无产阶级通过革命使自己上升为统治阶级进而废除资产阶级所有制，是社会主义社会人权实现的根本条件

共产主义的特征并不是要废除一般的所有制，而是要废除资产阶级的所有制。

但是，现代的资产阶级私有制是建筑在阶级对立上面、建筑在一些人对另一些人的剥削上面的生产和产品占有的最后而又最完备的表现。

从这个意义上说，共产党人可以用一句话把自己的理论概括起来：消灭私有制。

> 马克思、恩格斯：《共产党宣言》，《马克思恩格斯全集》第 4 卷，人民出版社 1958 年 8 月第 1 版，第 481 页。

共产主义并不剥夺任何人占有社会产品的权力，它只剥夺利用这种占有去奴役他人劳动的权力。

> 马克思、恩格斯：《共产党宣言》，《马克思恩格斯全集》第 4 卷，人民出版社 1958 年 8 月第 1 版，第 484 页。

（三）生产资料的社会主义公有制是实现社会主义社会人权的经济基础

生产资料的全国性的集中将成为由自由平等的生产者的联合体所构成的社会的全国性基础，这些生产者将按照共同的合理的计划自觉地从事社会劳动。

> 马克思：《论土地国有化》，《马克思恩格斯全集》第 18 卷，人民出版社 1964 年 10 月第 1 版，第 67 页。

通过社会生产，不仅可能保证一切社会成员具有富足的和一天比一天充裕的物质生活，而且还可能保证他们的体力和智力获得充分的和自由的发展和运用，这种可能性现在是第一次出现了，但是它确实是出现了。

> 恩格斯：《社会主义从空想到科学的发展》，《马克思恩格斯文集》第 3 卷，人民出版社 2009 年 12 月第 1 版，第 563—564 页。

无产阶级革命，矛盾的解决：无产阶级将取得社会权力，并且利用这个权力把脱离资产阶级掌握的社会化生产资料变为公共财产。通过这个行动，无产阶级摆脱了它们迄今具有的资本属性，给它们的社会性以充分发展的自由。

恩格斯：《社会主义从空想到科学的发展》，《马克思恩格斯全集》第19卷，人民出版社1963年12月第1版，第247页。

一旦社会占有了生产资料，商品生产就将被消除，而产品对生产者的统治也将随之消除。社会生产内部的无政府状态将为有计划的自觉的组织所代替。个体生存斗争停止了。于是，人在一定意义上才最终地脱离了动物界，从动物的生存条件进入真正人的生存条件。人们周围的，至今统治着人们的生活条件，现在受人们的支配的控制，人们第一次成为自然界的自觉的和真正的主人，因为他们已经成为自己的社会结合的主人了。人们自己的社会行动的规律，这些直到现在都如同异己的、统治着人们的自然规律一样而与人们相对立的规律，那时就将被人们熟练地运用起来，因而将服从他们的统治。人们自己的社会结合一直是作为自然界和历史强加于他们的东西而同他们相对立的，现在则变成他们自己的自由行动了。一直统治着历史的客观的异己的力量，现在处于人们自己的统治之下了。只是从这时起，人们才完全自觉地自己创造自己的历史；只是从这时起，由人们使之起作用的社会原因才在主要的方面和日益增长的程度上达到他们所预期的结果，这是人类从必然王国进入自由王国的飞跃。

恩格斯：《社会主义从空想到科学的发展》，《马克思恩格斯文集》第3卷，人民出版社2009年12月第1版，第564—565页。

社会主义生产的目的不是利润，而是人及其需要，即满足人的物质和文化的需要。社会主义生产的目的，是"保证最大限度地满足整个社会经常增长的物质和文化的需要"。

斯大林：《苏联社会主义经济问题》，《斯大林选集》下卷，人民出版社1979年12月第1版，第598页。

为了能生活得好，生活得愉快，除了政治自由的福利以外，还必须有物质福利。我国革命的特点就在于它不仅给了人民自由，而且给了人民物质福利，给了人民享受富裕的、有文化的生活的可能。

斯大林：《在全苏斯达汉诺夫工作者第一次会议上的讲话》，《斯大林选集》下卷，人民出版社1979年12月第1版，第381页。

（四）无产阶级专政的国家政权是实现社会主义社会人权的政治基础

无产阶级专政，即被压迫者先锋队组织成为统治阶级来镇压压迫者，不能仅仅只是扩大民主。除了把民主制度大规模地扩大，使它第　次成为穷人的、人民的而不是富人的民主制度之外，无产阶级专政还要对压迫者、剥削者、资本家采取一系列剥夺自由的措施。

……

人民这个大多数享有民主，对人民的剥削者、压迫者实行强力镇压，即把他们排斥于民主之外，——这就是民主在从资本主义向共产主义过渡时改变了的形态。

只有在共产主义社会中，当资本家的反抗已经彻底粉碎，当资本家已经消失，当阶级已经不存在（即社会各个成员在同社会生产资料的关系上已经没有差别）的时候，——只有在那个时候，"国家才会消失，才有可能谈自由"。只有在那个时候，真正完全的、真正没有任何例外的民主才有可能，才会实现。也只有在那个时候，民主才开始消亡，道理很简单：人们既然摆脱了资本主义奴隶制，摆脱了资本主义剥削制所造成的无数残暴、野蛮、荒谬和丑恶的现象，也就会逐渐习惯于遵守多少世纪以来人们就知道的、千百年来在一切行为守则上反复谈到的、起码的公共生活规则，而不需要暴力，不需要强制，不需要服从，不需要所谓国家这种实行强制的特殊机构。

> 列宁：《国家与革命》，《列宁全集》第31卷，人民出版社1985年10月第2版，第84页。

只有在无产阶级专政下，被剥削者才能有真正的自由，无产者和农民可能真正参加国家的管理。

> 斯大林：《论列宁主义基础》，《斯大林全集》第6卷，人民出版社1956年8月第1版，第103页。

十二 社会主义社会人权的本质特征

（一）社会主义社会人权使人民享有广泛的民主自由

无产阶级民主比任何资产阶级民主要民主百万倍；苏维埃政权比最民主的资产阶级共和国要民主百万倍。

> 列宁：《无产阶级革命和叛徒考茨基》，《列宁全集》第35卷，人民出版社1985年10月第2版，第249页。

苏维埃组织无比深入地和广泛地发展了标志着资产阶级民主制比中世纪有伟大历史进步性的那一面，即居民参加对公职人员的选举。在任何一个最民主的资产阶级国家中，劳动群众从来也没有象在苏维埃政权之下那样广泛、那样经常、那样普遍、那样简便地行使选举权，因为资产阶级在形式上给了他们这种权利，而实际上又加以限制。同时苏维埃组织还摒弃了资产阶级民主制消极的一面，即立法权和行政权分立的议会制，这一制度巴黎公社已开始废除，其狭隘性和局限性马克思主义早已指出。苏维埃把两种权力合而为一，使国家机构接近劳动群众而拆除了资产阶级议会这道围墙，因为资产阶级议会以假招牌欺骗群众，掩饰议会投机家的金融勾当和交易所勾当，保障资产阶级的国家管理机构的不可侵犯性。

> 列宁：《俄共（布）党纲草案》，《列宁全集》第36卷，人民出版社1985年10月第2版，第84—85页。

（二）社会主义社会人权保证人民真实地享受民主权利

无产阶级的或苏维埃的民主则不是把重心放在宣布全体人民的权利和自由上，而是着重于实际保证那些曾受资本压迫和剥削的劳动群众能实际参与国家管理，实际使用最好的机会场所、最好的印刷所和最大的纸库（储备）来教育那些被资本主义弄得愚昧无知的人们，实际保证这些群众有真正的（实际的）可能来逐渐摆脱宗教偏见等等的束缚。

> 列宁：《俄共（布）党纲草案》，《列宁全集》第36卷，人民出版社1985年10月第2版，第85—86页。

您说，为了建立我们的社会主义社会，我们牺牲过个人的自由，忍受过贫困。在您的问题里透露出一种想法，就是社会主义社会是否认个人自由的。这是不正确的。当然要建立某种新东西，就必须自己节约一些，积蓄资金，暂时节省自己的消费，向别人借贷。如果您要建造一座新房屋，您就要积蓄金钱，暂时节省自己的消费，否则房屋是建筑不起来的。说到建立人类的整个新社会，那就更要这样了。我们曾不得不暂时节省些消费，积蓄相当的资金和集中力量。我们正是这样办了的，所以我们建成了社会主义社会。

可是我们建成这样一种社会，并不是为了束缚个人自由，而是使个人真正感到他是自由的。我们建成这种社会，是为了真正的个人自由，为了不带引号的自由。我很难设想，一个饿着肚子、找不到工作的失业的人，会有什么"个人自由"。只有在消灭了剥削的地方，在没有人压迫人的地方，在没有失业和贫穷的地方，在人们不担心第二天会失去工作、住宅和饭碗的地方，才能够有真正的自由。只有在这种社会里，才能够有真正的、而不是纸上的个人自由和其他任何自由。

斯大林：《和美国"斯克里浦斯——霍华德报系"总经理罗伊·霍华德先生的谈话》，《斯大林文集》，人民出版社 1962 年 8 月第 1 版，第 92—93 页。

（三）由于消灭了剥削阶级，社会主义社会人权获得了前所未有的平等

平等的要求在无产阶级口中有双重的意义。或者它是对极端的社会不平等，对富人和穷人之间、主人和奴隶之间、骄奢淫逸者和饥饿者之间的对立的自发的反应——特别是在初期，例如在农民战争中，情况就是这样；这种自发的反应，就其本身而言，是革命本能的简单的表现，它在这上面，而且也只有在这上面找到了它成立的理由。或者它是从对资产阶级平等要求的反应中产生的，它从这种平等要求中吸取了或多或少正确的、可以进一步发展的要求，成了用资本家本身的主张发动工人起来反对资本家的鼓动手段；在这种情况下，它是和资产阶级平等本身共存亡的。在上述两种情况下，无产阶级平等要求的实际内容都是消灭阶级的要求。任何超出这个范围的平等要求，都必然要流于荒谬。

恩格斯：《反杜林论》（1876 年 9 月—1878 年 6 月），《马克思恩格斯选集》第 3 卷，人民出版社 1972 年 5 月第 1 版，第 146 页。

拿妇女状况来说吧。在这一方面世界上任何一个最先进的资产阶级共和国内的任何一个民主政党，几十年中也没有做出我们在我国政权建立后第一年内所做到的百分之一。我们真正彻底废除了那些剥夺妇女平等权利、限制离婚、规定可恶的离婚手续、不承认私生子、追究私生子的父亲等等卑鄙的法律，这种法律的残余在各文明国家内还大量存在，而这正是资产阶级和资本主义的耻辱。我们有充分的权利以我们在这方面所作的一切而自豪。

> 列宁:《伟大的创举》,《列宁全集》第37卷，人民出版社1986年10月第2版，第20页。

这样，我们现在关于资本主义生产行将消灭以后的两性关系的秩序所能推想的，主要是否定性质的，大都限于将要消失的东西。但是，取而代之的将是什么呢？这要在新的一代成长起来的时候才能确定：这一代男子一生中将永远不会用金钱或其他社会权力手段去买得妇女的献身；而这一代妇女除了真正的爱情以外，也永远不会再出于其他某种考虑而委身于男子，或者由于担心经济后果而拒绝委身于她所爱的男子。这样的人们一经出现，对于今日人们认为他们应该做的一切，他们都将不去理会，他们自己将做出他们自己的实践，并且造成他们的据此来衡量的关于各人实践的社会舆论——如此而已。

> 恩格斯:《家庭、私有制和国家的起源》,《马克思恩格斯全集》第21卷，人民出版社1965年9月第1版，第96页。

十三　社会主义人权有一个逐步发展完善的过程

消灭国家政权是包括马克思在内并以他为首的一切社会主义者所抱的目的。不实现这个目的，真正的民主即平等和自由就无法实现。只有通过苏维埃民主即无产阶级民主才能真正达到这个目的，因为它通过经常吸引而且一定要吸引劳动者的群众组织参加国家管理，已经立即开始了使一切国家完全消亡的准备工作。

　　列宁：《共产国际第一次代表大会文献》，《列宁全集》第 35 卷，人民出版社 1985 年 10 月第 2 版，第 494 页。

最好的资产阶级共和国，不管它怎样民主，也有无数法律上的障碍阻挠劳动者参加管理。我们已彻底扫除这些障碍，但是直到今天我们还没有达到使劳动群众能够参加管理的地步，因为除了法律，还要有文化水平，而你是不能使它服从任何法律的。由于文化水平这样低，苏维埃虽然按党纲规定是通过劳动者来实行管理的机关，而实际上确实通过无产阶级先进阶层来为劳动者实行管理而不是通过劳动群众来实行管理的机关。

在这里，摆在我们面前的任务只有通过长期的教育才能解决。

　　列宁：《俄共（布）第八次代表大会》，《列宁全集》第 36 卷，人民出版社 1985 年 10 月第 2 版，第 154—155 页。

十四　社会主义社会人权发展的必然趋势是最终解放和全面发展人类自身

工人阶级的解放斗争不是要争取阶级特权和垄断权，而是要争取平等的权利和义务，并消灭任何阶级统治。

马克思：《协会临时章程》，《马克思恩格斯全集》第16卷，人民出版社1964年2月第1版，第15页。

这就已经使得它们不能成为永恒的正义和真理。在共产主义制度下和资源日益增多的情况下，经过不多几代的社会发展，人们就一定会认识到：侈谈平等和权利就像今天侈谈贵族等等的世袭特权一样显得可笑；同旧的不平等和旧的实在法的对立，甚至同新的暂行法的对立，都要从实际生活中消失；谁如果坚持要求丝毫不差地给他平等的、公正的一份产品，别人就会给他两份以示嘲笑。甚至杜林也会认为这是"可以预见的"，那末，平等和正义，除了在历史回忆的废物库里可以找到以外，哪儿还有呢？由于诸如此类的东西在今天对于鼓动是很有用的，所以它们绝不是什么永恒真理。

恩格斯：《反杜林论》，《马克思恩格斯文集》第9卷，人民出版社2009年12月第1版，第354页。

要是对于共产主义社会做一个简略的解剖，那末它就是这样的一个社会：（一）在那里不会有生产工具和生产资料的私有制，而只会有公有制、集体所有制；（二）在那里不会有阶级和国家政权，而只会有工业和农业的劳动者，他们将成为劳动者自由联合体，在经济上自己管理自己；（三）在那里按计划组织的国民经济，无论在工业方面或在农业方面，都是以高度技术为基础的；（四）在那里不会有城乡的对立，不会有工业和农业的对立；（五）在那里产品将按旧时法国共产主义者的原则实行分配，就是"各尽所能，各取所需"；（六）在那里科学和艺术将获得十分有利的发展条件，可以达到全盛的境地；（七）在那里每个人将成为真正自由的人，不必为糊口而操心，也不必迎合"当代有权有势的人"。

斯大林：《和第一个美国工人代表团的谈话》，《斯大林全集》第10卷，人民出版社1954年12月第1版，第117—118页。

　　在共产主义社会中，即在个人的独创的和自由的发展不再是一句空话的唯一的社会中，这种发展正是取决于个人间的联系，而这种个人间的联系表现在下列三个方面，即经济前提，一切人的自由发展的必要的团结一致以及在现有生产力基础上的个人的共同活动方式。因此，这里谈的是一定历史发展阶段上的个人，而决不是任何偶然的个人。

　　　　马克思、恩格斯：《德意志意识形态》，《马克思恩格斯全集》第3卷，人民出版社 1960 年 12 月第 1 版，第 516 页。

马克思主义经典作家论民法、经济法

一　民法和经济法的性质、作用和建立

需要的整个体系究竟是建立在意见上还是建立在整个生产组织上？需要往往直接来自生产或以生产为基础的情况。世界贸易几乎完全不是由个人消费的需要所决定，而是由生产的需要所决定。同样，再举另一个例子来说，对公证人的需要不是以一定的民法（民法不过是所有制发展的一定阶段，即生产发展的一定阶段的表现）的存在为前提吗？

马克思：《哲学的贫困》，《马克思恩格斯全集》第 4 卷，人民出版社 1958 年 8 月第 1 版，第 87 页。

其实，只有毫无历史知识的人才知道：君主们在任何时候都不得不服从经济条件，并且从来不能向经济条件发号施令。无论是政治的立法或市民的立法，都只是表明和记载经济关系的要求而已。

马克思：《哲学的贫困》，《马克思恩格斯全集》第 4 卷，人民出版社 1958 年 8 月第 1 版，第 121—122 页。

对既得物的保护等等。如果把这些滥调还原为它们的实际内容，它们所表示的就比它们的说教者所知道的还多。就是说，每种生产形式都产生出它所特有的法的关系，统治形式等等。粗率和无知之处正在于把有机地联系着的东西看成是彼此偶然发生关系的，纯粹反思联系中的东西，资产阶级经济学家只是感到，在现代警察制度下，比在例如强权下能更好地进行生产，他们只是忘记了，强权也是一种法，而且强者的权利也以另一种形式继续存在于他们的"法治国家"中。

马克思：《〈政治经济学批判〉导言》，《马克思恩格斯文集》第 8 卷，人民出版社 2009 年 12 月第 1 版，第 12 页。

在社会发展的某个很早的阶段，产生了这样一种需要：把每天重复着的产品生产、分配和交换用一个共同规则约束起来，借以使个人服从生产和交换的共同条件。这个规则首先表现为习惯，不久便成了法律。

马克思：《〈政治经济学批判〉导言》，《马克思恩格斯文集》第 3 卷，人民出版社 2009 年 12 月第 1 版，第 322 页。

在 18 世纪的法国、19 世纪的英国，整个法都归结于法（关于这一点，圣麦克斯也没有提到）而私法则归结为一种十分确定的力量，即归结为私有者的权力。

马克思、恩格斯：《德意志意识形态》，《马克思恩格斯全集》第 3 卷，人民出版社 1960 年 12 月第 1 版，第 368 页。

我的研究得出这样一个结果：法的关系正像国家的形式一样，既不能从它们本身来理解，也不能从所谓人类精神的一般发展来理解，相反，它们根源于物质的生活关系，这种物质的生活关系的总和，黑格尔按照 18 世纪的英国人和法国人的先例，概括为"市民社会"，而对市民社会的解剖应该到政治经济学中去寻求。我在巴黎开始研究政治经济学，后来因基佐先生下令驱逐移居布鲁塞尔，在那里继续进行研究。我所得到的、并且一经得到就用于指导我的研究工作的总结果，可以简要地表述如下：人们在自己生活的社会生产中发生一定的、必然的、不以他们的意志为转移的关系，即同他们的物质生产力的一定发展阶段相适合的生产关系。这些生产关系的总和构成社会的经济结构，即有法律的和政治的上层建筑竖立其上并有一定的社会意识形式与之相适应的现实基础。物质生活的生产方式制约着整个社会生活、政治生活和精神生活的过程。不是人们的意识决定人们的存在，相反，是人们的社会存在决定人们的意识。社会的物质生产力发展到一定阶段，便同它们一直在其中运动的现存生产关系或财产关系（这只是生产关系的法律用语）发生矛盾。于是这些关系便由生产力的发展形式变成生产力的桎梏。那时社会革命的时代就到来了。随着经济基础的变更，全部庞大的上层建筑也或慢或快地发生变革。在考察这些变革时，必须时刻把下面两者区别开来：一种是生产的经济条件方面所发生的物质的、可以用自然科学的精确性指明的变革，一种是人们借以意识到这个冲突并力求把它克服的那些法律的、政治的、宗教的、艺术的或哲学的，简言之，意识形态的形式。

马克思：《〈政治经济学批判〉序言》，《马克思恩格斯全集》第 13 卷，人民出版社 1962 年 11 月第 1 版，第 8—9 页。

正像达尔文发现有机界的发展规律一样，马克思发现了人类历史的发展规律，即历来为纷繁芜杂的意识形态所掩盖着的一个简单事实：人们首先必须吃、喝、住、穿，然后才能从事政治、科学、艺术、宗教等等。所以，直接的物质的生活资料的生产，从而一个民族或一个时代的一定的经济发展阶段，便构成基础；人们的国家设施，法的观点，艺术以至宗教观念，就是从这个基础上发展起来的。因而，也必须由这个基础来解释，而不是像过去那样做得相反。

　　　　恩格斯:《在马克思墓前的讲话》,《马克思恩格斯文集》第3卷,人民出
　　　　版社2009年12月第1版,第601页。

　　因此,在现代历史中至少已经证明,一切政治斗争都是阶级斗争,而一切争取解放的阶级斗争,尽管它必然地具有政治的形式(因为一切阶级斗争都是政治斗争),归根到底都是围绕着经济解放进行的。因此,至少在这里,国家、政治制度是从属的东西,而市民社会、经济关系的领域是决定性的因素,市民社会是被国家决定的因素。表面现象是同这种看法相符合的。就单个人来说,他的行动的一切动力,都一定要通过他的头脑,一定要转变为他的意志的动机,才能使他行动起来,同样,市民社会的一切要求(不管当时是哪一个阶级统治着),也一定要通过国家的意志,才能以法律形式取得普遍效力。这是问题的形式方面,这方面是不言而喻的;不过要问一下,这个仅仅是形式上的意志(不论是单个人的或国家的)有什么内容呢?这一内容是从哪里来的呢?为什么人们所期望的正是这个而不是别的呢?在寻求这个问题的答案时,我们就发现,在现代历史中,国家的意志总的说来是由市民社会的不断变化的需要,是由某个阶级的优势地位,归根到底,是由生产力和交换关系的发展决定的。

　　　　恩格斯:《路德维希·费尔巴哈和德国古典哲学的终结》,《马克思恩格斯
　　　　文集》第4卷,人民出版社2009年12月第1版,第306页。

　　如果说国家和公法是由经济关系决定的,那么不言而喻,私法也是这样,因为私法本质上只是确认单个人之间的现存的、在一定情况下是正常的经济关系。

　　　　恩格斯:《路德维希·费尔巴哈和德国古典哲学的终结》,《马克思恩格斯
　　　　文集》第4卷,人民出版社2009年12月第1版,第307页。

　　如果说民法准则只是以法的形式表现了社会的经济生活条件,那么这种准则就可以依情况的不同而把这些条件有时表现得好,有时表现得坏。

　　　　恩格斯:《路德维希·费尔巴哈和德国古典哲学的终结》,《马克思恩格斯
　　　　文集》第4卷,人民出版社2009年12月第1版,第307页。

　　法也与此相似:产生了职业法学家的新分工一旦成为必要,就又开辟了一个新的独立领域,这个领域虽然一般地依赖于生产和贸易,但是它仍然具有对这两个领域起反作用的特殊能力。在现代国家中,法不仅必须适应于总的经济状况,不仅必须是它的表现,而且还必须是不因内在矛盾而

自相抵触的一种内部和谐一致的表现。而为了达到这一点，经济关系的忠实反映便日益受到破坏。法典越是不把一个阶级的统治鲜明地、不加缓和地、不加歪曲地表现出来（否则就违反了"法的概念"），这种现象就越常见。1792—1796 年时期革命资产阶级的纯粹而彻底的法的概念，在许多方面已经在拿破仑法典中被歪曲了，而就它在这个法典中的体现来说，它必定由于无产阶级的不断增长的力量而每天遭到各种削弱。但是这并不妨碍拿破仑法典成为世界各地编纂一切新法典时当作基础来使用的法典。这样，"法的发展"的进程大部分只在于首先设法消除那些由于将经济关系直接翻译成法律原则而产生的矛盾，建立和谐的法的体系，然后是经济进一步发展的影响和强制力又一再突破这个体系，并使它陷入新的矛盾（这里我暂时只谈民法）。

经济关系反映为法的原则，同样必然是一种头足倒置的反映。这种反映是在活动者没有意识到的情况下发生的；法学家以为他是凭着先验的原理来活动的，然而这只不过是经济的反映而已。这样一来，一切都头足倒置了。而这种颠倒——在它没有被认识以前构成我们称之为意识形态观点的那种东西——又对经济基础发生反作用，并且能在某种限度内改变经济基础，我认为这是不言而喻的。以家庭的同一发展阶段为前提，继承法的基础是经济的。尽管如此，很难证明：例如在英国立遗嘱的绝对自由，在法国对这种自由的严格限制，在一切细节上都只是出于经济的原因。但是二者都对经济起着很大的反作用，因为二者都影响财产的分配。

恩格斯：《致康拉德·施米特》，《马克思恩格斯文集》第 10 卷，人民出版社 2009 年 12 月第 1 版，第 597—598 页。

国家权力对于经济发展的反作用可以有三种：它可以沿着同一方向起作用，在这种情况下就会发展得比较快；它可以沿着相反方向起作用，在这种情况下，像现在每个大民族的情况那样，它经过一定的时期都要崩溃；或者是它可以阻止经济发展沿着既定的方向走，而给它规定另外的方向——这种情况归根到底还是归结为前两种情况中的一种。但是很明显，在第二和第三种情况下，政治权力会给经济发展带来巨大的损害，并造成人力和物力的大量浪费。

恩格斯：《致康拉德·施米特》，《马克思恩格斯文集》第 10 卷，人民出版社 2009 年 12 月第 1 版，第 597 页。

法也与此相似：产生了职业法学家的新分工一旦成为必要，就又开辟了一个新的独立领域，这个领域虽然一般地依赖于生产和贸易，但是它仍然具有对这两个领域起反作用的特殊能力。在现代国家中，法不仅必须适应于总的经济状况，不仅必须是它的表现，而且还必须是不因内在矛盾而自相冲突的一种内部和谐一致的表现。

恩格斯：《致康拉德·施米特》，《马克思恩格斯文集》第10卷，人民出版社2009年12月第1版，第597—598页。

我们视之为社会历史的决定性基础的经济关系，是指一定社会的人民生产生活资料和彼此交换产品（在有分工的条件下）的方式。因此，这里包括生产和运输的全部技术。这种技术，照我们的观点来看，也决定着产品的交换方式和分配方式，从而在氏族社会解体后也决定着阶级的划分，决定着统治关系和奴役关系，决定着国家、政治、法等等。

恩格斯：《致瓦尔特·博尔吉乌斯》，《马克思恩格斯文集》第10卷，人民出版社2009年12月第1版，第667页。

政治、法、哲学、宗教、文学、艺术等等的发展是以经济发展为基础的，但是，它们又都互相作用并对经济基础发生作用。这并不是说，只有经济状况才是原因，才是积极的，其余一切都不过是消极的结果，而是说，这是这种归根到底不断为自己开辟道路的经济必然性的基础上相互作用。

恩格斯：《致瓦尔特·博尔吉乌斯》，《马克思恩格斯文集》第10卷，人民出版社2009年12月第1版，第668页。

由于私有制的作用，这些理应属于全人类的力量便成为少数富有的资本家的垄断物，成为他们奴役群众的工具。商业吞并了工业，因而变得无所不能，变成了人类的纽带；个人的或国家的一切交往，都被溶化在商业交往中，这就等于说，财产、物升格为世界的统治者。

恩格斯：《英国状况》，《马克思恩格斯文集》第1卷，人民出版社2009年12月第1版，第105页。

私法是与私有制同时从自然形成的共同体的解体过程中同时发展起来的。在罗马人那里，私有制和私法的发展没有在工业和商业方面引起进一步的结果，因为他们的整个生产方式没有改变。在现代民族那里，工业和商业瓦解了封建的共同体，随着私有制和私法的产生，开始了一个能够进一步发展的新阶段。在中世纪进行了广泛的海上贸易的第一个城市阿马尔菲还制定了海商法。当工业和商业——起初在意大利，随后在其他国家——进一步发展了私有制的时候，详细拟定的罗马私法便又立即得到恢复并取得威信。后来，资产阶级力量壮大起来，君主们开始照顾它的利益，以便借助资产阶级来摧毁封建贵族，这时候法便在所有国家中——法国是在 16 世纪——开始真正地发展起来了，除了英国以外，这种发展在所有国家中都是以罗马法典为基础的。即使在英国，为了私法（特别是其中关于动产的那一部分）的进一步完善，也不得不参照罗马法的原则。（不应忘记，法也和宗教一样是没有自己的历史的。）

马克思、恩格斯：《德意志意识形态》，《马克思恩格斯文集》第 1 卷，人民出版社 2009 年 12 月第 1 版，第 584—585 页。

这样，我们不得不说，如果杜林先生手头有一本拿破仑法典，那么，他肯定不能以同样的自信心对拉萨尔做出这种"具有伟大风格的历史记述"。因此，我们必须断定，杜林先生对于以法国大革命的社会成果为依据并把这些成果转为法律的唯一的现代民法典，即法兰西现代法，是完全无知的。

恩格斯：《反杜林论》，《马克思恩格斯文集》第 9 卷，人民出版社 2009 年 12 月第 1 版，第 115 页。

如果说国家和公法是由经济关系决定的，那么不言而喻，私法也是这样，因为私法本质上只是确认单个人之间的现存的、在一定情况下是正常的经济关系。但是，这种确认所采取的形式可以是很不相同的。人们可以把旧的封建的法的形式大部分保存下来，并且赋予这种形式以资产阶级的内容，甚至直接给封建的名称加上资产阶级的含义，就像在英国与民族的全部发展相一致而发生的那样；但是人们也可以像在西欧大陆上那样，把商品生产者社会的第一个世界性法律即罗马法以及它对简单商品所有者的一切本质的法的关系（如买主和卖主、债权人和债务人、契约、债务等等）所作的无比明确的规定作为基础。这样做时，为了仍然是小资产阶级的和半封建的社会的利益，人们可以或者是简单地通过审判的实践贬低罗马法，使它适合于这个社会的状况（普通法），或者是依靠所谓开明的进行道德说教的法学家的帮助把它加工成一种适应于这种社会状况的特殊法典，这种法典，在这种情况下即使从法学观点看来也是不好的（普鲁士邦法）；但是这样做时，人们也可以在资产阶级大革命以后，以同一个罗马法为基础，制定出像法兰西民法典，这样典型的资产阶级社会的法典。因此，如果说民法准则只是以法的形式表现了社会的经济生活条件，那么这种准则就可以依情况的不同而把这些条件有时表现得好，有时表现得坏。

恩格斯：《路德维希·费尔巴哈和德国古典哲学的终结》，《马克思恩格斯文集》第 4 卷，人民出版社 2009 年 12 月第 1 版，第 307 页。

英国法学家所依据的是这样一种法的历史，这种历史经历了世纪，它拯救了很大一份古日耳曼人的自由，它不知警察国家为何物（这种国家在萌芽状态中就被十七世纪的两次革命扼杀了），它在两百年来公民自由的不断发展中达到了最高峰。法国法学家所依据的是大革命，这一革命在彻底消灭了封建主义和专制的警察专横之后，把刚刚诞生的现代社会的经济生活条件，在拿破仑颁布的它的经典法典中译成了司法法规的语言。

恩格斯：《暴力在历史中的作用》，《马克思恩格斯全集》第 21 卷，人民出版社 1965 年 9 月第 1 版，第 523 页。

我们当前的任务是发展民事流转，新经济政策要求这样作，而这样作又要求更多的革命法制。显然，在军事进攻的情况下，在苏维埃政权被人扼住脖子的时候，如果我把这项任务放在第一位，那我们就是书呆子，就是把革命当儿戏，就不会搞好革命。我们的政权愈稳固，民事流转愈发展，就愈加迫切需要提出实施更多的革命法制的坚决口号，就愈加需要缩小那些回答阴谋者任何打击的机关的活动范围。这就是政府在过去一年内经过试验、观察和考虑而得出的结论。

列宁：《全俄苏维埃第九次代表大会》，《列宁全集》第 33 卷，人民出版社 1957 年 8 月第 1 版，第 148—149 页。

目前正在制定新的民法。司法人民委员部在"随波逐流"，这种情况我看得出来。可是它是应当同潮流作斗争的。不要因袭（确切点说，不要被那些昏庸的资产阶级旧法学家所愚弄，他们总是因袭）陈旧的、资产阶级的民法概念，而要创造新的。不要受"因职责关系"沿用"适合欧洲"的行动方式的外交人民委员部的影响，而要同这种行动方式作斗争，制定新的民法，确定对"私人"契约的新的态度，等等。我们不承认任何"私人"性质的东西，在我们看来，经济领域中的一切都属于公法范畴，而不是什么私人性质的东西。我们容许的资本主义只是国家资本主义，而国家，如上所述，就是我们。因此必须：对"私法"关系更广泛地运用国家干预；扩大国家废除"私人"契约的权力；不是把罗马法典，而是把我们的革命的法律意识运用到"民事法律关系"上去；通过一批示范性审判来经常地、坚持不懈地表明应当怎样动脑筋、花力气做这件事；通过党来抨击和撤换那些不学习这个本事和不愿理解这一点的革命法庭成员和人民审判员。

> 列宁：《关于司法人民委员部在新经济政策条件下的任务》，《列宁专题文集》之《论社会主义》，人民出版社 2009 年 12 月第 1 版，第 310 页。

请注意，据哥尔布诺夫同志告诉我，昨天在人民委员会里把民法典弄得糟透了。我在给库尔斯基的信中提出的那些警告，看来没有引起重视。责成全俄中央执行委员会主席团按照我给库尔斯基信中的指示精神对此事加以研究。在没有连同我的初步结论再次提交政治局以前，在任何情况下都不得予以批准。应立即成立一个由三名能保证正确理解这项工作并提出必要的修改和补充的法学家组成委员会。责成该委员会在不长的期限内向政治局提交修改和补充的草案。确定该委员会的主要任务是：能够毫无例外地监督（密切监督）一切私人企业和废除一切与法律规定及工农劳动群众利益相抵触的合同和私人契约，以充分保障无产阶级国家的利益。不要奴隶般地抄袭资产阶级民法，而要按我们的法令的精神对它作一系列的限制，但不得妨碍经济或贸易工作。

> 列宁：《关于俄罗斯苏维埃联邦社会主义共和国民法典给俄共（布）中央政治局的信》，《列宁文稿》第 4 卷，人民出版社 1978 年 8 月第 1 版，第 310 页。

关于民法典，我不能参加个别条文的制定工作。健康状况不许可。

应该注意下面几点：

（1）司法人民委员部应当直接监督和检查：谁对民法典每个重要部分负责。

（2）凡是西欧各国文献和经验中所有保护劳动人民利益的东西，都一定要吸收。

（3）但不能以此（这是最重要的）为限。不能够盲目地跟着外交人民委员部走。

不要迎合"欧洲"，而应进一步加强国家对"私法关系"和民事案件的干涉。这究竟应当怎么作，我不能说，因为我既不能研究问题，也不能钻研法典。即使一个个别法案也罢。但是这件事应该作，这个我是很明确的。现在我们在这方面的危险是作得不够，而不是作"过头了"，这个我也是非常明确的。正是在热那亚会议召开以前，我们不能乱了步调，不能畏缩不前，不能放过国家对"民事"关系的干涉。

　　　　列宁：《给德·伊·库尔斯基的信》，《列宁全集》第33卷，人民出版社
　　　　1957年8月第1版，第172—173页。

　　有关民法典的问题，我在看了主要条文以后，认为比较慎重和正确的做法是：

　　目前只限于郑重地宣布一下，而法典本身还得更加细致地进行加工。

　　请您设法通过全俄中央执行委员会主席团和政治局去做这件事。

　　　　列宁：《给亚德瞿鲁巴的信并附提交俄共（布）中央政治局和全俄中央执
　　　　行委员会主席团的建议》，《列宁文稿》第4卷，人民出版社1978年8月
　　　　第1版，第242页。

　　其次，你们还研究了像民法典、一般审判制度这样的问题。在我们坚决执行我们这个决不许动摇的政策的时候，这个问题对于广大人民群众是极其重要的。我们在这里也竭力注意划清界限：什么是满足一个公民为适合目前经济流转而提出的合法要求，我们却不想让它合法化。你们专门为此而提出并通过了的修正案的成效如何，将来自会分晓。在这方面我们决不会自己束缚自己的手脚。如果现实生活暴露出我们以前没有预料到的滥用新经济政策的现象，我们会马上提出必要的修正。

　　　　列宁：《在第九届全俄中央执行委员会第四次常会上的演说》，《列宁全
　　　　集》第33卷，人民出版社1957年8月第1版，第353—354页。

　　用在高度技术基础上使社会主义生产不断增长和不断完善的办法，来保证最大限度地满足整个社会经济增长的物质和文化的需要。

　　　　斯大林：《苏联社会主义经济问题》（1952年9月28日），《斯大林文选》，
　　　　人民出版社1962年8月第1版，第602页。

　　保证最大限度地满足社会经常增长的物质和文化的需要，就是社会主义生产的目的；在高度技术基础上使社会主义生产不断增长和不断完善，就是达到这一目的的手段。

　　　　斯大林：《苏联社会主义经济问题》（1952年9月28日），《斯大林文选》，
　　　　人民出版社1962年8月第1版，第634页。

　　大约两个月以前，国防委员会提出了另一个口号："一切为了国民经济。"这就是说，必须按新规范即经济规范来改组我们的全部建设工作，必

须把一切人力投入经济方面。但是这并不是说，我们再没有军事任务了。

斯大林：《在乌克兰共产党（布）第四次代表会议上的讲话》（1920 年 3
月），《斯大林全集》第 4 卷，人民出版社 1956 年 8 月第 1 版，第 264 页。

形成社会的精神生活的源泉，产生社会思想、社会理论、政治观点和
政治设施的源泉，不应当到思想、理论、观点和政治设施本身中去寻求，
而要到社会的物质生活条件、社会存在中去寻找，因为这些思想、理论和
观点等等是社会存在的反映。

斯大林：《论辩证唯物主义和历史唯物主义》（1938 年 5 月 17 日），《斯大
林文选》，人民出版社 1962 年 8 月第 1 版，第 189 页。

二 所有权问题

在每个历史时代中所有权是以各种不同的方式、在完全不同的社会关系下面发展起来的。因此，给资产阶级的所有权下定义不外是把资产阶级生产的全部社会关系描述一番。

要想把所有权作为一种独立的关系、一种特殊的范畴、一种抽象的和永恒的观念来下定义，这只能是形而上学或法学的幻想。

马克思：《哲学的贫困》，《马克思恩格斯文集》第 1 卷，人民出版社 2009 年 12 月第 1 版，第 638 页。

他们叫喊说，公社想要消灭构成全部文明的基础的所有制！是的，诸位先生，公社曾想消灭那种将多数人的劳动变为少数人的财富的阶级所有制。它是想要剥夺剥夺者。它是想要把现在主要用做奴役和剥削劳动的手段的生产资料、即土地和资本完全变成自由的和联合的劳动的工具，从而使个人所有制成为现实。

马克思：《法兰西内战》，《马克思恩格斯文集》第 3 卷，人民出版社 2009 年 12 月第 1 版，第 158 页。

不过，必须指出，由劳动人民"实际占有"全部劳动工具和拥有全部工业，是同蒲鲁东主义的"赎买"完全相反的。如果采用后一种办法，单个劳动者将成为住房、农民田园、劳动工具的所有者；如果采用前一种办法，则"劳动人民"将成为房屋、工厂和劳动工具的总所有者。这些房屋、工厂和劳动工具的用益权，至少在过渡时期难以无偿地转让给个人或团体。同样，消灭地产并不是消灭地租，而是把地租——虽然形式发生变化——转交给社会。所以，由劳动人民实际占有全部劳动工具，决不排除保存租赁关系。

马克思：《论住宅问题》，《马克思恩格斯文集》第 3 卷，人民出版社 2009 年 12 月第 1 版，第 328 页。

无产阶级将取得公共权力，并且利用这个权力把脱离资产阶级掌握的社会化生产资料变为公共财产。通过这个行动，无产阶级使生产资料摆脱了他们迄今具有的资本属性，使它们的社会性质有充分的自由得以实现。从此按照预定计划进行的社会生产就成为可能的了。生产的发展使不同社会阶级的继续存在成为时代错乱。随着社会生产的无政府状态的消失，国家的政治权威也将消失。人终于成为自己的社会结合的主人，从而也就成为自然界的主人，成为自身的主人——自由的人。

> 恩格斯：《社会主义从空想到科学的发展》，《马克思恩格斯文集》第 3 卷，人民出版社 2009 年 12 月第 1 版，第 566 页。

当蒲鲁东先生按照这里列举的次序在自己的头脑中产生出竞争、垄断、税收或警察、贸易差额、信用和所有权的时候，他真是在大显身手。在英国，几乎全部信用事业都在机器发明以前的十八世纪初就发展起来了。公债不过是增加税收和满足资产阶级掌握政权所造成的新需要的一种新方式。

最后，所有权成为蒲鲁东先生的体系中的最后一个范畴。在现实世界中，情况恰恰相反：蒲鲁东先生的分工和所有其他范畴都是社会关系，这些关系的总和构成现在称之为所有权的东西；在这些关系之外，资产阶级所有权不过是形而上学的或法学的幻想。

> 马克思：《致帕维尔·瓦西里耶维奇·安年科夫》，《马克思恩格斯文集》第 10 卷，人民出版社 2009 年 12 月第 1 版，第 46—47 页。

总之，共产党人到处都支持一切反对现存的社会制度和政治制度的革命运动。

在所有这些运动中，他们都特别强调所有制问题，它作为运动的基本问题，不管这个问题当时的发展程度怎么样。

> 马克思、恩格斯：《共产党宣言》，《马克思恩格斯文集》第 2 卷，人民出版社 2009 年 12 月第 1 版，第 66 页。

工人为了农村无产阶级的利益和自身的利益，他们必须要求把没收过来的封建地产变为国有财产，变成工人移民区，由联合起来的农村无产阶级利用大规模农业的一切优点来进行耕种。这样一来，在资产阶级所有制关系发生动摇的情况下，公有制的原则立即就会获得巩固的基础。正如民主派与农民联合起来那样，工人应当同农村无产阶级联合起来。

> 马克思、恩格斯：《共产主义者同盟中央委员会告同盟书》，《马克思恩格斯文集》第 2 卷，人民出版社 2009 年 12 月第 1 版，第 196—197 页。

既然氏族制度对于被剥削的人民不能有任何帮助，于是就只有期望正在产生的国家。而国家也确实以梭伦制度的形式给予了这种帮助，同时它又靠牺牲旧制度来增强自己。梭伦揭开了一系列所谓政治革命，而且是以侵犯所有制来揭开的，至于他在公元前 594 年实现改革的方式，我们在这里可以不谈。迄今的一切革命，都是为了保护一种所有制以反对另一种所有制的革命。它们如果不侵犯另一种所有制，便不能保护这一种所有制。在法国大革命时期，是牺牲封建的所有制以拯救资产阶级的所有制；在梭伦所进行的革命中，应当是损害债权人的财产以保护债务人的财产。债务简单地被宣布无效。详情我们虽然不太清楚，但是梭伦在他的诗中自夸说，他清除了负债土地上的抵押，使那些因债务而被出卖和逃亡到海外的人都重返家园。这只有通过公开侵犯财产所有权才能做到。的确，一切所谓政治革命，从头一个起到末一个止，都是为了保护某种财产而实行的，都是通过没收（或者也叫作盗窃）另一种财产而进行的。所以毫无疑问，2500 年来私有财产之所以能保存下来，只是由于侵犯了财产所有权的缘故。

恩格斯：《家庭、私有制和国家的起源》，《马克思恩格斯文集》第 4 卷，

人民出版社 2009 年 12 月第 1 版，第 131—132 页。

无产阶级和财富是两个对立面。他们本身构成一个整体。它们是私有制世界的两种形态。问题在于它们二者在对立中所占的特定地位。只说明它们是整体的两个方面是不够的。

私有财产作为私有财产，作为财富，不得不保持自身的存在，因而也不得不保持自己的对立面——无产阶级的存在。这是对立的肯定方面，是得到自我满足的私有财产。

相反，无产阶级作为无产阶级，不得不消灭自身，因而也不得不消灭制约它而使它成为无产阶级的那个对立面——私有财产。这是对立的否定方面，是对立内部的不安，是已被瓦解并且正在瓦解的私有财产。

有产阶级和无产阶级同样表现了人的自我异化。但是，有产阶级在这种自我异化中感到幸福，感到自己被确证，它认为异化是它自己的力量所在，并在异化中获得认定生存的外观。而无产阶级在异化中则感到自己是被消灭的，并在其中看到自己的无力和非人的生存的现实。这个阶级，用黑格尔的话来说，就是在被唾弃的状况下对这种被唾弃的状况的愤慨，这是这个阶级由于它的本性同作为对这种本性的露骨的、断然的、全面的否定的生活状况发生矛盾而必然产生的愤慨。

因此，在这种对立内，私有者是保守的一方，无产者是破坏的一方。从前者产生保持对立的行动，从后者则产生消灭对立的行动。

的确，私有财产在自己的国民经济运动中自己使自己走向瓦解，但是私有财产只有通过不以它为转移的、不自觉的、同它的意志相违背的、为事物的本性所决定的发展，只有当私有财产造成作为无产阶级的无产阶级，造成意识到自己在精神和肉体上贫困的那种贫困，造成意识到自己的非人化从而自己消灭自己的那种非人化时，才能做到这一点。无产阶级执行着雇佣劳动由于为别人生产财富、为自己生产贫困而给自己做出的判决，同样，它也执行着私有财产由于产生无产阶级而给自己做出的判决。无产阶级在获得胜利时，无论如何决不会因此成为社会的绝对方面，因为它只有消灭自己本身和自己的对立面才能获得胜利。到那时，无产阶级本身以及制约着它的对立面——私有财产都会消失。

马克思、恩格斯：《神圣家族》，《马克思恩格斯文集》第 1 卷，人民出版社 2009 年 12 月第 1 版，第 260—261 页。

第十四个问题：这种新的社会制度应当是怎样的？

答：这种新的社会制度首先必须剥夺相互竞争的个人对工业和一切生产部门的经营权，而代之以所有这些生产部门由整个社会来经营，就是说，为了共同的利益、按照共同的计划、在社会全体成员的参加下来经营。这样，这种新的社会制度将消灭竞争，而代之以联合。因为个人经营工业的必然结果是私有制，竞争不过是单个私有者经营工业的一种方式，所以私有制同工业的个体经营和竞争是分不开的。因此私有制也必须废除，而代之以共同使用全部生产工具和按照共同的协议来分配全部产品，即所谓财产共有。废除私有制甚至是工业发展必然引起的改造整个社会制度的最简明扼要的概括。所以共产主义者完全正确地强调废除私有制是自己的主要要求。

恩格斯：《共产主义原理》，《马克思恩格斯文集》第 1 卷，人民出版社 2009 年 12 月第 1 版，第 683 页。

第十八个问题：这个革命的发展过程将是怎样的？

答：首先无产阶级革命将建立民主的国家制度，从而直接或间接地建立无产阶级的政治统治。在英国可以直接建立，因为那里的无产者现在已占人民的大多数。在法国和德国可以间接建立，因为这两个国家的大多数人民不仅是无产者，而且还有小农和小资产者，小农和小资产者正处在转变为无产阶级的过渡阶段，他们的一切政治利益的实现都越来越依赖无产阶级，因而他们很快就会同意无产阶级的要求。这也许还需要第二次斗争，但是，这次斗争只能以无产阶级的胜利而告终。

如果不立即利用民主作为手段实行进一步的、直接侵犯私有制和保障无产阶级生存的各种措施，那么，这种民主对于无产阶级就毫无用处。这些作为现存关系的必然结果现在已经产生出来的最主要的措施如下：

（1）用累进税、高额遗产税、取消旁系亲属（兄弟、侄甥等）继承权、强制公债等来限制私有制。

（2）一部分用国家工业竞争的办法，一部分直接用纸币赎买的办法，逐步剥夺土地所有者、工厂主、铁路所有者和船主的财产。

（3）没收一切反对大多数人民的流亡分子和叛乱分子的财产。

（4）在国家农场、工厂和作坊中组织劳动或者让无产者就业，这样就会消除工人之间的竞争，并迫使还存在的厂主支付同国家一样高的工资。

（5）对社会全体成员实行同样的劳动义务制，直到完全废除私有制为止。成立产业军，特别是在农业方面。

（6）通过拥有国家资本的国家银行，把信贷系统和金融业集中在国家手里。取消一切私人银行和银行家。

（7）随着国家拥有的资本和工人的增加，增加国家工厂、作坊、铁路和船舶，开垦一切荒地，改良已垦土地的土壤。

（8）所有的儿童，从能够离开母亲照顾的时候起，都由国家出钱在国家设施中受教育。把教育和生产结合起来。

（9）在国有土地上建筑大厦，作为公民公社的公共住宅。公民公社将从事工业生产和农业生产，将把城市和农村生活方式的优点结合起来，避免二者的片面性和缺点。

（10）拆毁一切不合卫生条件的、建筑得很坏的住宅和市区。

（11）婚生子女和非婚生子女享有同等的继承权。

（12）把全部运输业集中在国家手里。

自然，所有这一切措施不能一下子都实行起来，但是它们将一个跟着一个实行，只要向私有制一发起猛烈的进攻，无产阶级就要被迫继续向前迈进，把全部资本、全部农业、全部工业、全部运输业和全部交换都越来越多地集中在国家手里。上述一切措施都是为了这个目的。无产阶级的劳动将使国家的生产力大大增长，随着这种增长，这些措施实现的可能性和由此而来的集中化程度也将相应地增长。最后，当全部资本、全部生产和全部交换都集中在国家手里的时候，私有制将自行灭亡，金钱将变成无用之物，生产将大大增加，人将大大改变，以致连旧社会最后的各种交往形式也能够消失。

> 恩格斯：《共产主义原理》，《马克思恩格斯文集》第1卷，人民出版社2009年12月第1版，第685—686页。

共产主义的特征并不是要废除一般的所有制，而是要废除资产阶级的所有制。

但是，现代的资产阶级私有制是建立在阶级对立上面、建立在一些人对另一些人的剥削上面的产品生产和占有的最后而又最完备的表现。

从这个意义上说，共产党人可以把自己的理论概括为一句话：消灭私有制。

> 马克思、恩格斯：《共产党宣言》，《马克思恩格斯文集》第2卷，人民出版社2009年12月第1版，第45页。

无产阶级将利用自己的政治统治，一步一步地夺取资产阶级的全部资本，把一切生产工具集中在国家即组织成为统治阶级的无产阶级手里，并且尽可能快地增加生产力的总量。

要做到这一点，当然首先必须对所有权和资产阶级生产关系实行强制性的干涉，也就是采取这样一些措施，这些措施在经济上似乎是不够充分的和没有力量的，但是在运动进程中它们会越出本身，而且作为变革全部生产方式的手段是必不可少的。

> 马克思、恩格斯：《共产党宣言》，《马克思恩格斯文集》第2卷，人民出版社2009年12月第1版，第52页。

社会生产力已经发展到资产阶级不能控制的程度，只等待联合起来的无产阶级去掌握它，以便建立这样一种制度，使社会的每一成员不仅有可能参加社会财富的生产，而且有可能参加社会财富的分配和管理，并通过有计划地经营全部生产，使社会生产力及其成果不断增长，足以保证每个人的一切合理的需要在越来越大的程度上得到满足。

> 恩格斯：《卡尔·马克思》，《马克思恩格斯文集》第3卷，人民出版社2009年12月第1版，第460页。

相反，我却认为，社会运动将作出决定：土地只能是国家的财产。把土地交给联合起来的农业劳动者，就等于使整个社会只听从一个生产者阶级摆布。

土地国有化将彻底改变劳动和资本的关系，并最终完全消灭工业和农业中的资本主义的生产。只有到那时，阶级差别和各种特权才会随着它们赖以存在的经济基础一同消失。靠他人的劳动而生活将成为往事。与社会相对立的政府或国家将不复存在！农业、矿业、工业，总之，一切生产部门将用最合理的方式逐渐组织起来。生产资料的全国性的集中将成为由自由平等的生产者的各联合体所构成的社会的全国性的基础，这些生产者将按照共同的合理的计划进行社会劳动。这就是19世纪的伟大经济运动所追求的人道目标。

要终止资本对劳动的剥削，只有采取一种手段，就是消灭劳动工具的私有制，所有工厂和矿山以及所有大地产等等都归整个社会所有，实行由工人自己进行管理的共同的社会主义生产。

> 马克思：《论土地国有化》，《马克思恩格斯文集》第3卷，人民出版社2009年12月第1版，第232—233页。

要消灭这种新的恶性循环，要消灭这个不断重新产生的现代工业的矛盾，又只有消灭现代工业的资本主义性质才有可能。只有按照一个统一的大的计划协调地配置自己的生产力的社会，才能使工业在全国分布得最适合于它自身的发展和其他生产要素的保持或发展。

> 恩格斯：《反杜林论》，《马克思恩格斯文集》第9卷，人民出版社2009年12月第1版，第313页。

无产阶级将取得国家政权，并且首先把生产资料变为国家财产。但是这样一来，它就消灭了作为无产阶级的自身，消灭了一切阶级差别和阶级对立，也消灭了作为国家的国家。

> 恩格斯：《社会主义从空想到科学的发展》，《马克思恩格斯文集》第3卷，人民出版社2009年12月第1版，第561页。

我们永远也不能许诺小农给他保持个体经济和个人财产去反对资本主义生产的优势力量。我们只能许诺他们说，我们不会违反他们的意志而用强力干预他们的财产关系。其次，我们可以促使资本家和大土地占有者反对小农的斗争现在就尽量少用不公正的手段进行，并且尽可能阻挠现在常常发生的直接掠夺和欺诈行为。这是只有在例外的场合才可做到的。在发达的资本主义生产方式下，谁也搞不清楚到何处为止算是诚实，从何处起就算是欺诈。然而政权是站在欺骗者方面还是站在被欺骗者方面，这始终是有很大差别的。而我们则坚决站在小农方面；我们将竭力设法使他们的命运较为过得去一些，如果他们下决心的话，就使他们易于过渡到合作社，如果他们还不能下决心，那就甚至给他们一些时间，让他们在自己的小块土地上考虑考虑这个问题。我们所以要这样做，不仅是因为我们认为自食其力的小农可能来补充我们的队伍，而且也是为了党的直接利益。被我们挽救而没有真正转变为无产者，还在农民地位时就被我们吸收到自己方面来的农民人数愈多，社会变革的实现也就会愈迅速和愈容易。我们无须等到资本主义生产发展的后果到处都以极端形式表现出来的时候，等到最后一个小手工业者和最后一个小农都变成资本主义大生产的牺牲品的时候，才来实现这个变革。我们在这方面为了农民的利益而必须牺牲一些社会资金，这从资本主义经济的观点看来好像是白费金钱，然而这却是善于投资，因为这种物质牺牲可能使花在整个社会改造上的费用节省十分之九。因此，在这个意义上说来，我们可以很慷慨地对待农民。这里不是深入细节，在这方面提出一定建议的地方；这里只能讲到一般的要点。

可见，如果我们所给的诺言使农民哪怕有一点借口设想我们是要想长期保全小块土地所有制，那就不仅对于党而且对于小农本身也是最坏不过的帮倒忙。这就简直是把农民解放的道路封闭起来并把党降低到招摇过市的反犹太主义的水平。恰恰相反。我们党的任务是随时随地向农民解释：他们的处境在资本主义还统治着的时候是绝对没有希望的，要保全他们那样的小块土地所有制是绝对不可能的，资本主义的大生产将把他们那无力的过时的小生产压碎，正如火车把独轮手推车压碎一样是毫无问题的。我们这样做，就是按照必然的经济发展趋势行动，而经济发展是会使农民的头脑了解我们的话的。

　　　　恩格斯：《法德农民问题》，《马克思恩格斯选集》第4卷，人民出版社
　　　　1958年8月第1版，第311—312页。

第二，同样明显的，当我们掌握了国家权力的时候，我们根本不能设想用强制的办法去剥夺小农（不论有无报偿，都是一样），像我们将不得不如此对待大土地占有者那样。我们对于小农的任务，首先是把他们的私人生产和私人占有变为合作社的生产和占有，但不是用强制的办法，而是通过示范和为此提供社会帮助。当然，到那时候，我们将有够多的办法，

使小农懂得他们本来现在就应该明了的好处。

恩格斯：《法德农民问题》，《马克思恩格斯选集》第 4 卷，人民出版社 1958 年 8 月第 1 版，第 310 页。

要给这些劳动力找到工作，可以用两种方法：或是从邻近的大田庄中另拨出一些田地给农民合作社支配，或是给这些农民以资金和可能性去从事副业，尽可能并且主要是为了他们自己的消费。在这两种情况下，他们的经济地位都会有所改善，并且这同时会保证总的社会领导机构有必要的威信逐渐把农民合作社转变为更高级的形式，使整个合作社及其个别社员的权利和义务跟整个社会其他部分的权利和义务处于平等的地位。至于怎样具体地在每一个别场合下实现这一点，那将决定于这一场合的情况，以及我们夺得政权时的情况。可能我们那时将有能力给这些合作社提供更多的便利：由国家银行接受它们的一切抵押债务并将利率大大减低；从社会资金中抽拨贷款来建立大规模生产（贷款不一定或者不只是限于金钱，而且可以是必需的产品：机器、人工肥料等等）及其他各种便利。

恩格斯：《法德农民问题》，《马克思恩格斯选集》第 4 卷，人民出版社 1958 年 8 月第 1 版，第 310—311 页。

资本主义社会必然要转变为社会主义社会这个结论，马克思是完全而且仅仅根据现代社会的经济运动规律得出的。劳动社会化通过无数种形式日益迅速向前发展，在马克思逝世后半世纪以来，特别明显地表现在大生产与资本家的卡特尔、辛迪加和托拉斯的增长以及金融资本的规模和势力的巨大增长上，——这就是社会主义必然到来的主要物质基础。在智慧上和精神上推动这个转变、在体力上完成这个转变的力量，是资本主义自己培养的无产阶级。无产阶级反对资产阶级的斗争，表现于多种多样和内容日益丰富的形式，它必然要成为以无产阶级夺取政权（"无产阶级专政"）为目标的政治斗争。生产社会化不能不导致生产资料转变为社会所有，导致"剥夺者被剥夺"。劳动生产率大大提高，工作日缩短，完善的集体劳动代替残存的原始的分散的小生产，——这就是这种转变的直接结果。

列宁：《卡尔·马克思》，《列宁专题文集》之《论马克思主义》，人民出版社 2009 年 12 月第 1 版，第 29 页。

我曾屡次指出，例如 3 月 12 日我在彼得格勒工人、农民和红军代表苏维埃会议上讲话时就曾指出，无产阶级专政不只是对剥削者使用的暴力，甚至主要的不是暴力。这种革命暴力的经济基础，它的生命力和成功的保证，就在于无产阶级代表着并实现着比资本主义更高类型的社会劳动组织。实质就在这里。共产主义的力量源泉和必获全胜的保证就在这里。

> 列宁：《伟大的创举》，《列宁专题文集》之《论社会主义》，人民出版社 2009 年 12 月第 1 版，第 144 页。

我们应当要求全部土地国有化，就是说，把国内一切土地归国家中央政权所有。这个政权应该规定移民土地的数量等等，定出护林、改良土壤等等的法律，严禁土地所有者（国家）和承租者（农户）之间有任何中介行为（严禁土地转租）。但是管理土地和规定地方的占用土地条件，都应完全由各区域和各地方的农民代表苏维埃掌握，而不应操在官僚的手里。

> 列宁：《无产阶级在我国革命中的任务》，《列宁全集》第 24 卷，人民出版社 1957 年 5 月第 1 版，第 49 页。

实行土地国有化，把一切银行和资本家的辛迪加收归国有或至少由工人代表苏维埃立刻加以监督等等措施，决不等于"实行"社会主义，但是应当绝对坚持实行这些措施，并尽量用革命方法予以实行。这些措施只是走向社会主义的步骤，在经济上完全可以实现；不采取这些措施，就无法医治战争的创伤，无法防止即将临头的破产；革命的无产阶级政党一定要侵犯那些大发战争财的资本家和银行家的空前的高额利润。

> 列宁：《无产阶级在我国革命中的任务》，《列宁全集》第 24 卷，人民出版社 1957 年 5 月第 1 版，第 51—52 页。

土地私有制应当根本废除，即全部土地应该归全体人民所有。土地应该由地方民主机关来支配。

> 列宁：《全俄农民第一次代表大会关于土地问题的决议草案》，《列宁选集》第 3 卷，人民出版社 1960 年 4 月第 1 版，第 93 页。

我荣幸地代表党说，我和我们党的同志们只知道有两个办法能够捍卫农业雇佣工人和贫苦农民的利益，现在我们就把这两个办法介绍给农民苏维埃。

第一个办法，就是把农业雇佣工人和贫苦农民组织起来。我们希望并且建议，在每一个农民委员会里，在每一个乡、县和省里，单独成立农业雇佣工人和贫苦农民的团体或组织。农业雇佣工人和贫苦农民应当问一问自己：如果土地明天就成为全民的财产（它一定会成为全民的财产，因为这是人民所希望的），我们怎么办？我们这些没有牲畜和农具的人，从哪里去得到这些东西呢？我们怎么经营呢？我们应当怎样捍卫自己的利益呢？我们怎样使土地（它们将成为而且一定会成为全民财产）不致仅仅落到经营者手里呢？如果土地落到了拥有足够牲畜和农具的人手里，我们还能得到很多好处吗？我们实行这个伟大的变革难道就是为了这一点？难道这就是我们所需要的吗？

土地将属于"人民"，但这并不足以保护农业雇佣工人的利益。主要的办法，不在于从上面或者由农民委员会来规定一个人占用土地的"尺度"。只要资本还在进行统治，这种办法就无济于事，也决不能摆脱资本主义的统治。要摆脱资本主义的桎梏，要使全体人民的土地转到劳动者手中，只有一个基本办法，那就是把农业雇佣工人组织起来。这些工人将根据自己的经验、自己的观察办事，决不相信盘剥者对他们说的话，尽管这些人打着红色蝴蝶结，自称"革命民主派"。

只有地方上的独立组织，只有亲身的经验教训，才能使贫苦农民学到东西。而这种经验不是轻易能得到的，我们不能许诺而且也没有许诺人间天堂。不，地主将被打倒，因为这是人民的愿望，但资本主义将依然存在。推翻资本主义要困难得多，那得采取另一种办法。这个办法就是单独成立农业雇佣工人和贫苦农民的组织。我们党把这一点放在首位。

只有采取这个办法，才能逐渐地、决非轻而易举但却是可靠地把土地真正交给劳动者。

我们党所建议的第二个步骤，就是尽可能迅速地把各个大农场，例如各个大的地主田庄——这种田庄在俄国有 3 万个——改建成示范农场，由农业工人和有学问的农艺师用地主的牲畜和农具等来共同耕种。没有农业工人苏维埃领导下的共同耕作，就无法使全部土地归劳动者使用。当然，共同耕作是一件困难的事情；如果有人认为这可以由上面作一个决定来强制实行，那他就是发疯了，因为长期的单独经营的习惯不能一下子消除，因为这样做需要资金，需要适应新的生活准则。

列宁：《全俄农民第一次代表大会》，《列宁全集》第 24 卷，人民出版社1957 年 5 月第 1 版，第 461—462 页。

三　土地法令

（1）立刻废除地主土地所有制，不付任何赎金。

（2）地主的田庄以及一切皇族、寺院和教会的土地，连同所有耕畜、农具、农用建筑和一切附属物，一律交给乡土地委员会和县民代表苏维埃支配，直到召开立宪会议时为止。

（3）任何毁坏被没收的即今后属于全民的财产的行为，都是严重的罪行，革命法庭应予惩处。县农民代表苏维埃应采取一切必要的措施，保证在没收地主田庄时遵守最严格的秩序，确定达到多大面积的土地以及哪些土地应予没收，编制全部没收财产的清册，并对转归人民所有的、土地上的产业，包括一切建筑物、工具、牲畜和储存产品等等，用革命手段严加保护。

（4）下附农民委托书是由《全俄农民代表苏维埃消息报》[12]编辑部根据242份地方农民委托书拟订的，公布于该报第88号（彼得格勒，1917年8月19日第88号），在立宪会议对伟大的土地改革作出最后决定以前，各地应该以这份委托书作为实行这一改革的指南。

（5）普通农民和普通哥萨克的土地概不没收。

> 列宁：《全俄工农兵苏维埃第二次代表大会》，《列宁全集》第26卷，人民出版社1959年3月第1版，第237页。

立宪会议的基本任务是消灭人对人的任何剥削，完全消除社会的阶级划分，无情地镇压剥削者的反抗，建立社会主义的社会组织，使社会主义在一切国家获得胜利，因此决定：

1. 废除土地私有制。宣布全部土地连同一切建筑物、农具和其他农业生产用具均为全体劳动人民的财产。

2. 批准苏维埃关于工人监督和关于最高国民经济委员会的法令，以保证劳动人民对剥削者的统治，并作为使工厂、矿山、铁路及其他生产资料和运输工具完全为工农国家所有的第一个步骤。

3. 批准将一切银行收归工农国家所有，这是使劳动群众摆脱资本压迫的条件之一。

> 列宁：《被剥削劳动人民权利宣言》，《列宁全集》第26卷，人民出版社

1959 年 3 月第 1 版，第 396 页。

必须以同农民个人利益的结合为基础。有人对我们说："同农民的个人利益结合，就是恢复私有制。"不对，我们从来没有废除过农民对消费品和工具的个人私有制。我们废除的是土地私有制。

列宁：《新经济政策和政治教育委员会的任务》，《列宁专题文集》之《论社会主义》，人民出版社 2009 年 12 月第 1 版，第 258 页。

国家资本主义较之苏维埃共和国当时的经济情况，是一个进步。这话听起来很奇怪，甚至可能很荒谬，因为我们共和国那时就已经是社会主义共和国了；那时我们每天都在非常匆忙地——也许是过于匆忙——采取各种新的经济措施，而这些措施只能说是社会主义的措施。但我那时还是认为，国家资本主义较之苏维埃共和国当时的经济状况，是一个进步，而且我为了进一步说明这个思想，还简单列举了俄国经济制度的几种成分。这些成分依我看来有以下几种："（1）宗法式的，即最原始式的农业；（2）小商品生产（包括出卖粮食的大多数农民）；（3）私人资本主义；（4）国家资本主义；（5）社会主义。这几种经济成分当时在俄国都存在。"那时我给自己规定了一个任务；说明这些成分彼此之间的关系和是否应当把国家资本主义这一落后无产阶级专政成分看得高于社会主义。我再说一遍：在一个公布为共产主义的共和国里，竟把落后无产阶级专政的成分看得比社会主义还要高，还要优越，这在大家看来是非常希奇的。但是假如你们回忆一下，我们决没有把俄国的经济制度看成是一种单一的和高度发达的东西，而是充分熟悉到，俄国除了社会主义形式的农业之外，还有宗法式的，即最原始形式的农业，那末，问题也就很清楚了，在这种情况下，究竟国家资本主义能起什么作用呢？

我进而又问自己：这几种成分哪一种占优势呢？显然，在小资产阶级环境里，占统治地位的是小资产阶级成分。我那时就意识到小资产阶级成分占优势；不可能有别的想法。我当时在一次与现在的问题无关的特别论战中，给自己提出的问题是：我们怎样对待国家资本主义呢？我回答自己说：国家资本主义虽然不是一种社会主义的形式，但对我们和俄国来说，却是一种比现有形式更为有利的形式。这是什么意思呢？这就是说，我们虽然已经完成了社会革命，但我们无论对于社会主义经济的萌芽或基础都没有估计过高；相反地，我们当时在某种程度上已经认识到：如果我们先实行国家资本主义，然后再实行社会主义，那也许更好一些。

列宁：《共产国际第四次代表大会》，《列宁全集》第33卷，人民出版社1957年8月第1版，第378—379页。

我们通常说，工业是包括农业在内的整个国民经济的主脑，工业是一把钥匙，用这把钥匙就能在集体制的基础上改造落后的分散的农业。这是完全正确的。我们一分钟也不应当抛弃这种看法。但是也要记住：如果说工业是主脑，那么农业就是工业发展的基础，因为农业是吸收工业品的市场，是原料和粮食的供应者，是为输入设备以满足国民经济需要所必需的出口物资后备的来源。如果让农业仍然处在技术十分落后的状态中，如果不保证工业有农业基础，不改造农业，不使农业跟上工业，那么能不能把工业向前推进呢？不，不能。

因此，任务就在于最大限度地保证农业有在新的技术基础上加速并推进自己的改造所必需的生产工具和生产资料。但是，要实现这个任务，就必须高速度发展我国工业。当然，改造分散的零星的农业比起改造联合的集中的社会主义工业来，是一件困难得多的工作。但是这个任务摆在我们面前，我们必须把它解决。而解决这个任务非在高速度发展工业的基础上不可。

斯大林：《论国家工业化和联共（布）党内的右倾（1928年11月19日在联共（布）中央全会上的演说）》，《斯大林全集》第11卷，人民出版社1955年7月第1版，第218页。

可是，不高速度发展我国工业，首先是发展生产资料的生产，要把全国经济转到新的技术基础上去是不可能的。

斯大林：《论国家工业化和联共（布）党内的右倾（1928年11月19日在联共（布）中央全会上的演说）》，《斯大林全集》第11卷，人民出版社1955年7月第1版，第211页。

现在请允许我来分析一下这个环境，分析一下迫使我们要高速度发展工业的这些外部和内部的条件。

外部条件。我们是在一个技术非常落后的国家内取得了政权的。除了少数大工业单位多少有些新的技术基础以外，我们千百个工厂的技术是根本不能拿现代技术成就来衡量的。可是，我们周围有许多资本主义国家，它们拥有比我国发达得多的和现代化的工业技术。你们看一看资本主义国家，就可以看到那里的技术不仅是在前进，而且简直是在突飞猛进，超过了旧式的工业技术。由此可见， 方面，我国有最先进的苏维埃制度和全世界最先进的政权即苏维埃政权；另一方面，应当作为社会主义和苏维埃政权的基础的我国工业技术却过分落后。你们是否以为，在存在着这种矛盾的情况下可以在我国取得社会主义的最终胜利呢？

要克服这种矛盾必须做些什么呢？为此必须赶上并超过发达的资本主义国家的先进技术。我们在建立新的政治制度即苏维埃制度方面已经赶上并超过了先进的资本主义国家。这是很好的。但是这还不够。为了在我国取得社会主义的最终胜利，还必须在技术和经济方面赶上并超过这些国家。或者我们达到这个目的，或者我们被压倒。

不仅从建成社会主义方面来看这是对的。从处在资本主义包围的情况下保卫我国的独立来看这也是对的。不为国防建立足够的工业基础，就不可能保卫住我们国家的独立。不使工业具有高度的技术，就不可能建立这样的工业基础。

> 斯大林：《论国家工业化和联共（布）党内的右倾（1928 年 11 月 19 日在
> 联共（布）中央全会上的演说)》，《斯大林全集》第 11 卷，人民出版社
> 1955 年 7 月第 1 版，第 213—214 页。

不难了解，列宁说"共产主义是苏维埃政权加电气化"，并不是要说明在共产主义制度下将有怎样一种政权，也不是要说明如果我们认真地实行国家电气化，就等于已经实现共产主义了。

列宁讲这句话是要说明什么呢？在我看来，他不过要说明：要走向共产主义，单靠苏维埃政权是不够的；要走向共产主义，苏维埃政权必须使国家电气化，使整个国民经济转到大规模的生产；为了达到共产主义，苏维埃政权决心沿着这条道路前进。列宁的这句名言只是表明苏维埃政权有决心通过电气化走向共产主义。

> 斯大林：《答库什特谢夫》（1928 年 12 月 28 日），《斯大林全集》第 11
> 卷，人民出版社 1955 年 7 月第 1 版，第 268 页。

过去我们没有而且不可能有祖国。但是现在，当我们已经推翻了资本主义，而政权掌握在我们手里，掌握在人民手里的时候，我们就有了祖国，而且我们要保卫它的独立。你们愿意让我们的社会主义祖国被人打垮而丧失独立吗？如果你们不愿意，那么你们就应当在最短期间消灭它的落后状况，并且在它的社会主义经济建设方面展开真正的布尔什维克的速度。别

的办法是没有的。正因为如此，列宁在十月革命前夜说："或是灭亡，或是赶上并且超过先进的资本主义国家。"

我们比先进国家落后了五十年至一百年。我们应当在十年内跑完这一段距离。或者我们做到这一点，或者我们被人打倒。

> 斯大林：《论经济工作人员的任务》（1931年2月4日），《斯大林全集》
> 第13卷，人民出版社1956年4月第1版，第38页。

社会主义只有在社会生产力蓬勃发展的基础上，在产品和商品十分丰富的基础上，在劳动者生活富裕的基础上，在文化水平急速提高的基础上才能建成。因为社会主义，马克思主义的社会主义，不是要缩减个人需要，而是要竭力扩大和发展个人需要，不是要限制或拒绝满足这些需要，而是要全面地充分地满足有高度文化的劳动人民的一切需要。

> 斯大林：《在党的第十七次代表大会上关于联共（布）中央工作的总结报
> 告》（1934年1月26日），《斯大林全集》第13卷，人民出版社1956年4
> 月第1版，第318页。

有些人以为，社会主义可以在贫苦生活的基础上用稍许拉平个人物质生活状况的方法巩固起来。这是不对的。这是小资产阶级的社会主义观念。其实，社会主义只有在高度的劳动生产率基础上，只有在比资本主义制度更高的劳动生产率基础上，只有在产品和各种消费品丰裕的基础上，只有在社会全体成员都过着富裕而有文化的生活的基础上，才能获得胜利。但是，为了使社会主义达到这个目的，并把我们苏联社会变成最富裕的社会，就必须使我国有超过各先进资本主义国家的劳动生产率。否则，就绝对不会有丰裕的产品和各种消费品。斯达汉诺夫运动的意义就在于：这一运动打破了不高的旧的技术定额，而且往往超过了先进资本主义国家的劳动生产率，这样就使我国在实际上有可能更加巩固社会主义，有可能把我国变成最富裕的国家。

> 斯大林：《在全苏斯达汉诺夫工作者第一次会议上的讲话》（1935年11月
> 17日），《斯大林文选》，人民出版社1962年8月第1版，第46页。

他们当时所关心的，是力求使企业消除完不成计划的现象并超额完成经济计划。但他们在力求达到这一目的时，必须打破旧的技术定额，把劳动生产率提高到超过先进资本主义国家的程度。

> 斯大林：《在全苏斯达汉诺夫工作者第一次会议上的讲话》（1935年11月
> 17日），《斯大林文选》，人民出版社1962年8月第1版，第49页。

无产阶级（以国家为代表）考虑到我国工业薄弱和不可能为我国工业获得借款，规定了许多主要措施，这些措施可以使我国工业免受外国工业竞争的侵袭，并且能够为了我国整个国民经济（包括农业在内）而加快工业的发展。这些措施就是关于对外贸易垄断制、关于农业税、关于国家收购农产品的形式、关于在整个国民经济发展中贯彻计划原则的措施。这一切都是以工业的主要部门、运输业和信贷业的国有化为基础的。

> 斯大林：《问题和答复》（1925 年 6 月 9 日），《斯大林全集》第 7 卷，人民出版社 1958 年 5 月第 1 版，第 145 页。

（乙）为什么我国大工业能有这种空前的发展速度呢？

第一、因为它是国有化的工业，它不必去追求私人资本主义集团的那种自私的反社会的利益，它有可能按照整个社会的利益来发展。

第二、因为它是世界上所有一切工业中最大最集中的工业，它有一切可能打败私人资本主义工业。

第三、因为国家掌握着国有化运输业、国有化信贷业、国有化对外贸易和国家的总预算，国家有一切可能按照计划领导国有化工业，使它成为统一的工业经济，这就使国有化工业和其它工业比较起来有很大的优越性并使它的发展速度加快许多倍。

第四、因为国有化工业是最大最强的工业，它有一切可能实行不断降低成本、减低出厂价格和减低产品价格的政策，从而扩大生产提供不断增长的源泉。

第五、因为国有化工业由于种种原因（其中也由于它一贯执行减低价格的政策）能够在城市和农村、无产阶级和农民彼此逐渐接近的情况下发展；它和资本主义工业截然不同，因为资本主义工业是在榨取农民脂膏的资产阶级城市和陷于破产的农村间的敌对日益加剧的条件下发展的。

最后，因为国有化工业依靠领导是我国全部发展的工人阶级，得到广大工人阶级群众的支持，它有可能很容易地提高技术，特别是提高劳动生产率，实行生产和管理的合理化，而这在资本主义工业制度下是没有而且不可能有的。

> 斯大林：《联共（布）第十五次代表大会》（1927 年 12 月 2 日至 19 日），《斯大林全集》第 10 卷，人民出版社 1954 年 12 月第 1 版，第 258—259 页。

生产工具和生产资料已从资本家手中夺来，交给了以工人阶级为领导力量的国家。因而，已经没有能够剥夺工人阶级的资本家阶级了。因而，我国工人阶级不仅没有被剥夺生产工具和生产资料，反而是同全体人民一起占有生产工具和生产资料。

斯大林：《关于苏联宪法草案》（1936 年 11 月 25 日），《斯大林文选》，人民出版社 1962 年 8 月第 1 版，第 85 页。

由于国内没有任何现成的社会主义经济的萌芽，苏维埃政权必须在所谓"空地上"创造新的社会主义的经济形式。这个任务无疑是困难而复杂的，是没有先例的。然而苏维埃政权光荣地完成了这个任务。但是，它之所以完成了这个任务，并不是因为它消灭了什么现存的经济规律，"制定"了什么新的经济规律，而仅仅是因为它依靠了生产关系一定要适合生产力性质这个经济规律。当时我国的生产力，特别是工业中的生产里，是具有社会性的，但所有制的形式却是私人的，资本主义的。苏维埃政权依据生产关系一定要适合生产力性质这个经济规律，把生产资料公有化，使它成为全体人民的财产，因而消灭了剥削制度，创造了社会主义的经济形式。如果没有这个规律，不依靠这个规律，苏维埃政权是不能完成自己的任务的。

斯大林：《苏联社会主义经济问题》，《斯大林文选》，人民出版社 1962 年 8 月第 1 版，第 575 页。

要监督和调节粮食的运送以至食品的生产和分配，而不监督调节银行的业务，那是荒谬可笑的。这就像只抓偶然碰到的"几个戈比"，而闭眼不看成百万的卢布。现代银行同商业（粮食及其他一切商业）和工业如此密不可分地长合在一起，以致不插手银行，就绝对不能做出任何重大的、任何"革命民主的"事情来。

列宁：《大难临头，出路何在?》，《列宁专题文集》之《论资本主义》，人民出版社 2009 年 12 月第 1 版，第 216—217 页。

只有监督银行，监督这个资本主义周转过程的中枢、轴心和基本机构，才能在行动上而不是口头上做好对全部经济生活的监督，做好对最重要产品的生产和分配的监督，才能做到"调节经济生活"，否则这必将仍然是欺骗老百姓的一句部长式的空话。只有把各个银行合并为一个国家银行，对它的业务进行监督，再采取一系列简单易行的措施，才能真正征收到所得税，小不致发生隐瞒财产和收入的事情，而现在的所得税在极大程度上都落空了。

> 列宁：《大难临头，出路何在?》，《列宁专题文集》之《论资本主义》，人民出版社 2009 年 12 月第 1 版，第 218 页。

应该知道，我们在个体小农经济的基础上是不能进一步发展的，我们需要的是能够采用机器和提供最多的商品的大规模农业经济。建立大规模农业经济的道路有两条：一条是资本主义的道路，是使大批农民破产而建立对劳动进行剥削的资本主义大田庄的道路；一条是社会主义的道路，是把小农经济联合为大规模集体经济的道路，是农民不会遭到破产、劳动也不会受到剥削的道路。我们党选择了建立大规模农业经济的社会主义道路。

> 斯大林：《论粮食收购和农业发展的前途》，《斯大林全集》第 11 卷，人民出版社 1955 年 7 月第 1 版，第 8 页。

必须在个体贫农中农经济和公共经济形式之间架起一座桥梁，即广泛订立预购合同，建立机器拖拉机站，全力发展合作社运动，使农民易于把他们的细小的个体经济转上集体劳动的轨道。

> 斯大林：《论联共（布）党内的右倾》，《斯大林全集》第 12 卷，人民出版社 1955 年 12 月第 1 版，第 53 页。

但是苏维埃国家不能走建立资本主义大农场的道路。它只能够而且只应该建立以新技术装备起来的社会主义型的大农庄。我们的国营农场和集体农庄就是这样的农庄。

> 斯大林：《联共（布）中央委员会向第十六次代表大会的政治报告》，《斯大林全集》第 12 卷，人民出版社 1955 年 12 月第 1 版，第 245 页。

于是就要问，如果可以公有化的不是一切生产资料，而仅仅是一部分生产资料，而无产阶级夺取政权的有利条件又已经具备，那该怎么办呢，无产阶级是否应该夺取政权，在夺取政权以后是否必须立即消灭商品生产呢？

当然，不能把某些可怜的马克思主义者的意见当作答案，他们认为，在这样的条件下，应该拒绝夺取政权，应该等着资本主义使千百万中小生产者破产，把他们变为雇农，并使农业中的生产资料集中起来，只有在这以后，才可以提出无产阶级夺取政权和把一切生产资料公有化的问题。显然，马克思主义者是不能选择这样的"出路"的，如果他们不愿意使自己丢尽脸皮的话。

也不能把另一种可怜的马克思主义者的意见当作答案，他们认为，也许应该夺取政权，并且剥夺农村的中小生产者，把他们的生产资料公有化。马克思主义者也不能走这条荒谬和犯罪的道路，因为这样的道路会断送无产阶级革命胜利的任何可能性，会把农民长久地抛到无产阶级的敌人的阵营里去。

对于这个问题，列宁在关于"粮食税"的几篇著作以及有名的"合作社计划"中，给了回答。

列宁的回答可以概括如下：

（一）不要放过夺取政权的有利条件，无产阶级应该夺取政权，不要等到资本主义使千百万中小个体生产者居民破产的时候；

（二）剥夺工业中的生产资料，并把它们转归全民所有；

（三）至于中小个体生产者，那就应该逐步把他们联合到生产合作社中，即联合到大规模的农业企业中，集体农庄中；

（四）用一切办法发展工业，为集体农庄建立大规模生产的现代技术基础，并且不要剥夺集体农庄，相反地，要加紧供给他们头等的拖拉机和其他机器；

（五）为了保证城市和乡村、工业和发业的经济结合，要在一定时期内保持商品生产（通过买卖的交换）这个为农民唯一可以接受的与城市进行经济联系的形式，并且要全力发展苏维埃商业，即国管商业和合作社—集体农庄商业，把所有一切资本家从商品流通中排挤出去。

我国社会主义建设的历史，证明列宁所规划的这条发展道路是完全正确的。

不容置疑，对于一切具有人数相当多的中小生产者阶级的资本主义国家，这条发展道路是使社会主义获得胜利的唯一可能的和适当的道路。

斯大林：《苏联社会主义经济问题》，《斯大林文选》，人民出版社1962年8月第1版，第579—581页。

为保护公有制而斗争，用苏维埃政权的法律给我们规定的一切方法和一切手段去进行斗争，——这就是党的基本任务之一。

斯大林：《第一个五年计划的总结》，《斯大林全集》第13卷，人民出版社1956年4月第1版，第188—189页。

总之，把全部人力投到经济战线上，同时通过协议的方式利用一些资产阶级集团，利用它们的资金、知识和组织技能，以利丁国家经济的恢复，——这就是总的情况要求各苏维埃国家共产党员，其中包括格鲁吉亚共产党员当前应当担负的第一项任务。

斯大林：《关于共产主义在格鲁吉亚和南高加索的当前任务》，《斯大林全集》第 5 卷，人民出版社 1957 年 11 月第 1 版，第 75 页。

四　商品交换

"任何商品,即使不是在事实上,至少在法律上具有交换能力",金银所起的作用便是根据;其实这是不了解金银的作用。金银之所以在法律上具有交换能力,只是由于它们具有事实上的交换能力,而它们之所以具有事实上的交换能力,那是因为当前的生产组织需要普遍的交换手段。法律只是事实的公认。

马克思:《哲学的贫困》,《马克思恩格斯全集》第4卷,人民出版社1958年8月第1版,第124页。

马克思屡次说明,商品生产者的关系是法治国家公民权利平等和自由契约等等原则的基础。

列宁:《什么是"人民之友"以及他们如何攻击社会民主主义者?》,《列宁专题文集》之《论辩证唯物主义和历史唯物主义》,人民出版社2009年12月第1版,第170页。

我们不怕退回到国家资本主义,我们还说过我们的任务就是把商品交换这一形式固定下来。自1921年春天以来,我们制定了一连串法令和决定,写了大批文章,进行了大量宣传工作和立法工作,这一切都是在适应发展商品交换的需要。商品交换这个概念包括一些什么内容呢?这个概念所设想的建设计划(如果可以这样说的话)是怎样的呢?它设想,在全国范围内,或多或少要按照社会主义方式用工业品换取农产品,并通过这种商品交换来恢复作为社会主义结构唯一基础的大工业。

列宁:《在莫斯科省第七次党代表会议关于新经济政策的报告》,《列宁专题文集》之《论社会主义》,人民出版社2009年12月第1版,第282页。

关于新经济政策和战时共产主义的问题。新经济政策是无产阶级专政的政策,其目的在于利用市场,通过市场,而不是以直接的产品交换,不要市场,在市场以外来战胜资本主义成分并建立社会主义经济。资本主义国家,甚至其中最发达的国家,在从资本主义向社会主义过渡时能不能实行新经济政策呢?我认为不能不实行。新经济政策及其市场关系和对这种市场关系的利用,在这种或那种程度上对每一个资本主义国家在无产阶级专政时期都是绝对必要的。

斯大林:《联共(布)中央全会》(1928年7月),《斯大林全集》第11

卷，人民出版社 1955 年 7 月第 1 版，第 128 页。

说什么苏维埃商业似乎已经成为过时的阶段，说我们必须实行直接的产品交换，说货币很快就要取消，因为货币似乎已经变成简单的计算符号，说既然很快要实行直接的产品交换，那就用不着发展商业了。……这当然是滑稽可笑的。

斯大林：《在党的十七次代表大会上关于联共（布）中央工作的总结报
告》（1934 年 1 月 26 日），《斯大林全集》第 13 卷，人民出版社 1956 年 4
月第 1 版，第 303—304 页。

终究必须懂得，商品归根到底不是为生产而生产，而是为消费而生产的。我们有过这样的事情：有不少商品和产品，可是它们不但没有到达消费者的手中，反而好多年来一直徘徊在所谓商品运销网的官僚主义的曲折道路上，不能和消费者见面。很明显，在这种条件下，工业和农业就失去了扩大生产的任何刺激，商品运销网堆满了货物，而工人和农民却得不到商品和产品。结果，尽管有商品和产品，而全国的经济生活还是陷入混乱。要使全国经济生活十分活跃，要刺激工业和农业不断提高自己的产量，那就还要有一个条件，这个条件就是城市和乡村间、全国各地区间、国民经济各部门间的扩展的商品流转。必须使全国各地布满批发站和大小商店。必须使商品源源不断地从生产场所经过这些批发站、大小商店的孔道流到消费者手中。必须使国营商业网、合作社营商业网、地方工业、集体农庄和个体农民都被吸引来参加这一事业。

斯大林：《在党的十七次代表大会上关于联共（布）中央工作的总结报
告》（1934 年 1 月 26 日），《斯大林全集》第 13 卷，人民出版社 1956 年 4
月第 1 版，第 302—303 页。

但是必须指出，问题不能只限于扩展苏维埃商业。我国经济的发展有赖于商品流转的发展，有赖于苏维埃商业的发展，而苏维埃商业的发展又有赖于我国铁路、水路和汽车运输业的发展。可能发生这样的情况：有商品，也有扩大商品流转的充分可能，但是运输业跟不上商品流转的发展，不能运送货物。大家知道，这种情况在我们这里事经常发生的。因此，运输业现在是一个薄弱环节，我国整个经济，首先是我国的商品流转，会受到它的阻碍，而且大概已经开始受到它的阻碍了。

斯大林：《在党的十七次代表大会上关于联共（布）中央工作的总结报
告》（1934 年 1 月 26 日），《斯大林全集》第 13 卷，人民出版社 1956 年 4

月第 1 版，第 306 页。

某些同志断定说，党在我国取得了政权并把生产资料收归国有以后，还保存商品生产，是做得不对的……

这些同志是大错特错了。

斯大林：《苏联社会主义经济问题》（1952 年 9 月 28 日），《斯大林文选》，

人民出版社 1962 年 8 月第 1 版，第 577—578 页。

有人说，在我国生产资料公有制的统治地位已经确立。而雇佣劳动制度和剥削制度已被消灭以后，商品生产的存在就失去了意义，因此就应该消除商品生产。

这也是不对的。现今在我国，存在着社会主义生产的两种基本形式：一种是国家的即全民的形式，一种是不能叫作全民形式的集体农庄形式。在国家企业中，生产资料和产品是全民的财产。在集体农庄这种企业中，虽然生产资料（土地、机器）也属于国家，可是产品却是各个集体农庄的财产；因为集体农庄中的劳动以及种籽是它们自己所有的，而国家交给集体农庄永久使用的土地，事实上是由集体农庄当作自己的财产来支配的，尽管它们不能出卖、购买、出租或抵押这些土地。

这种情况就使得国家所能支配的只是国家企业的产品，至于集体农庄的产品，只有集体农庄才能把它当作自己的财产来支配。然而，集体农庄只愿把自己的产品当作商品让出去，愿意以这种商品换得它们所需要的商品。现时，除了经过商品的联系，除了通过买卖的交换以外，与城市的其他经济联系，都是集体农庄所不接受的。因此，商品生产和商品流通，目前在我国，也像大约 30 年以前当列宁宣布必须以全力扩展商品流通时一样，仍是必要的东西。

当然，将来在两种基本生产成分即国营成分和集体农庄成分由一个包罗一切而有权支配全国一切消费品的生产成分来代替的时候，商品流通及其货币经济就会作为国民经济的不必要的因素而趋于消失。但是，只要这个条件还不具备，只要还存在着两种基本生产成分，商品生产和商品流通便应当作为我国国民经济体系中必要的和极其有用的因素而仍然保存着。

斯大林：《苏联社会主义经济问题》（1952 年 9 月 28 日），《斯大林文选》，

人民出版社 1962 年 8 月第 1 版，第 582—583 页。

我国的商品生产并不是通常的商品生产，而是特种的商品生产，是没

有资本家参加的商品生产，它所涉及的基本上都是联合起来的社会主义生产者（国家、集体农庄、合作社）所生产的商品。

斯大林：《苏联社会主义经济问题》（1952 年 9 月 28 日），《斯大林文选》，

人民出版社 1962 年 8 月第 1 版，第 583 页。

在我国，在我们的社会主义制度下，价值规律是不是存在，是不是发生作用呢？

是的，是存在的，是发生作用的。在有商品和商品生产的地方，是不能没有价值规律的。

在我国，价值规律发生作用的范围，首先是包括商品流通，包括通过买卖的商品交换，包括主要是个人消费的商品的交换。在这里，在这个领域中，价值规律保持着调节者的作用，当然，是在一定的范围内保持着调节者的作用。

但是，价值规律的作用，并不限于商品流通范围内，同时也扩展到生产方面。诚然，价值规律在我国社会主义生产中，并没有调节的意义，可是它总还是影响生产，这在领导生产时是不能不考虑到的。问题在于，抵偿生产过程中劳动力的耗费所需要的消费品，在我国是作为商品来生产和销售的，而商品是受价值规律作用的。也正是在这里看出价值规律对生产的影响。因此，在我们的企业中，这样一些问题，如经济核算和赢利问题、成本问题、价格问题等等，就具有现实的意义。所以，我们的企业是不能不，而且不应该不考虑到价值规律的。

这好不好呢？这并不坏。在我国现今条件下，这的确不坏，因为这种情况教育我们的经济工作人员来合理地进行生产，并使他们遵守纪律。其所以不坏，是因为这种情况教导我们的经济工作人员计算生产量，精准地计算这种生产量，并且同样精确地估量生产中的现实事物，而不去侈谈凭空想出来的"大概数字"。其所以不坏，是因为这种情况教导我们的经济工作人员寻求、发现和利用生产内部潜在的后备力量，而不去糟蹋它们。其所以不坏，是因为这种情况教导我们的经济工作人员不断地改进生产方法，降低生产成本，实行经济核算，并使企业能够赢利。这是很好的实践的学校，它促使我们的经济工作干部迅速成长，迅速变成现今发展阶段上社会主义生产的真正领导者。

斯大林：《苏联社会主义经济问题》（1952 年 9 月 28 日），《斯大林文选》，

人民出版社 1962 年 8 月第 1 版，第 585—586 页。

什么是结合呢？结合就是城市和乡村之间、我们的工业品和农民经济的粮食与原料之间的经常联系，经常交换。农民经济不把粮食和原料拿到城市市场出卖，不藉此从城市得到必需的工业品和劳动工具，就不能生存，不能存在。同样，国营工业不把自己的产品拿到农民市场上去出卖，不从农村取得粮食和原料的供应，也就不能发展。可见我国社会主义工业所赖以生存的是国内市场，首先是农民市场，即农民经济。因此，结合问题是我国工业的生存问题，是无产阶级本身的生存问题，是我们共和国的存亡问题，是我国社会主义的胜利问题。

我们还没有做到通过工业品和农产品的直接交换来实现城市和乡村间、工业和农民经济间的这种结合，这种经常联系。所以没有做到，是因为我们的工业不够发达，我们还没有遍布全国各地的供应机关，而整个国民经济在战后又处于破坏状态。因此，我们不得不实施所谓新经济政策，就是说，不得不宣布贸易自由，商品流转自由，容许资本主义存在，动员千百万农民和小业主的力量，在国内建立商品流转的巨流，发展商业，然后占领商业方面的主要阵地，通过商业来建立工业和农民经济间的结合。

斯大林：《关于俄共（布）第十三次代表大会的总结》（1924 年 6 月 17
日），《斯大林全集》第 6 卷，人民出版社 1956 年 8 月第 1 版，第 211 页。

任务就在于利用千百万小业主的力量，掌握商业，把农村和城市的主要供应网掌握到国家和合作社手里，从而在工业和农民经济间建立起不可分割的联系，不可分割的结合。

不能说这种任务是我们力不胜任的。所以不能这样说，是因为掌握政权的无产阶级具有通过商业用迂回的方法来实现这种结合的一切主要手段。第一，无产阶级掌握着政权。第二，它有工业。第三，它握有信贷，而信贷是国家手中极大的力量。第四，它有自己的商业机构，不管这种机构是好是坏，它毕竟是在日益发展，日益巩固。最后，它握有一定的商品，随时可以抛到市场上去，以平复或稳定市场的波动，影响物价等等。工人国家拥有这一切手段，所以不能说通过商业来实现结合是我们力不胜任的任务。

斯大林：《关于俄共（布）第十三次代表大会的总结》（1924 年 6 月 17
日），《斯大林全集》第 6 卷，人民出版社 1956 年 8 月第 1 版，第 212 页。

城乡间的生产结合是结合的基本形势。可是单靠生产结合还不够。必须用商品方面的结合来补充生产结合，使城乡联系成为巩固不可分离的联系。只有通过苏维埃商业的扩展才能做到这一点。如果以为单单通过某一条孔道，例如通过合作社，就可以扩展苏维埃商业，那是不正确的。要扩展苏维埃商业，就必须利用所有的孔道：合作社网、国营商业网、集体农庄商业。

斯大林：《第一个五年计划的总结》（1933 年 1 月 7 日），《斯大林全集》第 13 卷，人民出版社 1956 年 4 月第 1 版，第 183 页。

集体农庄商业无论对于农村或城市，无论对于工人阶级或农民，都是需要的和有利的。正因为它是有利的，所以必须加以实行。

斯大林：《关于农村工作》（1933 年 1 月 11 日），《斯大林全集》第 13 卷，人民出版社 1956 年 4 月第 1 版，第 197 页。

人民委员会和中央委员会在宣布实行集体农庄商业中的粮食交易时所考虑的是什么呢？

首先，他们所考虑的是扩大城乡间商品流转的基础，改进供应工人以农产品和供应农民以工业品的工作。毫无疑问，要做到这一点，单靠国营商业和合作社营商业是不够的。这些商品流转的孔道必须用新的孔道即集体农庄商业来补充。我们建立集体农庄商业，也就是补充了这些孔道。

其次，他们所考虑的是通过集体农庄商业中的粮食交易使庄员得到一种额外收入的来源，巩固他们的经济地位。

最后，他们所考虑的是通过集体农庄商业的建立来进一步推动农民去改进集体农庄在播种和收割方面的工作。

斯大林：《关于农村工作》（1933 年 1 月 11 日），《斯大林全集》第 13 卷，人民出版社 1956 年 4 月第 1 版，第 197—198 页。

五　关于合同

在合同中将指明，他们应当提供哪些商品和按什么价格出售。我们可以同意采用任何一种支付券和配售证。如果他们破坏合同，我们就有权立即解除合同。合同是一种民事契约。

> 列宁：《全俄工会中央理事会共产党党团会议》，《列宁文稿》第 4 卷，人民出版社 1978 年 8 月第 1 版，第 12—13 页。

实行工人和职员的集体供应制，必须遵守下列规定：

1. 每一个实行集体供应制的企业应同政府签订专门的合同。

2. 根据这个合同，企业（由管理委员会和专门选出的人员出面）应保证不断缩减职工人数，提高其生产效率以及加强劳动纪律，使达到规定的指标。对于苏维埃机关职员，处、科等单位相当于工业的一个企业。

3. 凡不履行合同的，应予惩处，直至取消一切供应。

> 列宁：《对人民委员会关于苏维埃机关职员实行集体劳动报酬制的决议草案的补充》，《列宁文稿》第 4 卷，人民出版社 1978 年 8 月第 1 版，第 99—100 页。

给您寄上鲁特格尔斯和他的全体人员，包括每一个工人必须呈交的（如果签订合同的话）保证书草稿。

如果您同意，请向他们提出。

请找一位两种语言都精通的可靠的翻译（参加一切谈判）。

需要订合同，而且是极其精确的合同。

必须有自己的律师（共产党员）参与制定合同。

我看可把这种合同称做把某些工厂交付管理的合同。

技术鉴定一定要由施廷克尔和另外几位有真才实学的专家签字。

> 列宁：《给瓦·弗·古比雪夫的信和美国赴俄工人保证书草稿》，《列宁文稿》第 4 卷，人民出版社 1978 年 8 月第 1 版，第 119 页。

农民已经变成国营企业所需要的棉花、甜菜、亚麻的供应者，而国营工业已经变成这些农业部门的城市商品、种子和生产工具的供应者，从马克思主义和马克思主义政策的观点看来，这有什么不好呢？

预购的方法在这里是建立城乡之间这些新的商品流转形式的基本方法。

难道预购的方法是同新经济政策的要求抵触的吗？

由于采用这种预购的方法，农民不仅在棉花、甜菜、亚麻方面，而且在粮食方面正在成为国家的供应者，这有什么不好呢？

为什么小宗交易、少量交易可以叫做商品流转，而按照预先就货物的价格和质量订立的合同（预购合同）进行的大宗交易就不能叫做商品流转呢？

城乡之间按照预购的方法进行商品流转的这些新的群众性的形式正是在新经济政策的基础上产生的，这些形式是我们各个组织在加强对国民经济的有计划的、社会主义的领导方面的一个极大的进步，这难道很难了解吗？

> 斯大林：《论联共（布）党内的右倾》（1929 年 4 月），《斯大林全集》第 12 卷，人民出版社 1955 年 12 月第 1 版，第 43 页。

无须证明，不通过广泛订立预购合同来把基本农民群众引向集体经营形式，不以大量拖拉机和农业机器等等供给农业，就不能发展集体农庄，就不能发展机器拖拉机站。

但是不加速发展我国工业，就不能以机器和拖拉机供给农村。因此，迅速发展我国工业是在集体制基础上改造农业的钥匙。

> 斯大林：《论联共（布）党内的右倾》（1929 年 4 月），《斯大林全集》第 12 卷，人民出版社 1955 年 12 月第 1 版，第 54 页。

我们还没有发达的产品交换制度，但是有产品交换的萌芽，即农产品的"换货"。大家知道，对植棉、种麻、种甜菜和其他的集体农庄的产品早已实行"换货"了。诚然，这是不完全的、部分的"换货"，但总算是在"换货"了。要顺便指出："换货"这个名词是不妥当的，应该用"产品交换"来代替它。任务是在于，要使农业的一切部门中都培植这些产品交换的萌芽，并把它们发展成为广泛的产品交换系统，使集体农庄用自己的产品换得的不仅是货币，而主要是必要的制成品。这样的制度需要大量地增加城市送交农村的产品，所以，推行这种制度需要大量地增加城市送交农村的产品，所以，推行这种制度不能过分性急，要随着城市制成品积累的程度而定。但是应该一往直前、毫不犹豫地推行这种制度，一步一步地缩小商品流通的活动范围，而扩大产品交换的活动范围。

这样的制度既缩小着商品流通的活动范围，就使社会主义易于过渡到共产主义。此外，它使我们有可能把集体农庄的基本财产、集体农庄生产的产品纳入全民计划的总系统中。

在我国现今条件下，要把集体农庄所有制提高到全民所有制的水平，这将是实际的和有决定意义的办法。

这样的制度对于集体农庄的农民是否有利呢？无疑是有利的。其所以有利，是因为集体农庄农民从国家手中获得的产品，将比在商品流通中获得的要多得多，价钱也更便宜。大家知道，和政府订有产品交换（"换货"）合同的集体农庄获得的利益，较之没有订立这种合同的集体农庄，要多得无比。如果把产品交换制度推广到全国所有的集体农庄，那么我国全体集体农庄农民就都能享受这些利益了。

> 斯大林：《苏联社会主义经济问题》（1952 年 9 月 28 日），《斯大林文选》，
> 人民出版社 1962 年 8 月第 1 版，第 648—649 页。

应当由自流"政策"转到有组织地给工业招收工人的政策。但是要做到这一点只有一个办法，就是各经济组织同集体农庄和庄园订立合同。你们知道，某些经济组织和集体农庄已经开始采用这种办法，而且经验表明，订立合同的办法无论对集体农庄或工业企业都有很大的好处。

> 斯大林：《新的环境和新的经济建设任务》，《斯大林全集》第 13 卷，人
> 民出版社 1956 年 4 月第 1 版，第 51 页。

总之，采用和集体农庄订立合同的办法来有组织地招收工人，使劳动机械化，——这就是我们的任务。

> 斯大林：《新的环境和新的经济建设任务》，《斯大林全集》第 13 卷，人
> 民出版社 1956 年 4 月第 1 版，第 52 页。

六　关于继承权

继承并不产生这种把一个人的劳动果实转移到别人口袋里的权力——它只涉及到具有这种权力的人的更换问题。同所有的民法一样，继承法不是现存社会经济组织的原因，而是这种经济组织的结果，是这种经济组织的法律结果，这种经济组织是以生产资料即土地、原料、机器等的私有制为基础的。正如继承奴隶的权利并不是奴隶制度的原因，恰恰相反，奴隶制度才是继承奴隶的原因。

马克思：《总委员会关于继承权的报告》，《马克思恩格斯文集》第 3 卷，人民出版社 2009 年 12 月第 1 版，第 88 页。

我们在考察继承法时，必须假定生产资料的私有制继续存在。如果私有财产在人们生前已经不存在，那么它就不会由他们并在他们死后从他们那里传给别人。因此，有关继承权的一切措施，只能适用于社会的过渡状态，在那种情况下，一方面，现今社会的经济基础尚未得到改造，另一方面，工人群众已经积蓄了足够的力量来推行旨在最终实现社会的彻底改造的过渡性措施。

马克思：《总委员会关于继承权的报告》，《马克思恩格斯文集》第 3 卷，人民出版社 2009 年 12 月第 1 版，第 89 页。

继承权的消亡将是废除生产资料私有制的社会改造的自然结果；但是废除继承权决不是这种社会改造的起点。

马克思：《总委员会关于继承权的报告》，《马克思恩格斯文集》第 3 卷，人民出版社 2009 年 12 月第 1 版，第 89 页。

在继承方面这样的过渡性措施只可能是：

（1）更广泛地征收在许多国家中业已存在的遗产税，把由此得来的资金用于社会解放的目的；

（2）限制遗嘱继承权，这种继承权不同于没有遗嘱的继承权或家属继承权，它甚至是私有制原则本身的恣意的和迷信的夸张。

马克思：《总委员会关于继承权的报告》，《马克思恩格斯文集》第 3 卷，人民出版社 2009 年 12 月第 1 版，第 89—90 页。

（1）社会革命的第一个要求——废除继承权，这是圣西门派的旧货色，江湖骗子和无知之徒巴枯宁却冒充是这种货色的首倡者。显然，如果有可能通过全民投票在一天之内完成社会革命，那么马上就会废除土地所有权和资本，因而也就根本没有必要研究继承权。另一方面，如果没有这种可能性（当然，设想有这种可能性是荒谬的），那么宣布废除继承权就不是一个严肃的举动，而是一种愚蠢的威胁，这种威胁会使全体农民和整个小资产阶级围拢在反动派周围。请设想一下，比如美国佬未能用武力废除奴隶制。那么，宣布废除奴隶继承权会是多么愚蠢的行为！这全部货色来源于一种陈旧的唯心主义，它认为现在的法学是我们经济状况的基础，而不是把我们的经济状况看作我们法学的基础和根源！至于巴枯宁，他只是想炮制他自己的纲领。如此而已。这是一个应景的纲领。

> 马克思：《致保尔·拉法格和劳拉·拉法格》，《马克思恩格斯文集》第10卷，人民出版社2009年12月第1版，第332页。

桑乔解释继承法不是根据积累的必然性和存在于法之前的家庭的必然性，而是根据权力一直延长到死后权力仍然保存的法学虚构。封建社会越是向资产阶级社会过渡，一切立法也就越来越多地抛弃这个法学虚构（例如，请参阅拿破仑法典）。这里用不着细说，绝对父权和长子继承权——包括自然形成的封建长子继承权，也包括它的后来形式——是以非常确定的物质关系为基础的。在因私人生活的发展而引起共同体瓦解的时代，古代各族人民中也有同样的现象（这一点的最好证明就是罗马继承法的历史）。总之，桑乔不能选出比继承法更不恰当的例子，继承法最清楚地说明了法对于生产关系的依赖性。例如，可参阅罗马的和日耳曼的继承法。

> 马克思、恩格斯：《德意志意识形态》，《马克思恩格斯全集》第3卷，人民出版社1960年12月第1版，第420页。

根据母权制，就是说，当世系还是只按女系计算的时候，并根据氏族内最初的继承习惯，氏族成员死亡后起初是由他的同氏族亲属继承的。财产必须留在氏族以内。最初，由于财物不多，在实践上大概总是转归最亲近的同氏族亲属所有，就是说，转归母方的血缘亲属所有。但是，男性死者的子女并不属于死者的氏族，而是属于他们的母亲的氏族；最初他们是同母亲的其他血缘亲属共同继承母亲的，后来，可能就首先由他们来继承了；不过，他们不能继承自己的父亲，因为他们不属于父亲的氏族，而父亲的财产应该留在父亲自己的氏族内。所以，畜群的所有者死亡以后，他的畜群首先应当转归他的兄弟姊妹和他的姊妹的子女所有，或者转归他母亲的姊妹的后代。他自己的子女则被剥夺了继承权。

因此，随着财富的增加，财富便一方面使丈夫在家庭中占据比妻子更重要的地位；另一方面，又产生了利用这个增强了的地位来废除传统的继承制度使之有利于子女的原动力。但是，当世系还是按母权制来确定的时候，这是不可能的。因此，必须废除母权制，而它也就被废除了。这并不像我们现在所想象的那样困难，因为这一革命——人类所经历过的最深刻的革命之一——并不需要侵害到任何一个活着的氏族成员。氏族的全体成员都仍然能够和以前一样。只要有一个简单的决定，规定以后氏族男性成员的子女应该留在本氏族内，而女性成员的子女应该离开本氏族，而女性成员的子女应该离开本氏族，转到他们父亲的氏族中去就行了。这样就废除了按女系计算世系的办法和母系的继承权，确立了按男系计算世系的办法和父系的继承权。这一革命在文明民族中是怎样和在何时发生的，我们毫无所知。它是完全属于史前时代的事。不过这一革命确实发生过，关于这一点，特别是巴霍芬所搜集的关于母权制的许多遗迹的材料可以充分证明；至于这一革命是怎样容易地完成的，可以从许许多多印第安部落的例子上看出来；在那里，部分地由于日益增长的财富和改变了的生活方式（从森林移居大草原）的影响，部分地由于文明和传教士的道德上的影响，这一革命不久以前方才发生，现在还在进行。在密苏里河流域的八个部落中，有六个是实行男系世系和男系继承制的，只有两个还按女系。在肖尼人、迈阿密人和德拉韦人各部落中，已经形成一种习俗，即用属于父亲氏族的一个氏族人名来给子女取名字，用这种方法把他们列入父亲的氏族，以便他们能继承自己的父亲。"借更改名称以改变事物，乃是人类天赋的决疑法！于是就寻找一个缝隙，当实际利益提供足够的推动力时在传统的范围以内打破传统！"（马克思语）因此，就发生了一个不可救药的混乱，这种混乱只有通过向父权制的过渡才能消除，而且确实这样部分地被消除了。"这看来是一个十分自然的过渡。"（马克思语）至于研究比较法学家们对这一过渡在旧大陆的各文明民族中是如何完成的说法，——当然几乎全部只是一些假说而已，——见马·柯瓦列夫斯基《家庭及所有制的起源和发展概论》1890 年斯德哥尔摩版。

恩格斯：《家庭、私有制和国家的起源》，《马克思恩格斯文集》第 4 卷，人民出版社 2009 年 12 月第 1 版，第 67—68 页。

在法律保证子女继承父母财产的应得部分，因而不能剥夺他们继承权的各国，——在德国，在采用法国法制的各国以及其他一些国家中——子女的婚事必须得到父母的同意。在采用英国法制的各国，法律并不要求结婚要得到父母的同意，在这些国家，父母对自己的财产也有完全的遗赠自由，他们可以任意剥夺子女的继承权。很明显，尽管如此，甚至正因为如此，在英国和美国，在有财产可继承的阶级中间，结婚的自由在事实上丝毫也不比在法国和德国更多些。

　　　　恩格斯：《家庭、私有制和国家的起源》，《马克思恩格斯文集》第4卷，
　　人民出版社2009年12月第1版，第86页。

在英雄时代的希腊社会制度中，古代的氏族组织还是很有活力的，不过我们也已经看到，它的瓦解已经开始：由子女继承财产的父权制，促进了财产积累于家庭中，并且使家庭变成一种与氏族对立的力量；财产的差别，通过世袭贵族和王权的最初萌芽的形成，对社会制度发生反作用；

　　　　恩格斯：《家庭、私有制和国家的起源》，《马克思恩格斯文集》第4卷，
　　人民出版社2009年12月第1版，第125页。

氏族成员的相互继承权；财产仍保留在氏族以内。在罗马氏族里，也像希腊氏族里一样，因为父权制已经盛行，所以女系后裔已经没有继承权。根据我们所知道的最古的罗马成文法即十二铜表法，首先是子女作为直接继承人继承财产；要是没有子女，则由阿格纳蒂（男系亲属）继承；倘若连父方宗亲也没有，则由同氏族人继承。无论在哪种情况下，财产都是留在氏族以内的。在这里我们看到，由财富的增加和专偶制所产生的新的法律规范已逐渐渗入氏族的习俗：同氏族人的原先是平等的继承权，起初——如前面所说的在很早的时期——在实践上限于父方宗亲，最后只限于亲生子女及其男系后裔；不言而喻，这和十二铜表法上的顺序是相反的。

　　　　恩格斯：《家庭、私有制和国家的起源》，《马克思恩格斯文集》第4卷，
　　人民出版社2009年12月第1版，第137—138页。

以家庭的同一发展阶段为前提，继承法的基础是经济的。尽管如此，也很难证明，例如在英国立遗嘱的绝对自由，在法国对这种自由的严格限制，在一切细节上都只是出于经济的原因。但是二者都对经济起着很大的反作用，因为二者都影响财产的分配。

　　　　恩格斯：《致康拉德·施米特》，《马克思恩格斯文集》第10卷，人民出
　　版社2009年12月第1版，第598页。

　　米海洛大斯基先生说："作为遗产传下来的，有经济生产的产品（"经济生产的产品"!! 这是多么通达! 多么响亮! 多么优雅的语言!），而遗产制度本身在一定程度内是为经济竞争的事实制约的。可是第一，作为遗产传下来的，还有非物质财富，这表现在关心用父辈精神教育子女上。"总之，子女教育列入了遗产制度的! 例如俄国民法中有这样一条："双亲应努力进行家庭教育，培养他们〈子女〉的情操，并促进政府意图之实现。"我们的哲学家莫非把这一点叫做遗产制度吗？"第二，甚至专就经济领域来说，既然没有当做遗产传下来的生产的产品就不可能有遗产制度，那么同样，没有'子女生产'的产品，没有这种产品和与之直接结合着的复杂的紧张的心理，也就不可能有遗产制度。"（咳，请你们注意这句话吧：复杂的心理与子女生产的产品"结合着"! 这简直妙极了!）总之，遗产制度所以是家庭关系和两性关系的上层建筑，是因为没有子女生产就不可能有遗产制! ……

　　……其实，遗产制度以私有制为前提，而私有制则是随着交换的出现而产生的。……无论私有制或遗产，都是单独的小家庭（一夫一妻制的家庭）已经形成和交换已在开始发展的那个社会制度的范畴。

列宁：《什么是"人民之友"以及他们如何攻击社会民主主义者?》，《列宁专题文集》之《论辩证唯物主义和历史唯物主义》，人民出版社 2009 年 12 月第 1 版，第 172—174 页。

七 关于劳动法

劳动权在资产阶级的意义上说是一种胡说，是一种可怜的善良愿望，其实劳动权就是支配资本的权力，支配资本的权力就是占有生产资料，使生产资料受联合起来的工人阶级支配，也就是消灭雇佣劳动、资本及其相互间的关系。

马克思：《1848年至1850年的法兰西阶级斗争》，《马克思恩格斯文集》第2卷，人民出版社2009年12月第1版，第113页。

我认为我们在这方面取得的成绩是很不小的，尽管乍看起来也许有人会觉得这些工作并不那么重要。拿你们通过的第一个法典即劳动法典来说吧，在各国都向工人阶级进攻的时候，我们通过了一个巩固地规定了劳动法基础（例如八小时工作制）的法典，这是苏维埃政权的一大胜利。

列宁：《在第九届全俄中央执行委员会第四次常会上的演说》，《列宁全集》第33卷，人民出版社1957年8月第1版，第352页。

在社会主义制度下，目前还只有在苏联实现的这种制度下，生产资料公有制是生产关系的基础。这里已经没有剥削者，也没有被剥削者。生产出来的产品是根据"不劳动者不得食"的原则按劳动分配的。这里，人们在生产过程中的相互关系的特征，是不受剥削的工作者之间的同志合作和社会主义互助。这里生产关系同生产力状况完全适合，因为生产过程的社会性是由生产资料的公有制所巩固的。

斯大林：《论辩证唯物主义和历史唯物主义》（1938年9月），《斯大林文选》，人民出版社1962年8月第1版，第202页。

总之，采用和集体农庄订立合同的办法来有组织地招收工人，使劳动机械化，——这就是我们的任务。

斯大林：《新的环境和新的经济建设任务》（1931年6月23日），《斯大林全集》第13卷，人民出版社1956年4月第1版，第52页。

应当由自流"政策"转到有组织地给工人招收工人的政策。但是要做到这一点只有一个办法，就是各经济组织同集体农庄和庄员订立合同。你们知道，某些经济组织和集体农庄已经开始采用这种办法，而且经验表明，订立合同的办法无论对集体农庄或工业企业都有很大的好处。

斯大林：《新的环境和新的经济建设任务》（1931年6月23日），《斯大林全集》第 13 卷，人民出版社 1956 年 4 月第 1 版，第 51 页。

党为解决这个问题采取了下列三方面的措施：不断改善劳动者的物质生活状况，在工业企业和农业企业中建立同志的劳动纪律以及组织社会主义竞赛和突击运动。这一切都是在已改进的技术和合理的劳动组织的基础上实行的。

斯大林：《联共（布）中央委员会向第六次代表大会的政治报告》（1930年 6 月 27 日），《斯大林全集》第 12 卷，人民出版社 1955 年 12 月第 1版，第 287 页。

还必须给工人创造适当的劳动条件，使他们有可能有效地工作，提高生产率，改进产品质量。因此，必须把企业中的劳动组织得能使劳动率一月高于一月，一季高于一季。

斯大林：《新的环境和新的经济建设任务》（1931 年 6 月 23 日），《斯大林全集》第 13 卷，人民出版社 1956 年 4 月第 1 版，第 56 页。

八　关于税法

一般的征税工作，特别是在征收财产税和所得税的工作上，我们也非常落后。向资产阶级征收特别税（这是一项原则上是完全可行并且得到无产阶级赞同的措施）表明，我们在这一方面仍然更接近于夺取的方法（为了穷人，从富人手里把俄国夺取回来的方法），而不是管理的方法。可是，我们要想更加强大，要想更稳固地站住脚，就必须转而采用这后一种方法，就必须用常规的、照章征收的财产税和所得税来代替向资产阶级征收特别税的办法。这能给无产阶级国家更多的好处，但也要求我们有更高的组织程度，有更完善的计算和监督。

　　列宁：《苏维埃政权的当前任务》，《列宁专题文集》之《论社会主义》，人民出版社 2009 年 12 月第 1 版，第 92 页。

在财政方面，俄共将在一切可能的情形下实行累进所得税和财产税。

　　列宁：《俄共（布）党纲草案》，《列宁专题文集》之《论无产阶级政党》，人民出版社 2009 年 12 月第 1 版，第 199 页。

苏维埃政权关于征收特别税的法令，与世界上所有资产阶级政府的一切法令不同，坚决把纳税的重担完全放在富农身上，放在战争期间发了横财的、人数不多的剥削别人的农民身上。而对中农征税则应很轻，使他们完全有能力缴纳。

　　列宁：《俄共（布）第八次代表大会》，《列宁选集》第 29 卷，人民出版社 1956 年 7 月第 1 版，第 189 页。

社会民主党人的要求是要完全废除所有的间接税，代之以真正的而不是开玩笑似的累进所得税，这种要求是完全可以实行的。这种措施没有触动资本主义的基础，而会立刻大大减轻 9/10 的居民的负担，其次，由于国内市场的增长，由于国家摆脱了为征收间接税而实行的对经济生活的不合理的束缚，这种措施就会大大推动社会生产力的发展。

　　列宁：《资本主义与税收》，《列宁全集》第 19 卷，人民出版社 1959 年 2 月第 1 版，第 190 页。

九　经济管理

（一）实行一长制

为了避免那种现在使我们受害匪浅的多头领导和无人负责的现象，就必须对每一项职务确切地了解究竟是那些人被选上了领导岗位，对整个经济机构的工作负责；必须尽可能经常地利用一切机会使被选举出来的领导人员对整个经济机构实行一长制的管理。必须自愿地执行单一领导者的命令，必须从争论、开群众大会、执行命令，同时又进行批评、检查、纠正的混合方式，过渡到一个机器企业应有的极其正常的工作过程。俄国极大多数的劳动公社、工人和农民正在开始执行并且已经执行这个任务了。苏维埃政权的任务，就是要解释现在已经到来的转变和用法律肯定这种转变的必要性。

列宁：《〈苏维埃政权的当前任务〉一文的初稿》，《列宁全集》第 27 卷，人民出版社 1958 年 10 月第 1 版，第 195 页。

尽管我们的铁路法令有许多错误（我们准备改正），但是它抓住了我们所需要的最根本的东西；它是依靠工人群众的，他们遵守最严格的法律，他们需要用一长制的权力把自己联合起来，这种权力由苏维埃赋予和撤销，苏维埃要求在工作和劳动过程中，无条件地执行法律，因为必须使大生产像一部机器那样工作，同时必须使成千上万人有统一的意志，服从一个苏维埃领导人的命令。

列宁：《全俄中央执行委员会会议》（1918 年 4 月 29 日），《列宁全集》第 27 卷，人民出版社 1958 年 10 月第 1 版，第 287—288 页。

（二）对生产和分配实行计算与监督

要使社会主义社会不受这些寄生虫的危害，就必须对劳动数量，对产品的生产和分配组织全民的、千百万工人和农民自愿地积极地用满腔革命热情来支持的计算和监督。而要组织这种计算和监督，即每个诚实、精明、能干的工人和农民完全能够做到和完全能够胜任的计算和监督，就必须唤起工农自己的、也就是从他们中间产生的有组织才能的人，必须鼓励他们在组织成绩方面实行竞赛，并在全国范围内把这种竞赛组织起来……

> 列宁：《怎样组织竞赛?》，《列宁专题文集》之《论社会主义》，人民出版
> 社2009年12月第1版，第58—59页。

你们要对生产和产品统计实行最严格的监督。逮捕一切胆敢危害人民事业的分子，交付人民革命法庭审判，不论其危害表现是对生产进行怠工（破坏、扰乱、捣毁等），或者是隐瞒存粮和产品，或者是阻挠粮食运输，或者是扰乱铁路运输和邮电业务，或者是一般地对伟大的和平事业、把土地交给农民的事业以及保证对产品的生产和分配实行工人监督的事业进行任何一种抵抗。

> 列宁：《告人民书》，《列宁全集》第26卷，人民出版社1959年3月第1版，第280页。

实行计算和监督，这就是每个工兵农代表苏维埃，每个消费合作社，每个工会或供给委员会，每个工厂委员会或一般工人监督机关的主要经济任务。

> 列宁：《怎样组织竞赛?》，《列宁专题文集》之《论社会主义》，人民出版
> 社2009年12月第1版，第58—59页。

我们已经把工人监督制定为法律，可是它刚刚开始深入无产阶级广大群众的生活，甚至刚刚开始深入他们的意识。在产品的生产和分配方面没有报表，没有监督，就是扼杀社会主义的幼芽，就是盗窃公产（因为现在一切财产都属于公家，而公家也就是苏维埃政权，即大多数劳动群众的政权）；对计算和监督漫不经心就是直接帮助德国的和俄国的科尔尼洛夫之流，因为只有在我们解决不了计算和监督的任务的情况下，这些人才能推翻劳动者的政权，他们正在全体农民资产阶级的帮助下，在立宪民主党人、孟什维克、右派社会革命党人的帮助下窥伺着我们，待机而动，——以上这些情况，我们在鼓动工作中说得不够，先进的工人和农民也想得不够，说得不够。可是只要工人监督还没有成为事实，在先进的工人还没有破坏这种监督或对监督掉以轻心的人组织并开展胜利的和无情的斗争，就不能从走向社会主义的第一步（从工人监督）进到第二步，即转到工人调节生产。

社会主义国家只能在这种情况下产生：它已经成为一个生产消费网，这些公社诚实地计算自己的生产和消费，节省劳动，不断提高劳动生产率，

因而能够把工作日缩短到每天七小时或六小时以至更少。在这里，这就非搞好对粮食和粮食生产（然后，再对一切其他必需品）的最严格的、无所不包的全民计算和监督，是不行的。

列宁：《苏维埃政权的当前任务》，《列宁专题文集》之《论社会主义》，

人民出版社 2009 年 12 月第 1 版，第 94 页。

（三）　实行泰罗制

我继续讲下去。最大的资本主义在劳动组织方面创造了这样一些制度，这种制度在居民群众受剥削的情况下，是少数有产阶级奴役劳动者，压榨劳动者额外的劳动、体力、血汗和神经的最残酷的形式，但这种制度同时又是科学组织生产的最新成就。社会主义苏维埃共和国应当学会这种制度，并且为了实行我们对生产的计算和监督以及为了提高劳动生产率，还应当对这种制度加以改造。例如，在美国广泛采用的著名的泰罗制之所以著名，就因为它是肆无忌惮的资本主义剥削的最新方法。因此可以理解，为什么这种制度遭到工人群众那样大的仇视和愤恨。但同时丝毫也不应忘记，泰罗制体现了科学的巨大进步，它系统地分析了生产过程，为大大提高人的劳动生产率开辟了途径。在美国，由于实行泰罗制而开始的科学研究，特别是美国人所说的对动作的研究，提供了大量材料，可以用来训练劳动居民掌握无比高超的一般劳动方法，特别是组织劳动的方法。

列宁：《〈苏维埃政权的当前任务〉一文的初稿》，《列宁文稿》第 3 卷，

人民出版社 1978 年 12 月第 1 版，第 55 页。

社会主义苏维埃共和国面临的任务，简单说来就是，我们应当在全国实行泰罗制和美国提高劳动生产率的科学方法，把这种制度同缩短劳动时间结合起来，同利用新的生产方法和劳动组织方法结合起来，而丝毫不损害劳动居民的劳动力。相反，如果劳动者有足够的觉悟，那么，在他们自己正确指导下运用泰罗制会成为进一步大大缩短全体劳动居民的必要劳动日的最可靠的手段，是我们在相当短的时期内实现下述任务的最可靠的手段，这项任务大致说来就是：每个成年公民每天从事体力工作 6 小时，从事管理国家的工作 4 小时。

列宁：《〈苏维埃政权的当前任务〉一文的初稿》，《列宁文稿》第 3 卷，

人民出版社 1978 年 12 月第 1 版，第 56 页。

目前应当提上日程的是实际采用和试行计件工资，采用泰罗制中许多科学的先进的方法，以及使工资同产品的总额或铁路水路运输的经营总额等等相适应。

列宁：《苏维埃政权的当前任务》，《列宁专题文集》之《论社会主义》，
人民出版社 2009 年 12 月第 1 版，第 97 页。

（四）加强劳动纪律

同志们，想在一天里完成这种变革是不可能的。社会主义革命开始了，现在一切都取决于确立同志式的而不是兵营般的纪律，取决于劳动群众自己的纪律，而不是资本家的纪律。一旦铁路劳动者把政权掌握到自己手中，他们就会在武装组织的帮助下，粉碎怠工和投机行为，惩办一切进行贿赂和破坏铁路正常运行的人。必须把这些反对人民政权的人按罪大恶极者论处。因此，只有依靠这样的组织即苏维埃组织，依靠它的团结和毅力才能同资本家、怠工者、骗子和里亚布申斯基之流作斗争。为了战胜饥荒必须选择这样的道路，因为俄国什么都有，有铁，有石油，有粮食，一句话，凡是人们生活上所需要的一切都有。如果战胜了剥削者，苏维埃政权和经济管理制度就必然在俄国确立，将来一定会这样。

列宁：《全俄铁路员工非常代表大会》（1918 年 1 月 13 日），《列宁全集》
第 26 卷，人民出版社 1959 年 3 月第 1 版，第 470 页。

……现在的任务是要把无产阶级所能集中的一切力量，把无产阶级的绝对统一力量都投到经济建设的和平任务上去，都投到恢复被破坏了的生产的任务上去。这里需要有铁一般的纪律，铁一般的组织，如果没有这种纪律和组织，我们不仅不能支持两年多，甚至连两个月也支持不了。

列宁：《俄共（布）中央委员会的报告》，《列宁选集》第 4 卷，人民出版
社 1960 年 4 月第 1 版，第 167 页。

必须使我们自己夺得的东西、把我们自己颁布过的、确定了法令的、讨论过的、拟定了的东西固定下来，——用日常劳动纪律这种稳定的形式巩固下来。这是一个最困难而又最能收效的任务，因为只有解决这项任务，我们才能有社会主义的秩序。

列宁：《苏维埃政权的当前任务》，《列宁专题文集》之《论社会主义》，
人民出版社 2009 年 12 月第 1 版，第 109 页。

俄国的主要苦难既然是饥荒和失业，那么要战胜这种苦难，就决不能

凭一时的热情，而只能靠全面的、无所不包的、全民的组织和纪律来增产人民所需要的粮食和工业所需要的粮食（燃料）及时运输并且正确地分配。因此，在任何工厂、任何经济单位、任何事情上，凡是破坏劳动纪律的人，就是造成饥荒和失业痛苦的罪人；应该善于查出这种罪人，提交审判，严厉惩办。我们现在要最坚决反对的这种小资产阶级自发势力的影响，就表现在对饥荒和失业现象同组织和纪律方面的普遍自由散漫有着国民经济上的和政治上的联系这一点认识不足，就表现在还牢固地保持着这样一种小私有者的观点：只要我能够多捞一把，哪管它寸草不生。

列宁：《苏维埃政权的当前任务》，《列宁专题文集》之《论社会主义》，

人民出版社 2009 年 12 月第 1 版，第 105 页。

农奴制的社会劳动组织靠棍棒纪律来维持，劳动群众极端愚昧，备受压抑，横遭一小撮地主的掠夺和侮辱。资本主义的社会劳动组织靠饥饿纪律来维持，在最先进最文明最民主的共和国内，尽管资产阶级文化和资产阶级民主有很大的进步，广大劳动群众仍旧是一群愚昧的、受压抑的雇佣奴隶或被压迫的农民，横遭一小撮资本家的掠夺和侮辱。共产主义的社会劳动组织——其第一步为社会主义——则靠推翻了地主资本家压迫的劳动群众本身自由的自觉的纪律来维持，而且愈向前发展就愈要靠这种纪律来维持。

这种新的纪律不是从天上掉下来的，也不是由善良的愿望产生的，它是从资本主义大生产的物质条件中生长起来的，而且只能是从这种条件中生长起来。没有这种物质条件就不可能有这种纪律。代表或体现这种物质条件的是大资本主义所创造、组织、团结、训练、启发和锻炼出来的一定历史阶级。这个阶级就是无产阶级。

列宁：《伟大的创举》，《列宁专题文集》之《论社会主义》，人民出版社
2009 年 12 月第 1 版，第 144 页。

精打细算，节俭办事，不偷懒，不盗窃，遵守最严格的劳动纪律——正是这些从前被资产阶级用来掩饰他们这个剥削阶级的统治时受到革命无产者的正当讥笑的口号，现在，在推翻资产阶级以后，已变成当前迫切的主要的口号。一方面，劳动群众切实实现这些口号，是挽救被帝国主义战争和帝国主义强盗（以克伦斯基为首）弄得半死的国家的唯一条件；另一方面，苏维埃政权用自己的方法，根据自己的法令来切实实现这些口号，

又是取得社会主义最终胜利所必需的和足够的条件。

列宁:《苏维埃政权的当前任务》,《列宁专题文集》之《论社会主义》,

人民出版社 2009 年 12 月第 1 版,第 84 页。

必须使我们自己夺得的东西,使我们自己颁布过的、确定为法令的、讨论过的、拟定了的东西巩固下来,用日常劳动纪律这种稳定的形式巩固下来。这是一项最困难而又最能收效的任务,因为只有解决这项任务,我们才能有社会主义的秩序。

列宁:《苏维埃政权的当前任务》,《列宁专题文集》之《论社会主义》,

人民出版社 2009 年 12 月第 1 版,第 109—110 页。

十 涉外经济法

（一）关于利用外资、引进技术

我们想同外国进行商品交换，我们想这样做，我们懂得进行商品交换的必要性，我们的根本利益要求我们尽快地从资本主义国家获得机车、电器、电气器材等等生产资料，没有这些生产资料，我们的工厂就得不到所需要的机器，我们便不能稍许认真地恢复甚至根本不可能恢复我们的工业。要用加倍的利润收买资本主义。资本主义得到的将是多余的利润，——这种多余的利润由它去吧，——我们所得到的将是最主要的东西，有了这些东西我们就一定能够巩固起来，最终站立起来，在经济上战胜资本主义。

> 列宁：《全俄苏维埃第八次代表大会》，《列宁全集》第31卷，人民出版社1958年8月第1版，第435页。

我们的任务是保证俄国有恢复经济所必需的工具和资金，因为我们一旦得到这些东西，我们就会牢牢地站立起来，那时任何资本主义敌人对我们都是不足惧的。这就是指导我们实行租让政策的观点，这就是我说明过的观点。

> 列宁：《全俄苏维埃第八次代表大会》，《列宁全集》第31卷，人民出版社1958年8月第1版，第441页。

现在，我们使许多强国放弃了反对我们的战争，但是能不能长久，我们不敢担保。一旦情况稍有变化，帝国主义强盗就会重新向我们进攻，必须对这一点有所准备。因此，首先应该恢复经济，应该使它牢固地站稳脚跟。没有经济设备，没有从资本主义国家运来的机器，就不可能迅速地做到这一点。因此，只要能够恢复经济，不惜多给资本家一些利润。

> 列宁：《全俄苏维埃第八次代表大会》，《列宁全集》第31卷，人民出版社1958年8月第1版，第449页。

现在，我们主要是用我们的经济政策去影响国际革命。所有的人，世界各国的劳动者，都毫无例外地（绝非夸大）注视着俄罗斯苏维埃共和国。这是我们的成就。资本家要想隐瞒和掩盖是绝对办不到的，因此，他们就拼命寻找我们在经济方面的错误和我们的弱点。在全世界范围内斗争已经转到这个方面来了。我们一旦解决了这个任务，那我们就是在国际范围内真正地最终地取得了胜利。因此，经济建设问题对于我们有非常重大的意义。

列宁：《俄共（布）第十次代表大会》，《列宁全集》第32卷，人民出版社1958年9月第1版，第427—428页。

遗憾的是，国家资本主义的实施在我们这里进行得不如我们希望的那么快。譬如，直到现在我们实际上连一个重大的租让项目也没有实现。可是没有外国资本参加我国经济的发展工作，要迅速发展经济是无法想象的。

列宁：《致北美俄国侨民》，《列宁文稿》第4卷，人民出版社1978年8月第1版，第403页。

俄国是一个经济落后的国家，如果它不用自己的原料换取西方国家的机器和设备，那就很难靠本身的力量组织运输业，发展工业并使城乡工业电气化。……苏维埃俄国和我们这个领导它的党就不得不寻求同敌视我们的西方资本家集团建立经济合作的形式和方法，以便取得必需的技术装备。租让制形式和对外贸易——这些就是达到这个目的的手段。

斯大林：《党在取得政权以前和以后》，《斯大林全集》第5卷，人民出版社1957年11月第1版，第87页。

其次，我们需要借外债，因为这不仅是支付手段，而且是扩大俄国对外信贷的要素，也是提高我们卢布信用的要素。

斯大林：《前途》，《斯大林全集》第5卷，人民出版社1957年11月第1版，第102页。

列宁是怎样提出问题的呢？在一九二一年，列宁知道我国工业不发达而农民又需要商品，知道工业不能立刻得到发展，……所以当时列宁认为在一切可行的办法中最妥善的办法就是吸收外资，利用外资来振兴工业，这条道路在当时无疑是正确的……。

斯大林：《联共（布）第十四次代表大会》，《斯大林全集》第7卷，人民出版社1958年5月第1版，第304页。

谁也不否认我国国民经济对世界资本主义经济的依赖是存在的。过去和现在谁也不否认这一点，正像谁也不否认每个国家和每个国家的国民经济（美国的国民经济也不例外）对国际资本主义经济的依赖是存在的一样。但这种依赖是双方面的。不只是我们的经济依赖资本主义国家，资本主义国家的经济也依赖我们的经济，依赖我们的石油、我们的粮食、我们的木材以及我们广大的市场。比方说，我们从"美孚石油公司"那里得到贷款。我们从德国资本家那里得到贷款。但我们得到的贷款，不是因为我们的眼睛生得漂亮，而是因为资本主义国家需要我们的石油，需要我们的粮食，需要我们的市场来销售装备。不可忘记我国占世界六分之一的面积，是一个广大的销售市场，资本主义国家不和我们的市场保持某种联系是不行的。这一切就是资本主义国家对我们经济的依赖。在这里依赖是双方面的。

这里不是说我国国民经济对资本主义国家的依赖使我国不可能建成社会主义经济呢？当然不是这个意思。以为社会主义经济是一种绝对闭关自守、绝对不依赖周围各国国民经济的东西，这就是愚蠢之至。能不能断言社会主义经济绝对不会有任何输出和输入，不会输入本国没有的产品，因而也不会输出自己的产品呢？不，不能这样断言。而什么是输入和输出呢？这是一些国家依赖另一些国家的表现。这是经济上相互依赖的表现。

现代资本主义国家也是这样。你们不能设想一个没有输出和输入的国家。就拿世界上最富的国家美国来说也是如此。能不能说现在的资本主义国家譬如英国或美国是绝对不依赖他国的国家呢？不，不能这样说。为什么呢？因为它们依赖输入和输出，它们依赖其他国家的原料（例如美国依赖橡胶和其他原料），它们依赖销售市场以销售自己的装备和其他成品。

这是不是说既然没有绝对不依赖他国的国家，也就不能有各个国家国民经济的独立性呢？不，不是这个意思。我国依赖其他国家，正像其他国家依赖我国国民经济一样，但这并不意味着我国因而丧失了或就要丧失自己的独立性，它不能保持自己的独立性，它应当变成国际资本主义经济的小螺丝钉。应该把各国彼此间的依赖性和各国的经济独立性区别开来。否认各个国民经济单位的绝对不相依赖，并不等于也不能等于否认这些单位的经济独立性。

斯大林：《共产国际执行委员会第七次扩大全会》，《斯大林全集》第9
卷，人民出版社 1954 年 4 月第 1 版，第 117—119 页。

（二）关于租让制

如果我们不把资本吸收到租让企业中来，那就表明我们在经济上没有一点求实精神。

列宁:《在全俄工会中央理事会共产党党团会议上关于租让问题的报告》,
《列宁全集》第32卷,人民出版社1958年9月第1版,第291页。

通过实行租让和商品交换政策,对资本主义的西方在经济上要千方百
计地加以利用、加强和加紧利用。石油、锰、煤(特克瓦尔切利煤矿)、
铜,——丰富的矿产资源还远远不止这一些。有充分的可能来广泛实行租
让政策和开展同外国的商品交换。

……

……应当立刻在经济上依靠同资本主义外国的商品交换,不要吝啬:
就让它们得到几千万普特宝贵的矿产品吧。

列宁:《致阿塞拜疆、格鲁吉亚等共和国的共产党员同志们》,《列宁专题
文集》之《论社会主义》,人民出版社2009年12月第1版,第213—
214页。

租让问题的主要原则,从政治上来考虑(这里有政治上的考虑和经济
上的考虑)就是:应该利用两个帝国主义之间、两个资本主义国家集团之
间的对立和矛盾,使他们互相敌视。这个原则我们不仅在理论上已经掌握
了,而且在实际上已经运用过了。对我们来说,社会主义在全世界彻底胜
利以前很长的时期内,这将是一个基本原则。只要我们还没有夺得全世界,
只要从经济和军事的观点看来我们仍然比其余的资本主义世界弱小,就应
该坚持这样一个原则:必须善于利用帝国主义者之间的矛盾和对立。如果
我们不坚持这个原则,那正合资本家的心意,我们大家早就枭首示众了。

列宁:《在俄共(布)莫斯科组织积极分子大会上的演说》,《列宁全集》
第31卷,人民出版社1958年8月第1版,第399—400页。

如果我们只把少数工厂租给资本家,而把大部分工厂保留在自己手中,
那租让并不可怕;这是没有什么可怕的。当然,如果苏维埃政权把自己的
大部分工厂拿去租让,那是十分荒唐的;那就不是租让,而是向资本主义
倒退。

列宁:《在俄共(布)莫斯科市和莫斯科省支部书记及支部负责代表会议
上关于粮食税的报告》,《列宁全集》第32卷,人民出版社1958年9月第
1版,第286页。

我们想吸引外国人。因此,在法令的结尾部分列举了如下一些条件:

第一条:"承租人将按照合同规定,得到一部分产品作为报酬并有权运
出国外。"不这样规定他们是不会干的。至于多大一部分,没有讲。在这种

情况下，将为这一部分产品而发生斗争。我们将同他们讨价还价，将同他们争来争去，而且我们中的任何一方都会盘算得失。这里有同志说，要特别注意。这是完全正确的。

第二条："如果大规模地采用特殊的技术革新，承租人将获得贸易上的优惠权（例如：在机器采购方面，在签订大宗订货的专门合同方面，等等）。"什么是贸易上的优惠权呢？这就是我们把签订合同的优惠权给予某个公司，而不给予其他公司。而如果哪个公司获得承租权的话，我们也可以从它那里把租让企业赎回来，也许我们要多付给它一点钱。但最主要的是，他们要给我们机器。我觉得这个想法是够清楚的了，因此我们将仍然对宣传要点表示支持。

第三条："长期租让的期限将根据租让企业的性质和条件来定，以保证充分补偿承租人所担的风险和投入租让企业的技术设备。"这里谈的是租让期限的长短问题。这种期限根本没有规定，我们不可能用另外的条件把堪察加租出去。费多托夫和斯克沃尔佐夫同志讲得对，这是一种特殊的租让。我们实行这种租让是基于一些重大的政治上的考虑。在这种条件下实行租让，我们愿意把我们自己所不需要的东西租让出去；虽然失去一些东西，但我们无论在经济上还是在政治上都不会吃亏。

第四条："俄罗斯联邦政府保证承租人投入企业的财产既不会收归国有，也不会没收或征用。"而你们没有忘记我们还有法院吧。这是一句仔细斟酌过的、对我们极有利的话。起初我们想讲明这一点，后来作了反复考虑，决定还是不讲为好。开口为银，闭口是金嘛。既不会没收，也不会征用，而法院还在嘛，况且法院是我们的。据我所知，我们的法院是由苏维埃选派的人组成的。至于我个人，那我根本没有那种阴暗的看法，认为我们的法院不行。因此我们就是要利用法院。

第五条："承租人有权为自己在俄罗斯联邦境内的企业雇用工人和职员，但要遵守劳动法典或专门合同的规定，专门合同要保证遵守对工人和职员所规定的劳动条件，以保护他们的生命和健康。"这里没有任何要小心谨慎的地方。如果工人举行罢工，而且罢工又是合理的，那我们就可以暗中支持罢工者。资本家拿什么来威胁呢？"我们要把你赶到马路上去，你就得挨饿。"而这时，罢工者也许会从一个什么地方得到口粮，要知道这是由我们掌握的。我们可以而且要发给他们口粮。而如果罢工是不明智的和不合理的，那可以把他们送交苏维埃，在那里把他们好好地批一下，就象让他们洗一个澡。这里已经写上，说有一个专门的合同，这一点说得很谨慎。不过，这是一个例外，只适用于堪察加，因为我们还无法在那里建立任何苏维埃机关。在这种情况下，万德利普一定会说：那就订立一个专门合同吧。但是，把我们的法律用于堪察加，我们自己还没有试过。

第六条："俄罗斯联邦政府向承租人保证决不以政府的任何命令或法令单方面改变租让合同的条款。"我们不会单方面改变合同条款，因为那样的话谁也不会来承租。这就是说需要一些中间人。谁来当中间人呢？中立国家都是资本主义国家。工人组织来当吗？也许我们不得不邀请孟什维克的工人组织来当。在西欧，这种组织占多数。也许孟什维克将按数序来决定：双数的话，他们支持布尔什维克，单数的话，他们支持资本家。如果我们不能达成协议，可以撕毁合同。就是存在着这种危险，但是，如果合同是财产方面的，这是允许的。从国际法的基本原则来看，这是一种私人合同，你可以撕毁它，但要赔偿。如果你撕毁了合同，你就得赔偿。

列宁：《俄共（布）莫斯科组织积极分子大会》，《列宁文稿》第三卷，人民出版社1978年12月第1版，第325—327页。

对我们来说，同其他先进国家的国家托拉斯实行这种联合，是十分必要的，因为我国的经济危机是这样深重，没有外国的装备和技术帮助，我们单靠自己的力量就无法恢复破坏了的经济。只输入装备是不够的。我们或许可以在更广泛的基础上把企业租给最大的帝国主义辛迪加，租出巴库的1/4，格罗兹内的1/4，以及我们最好的森林资源的1/4，这样来保证我们得到最新的技术装备，建立起必要的基础；另一方面，我们也可以因此得到其余部分所需要的装备。这样，我们就多少（即使是四分之一或一半也好）可以赶上其他国家的现代的、先进的辛迪加。

列宁：《俄共（布）第十次代表大会》，《列宁全集》第32卷，人民出版社1958年9月第1版，第171页。

这里有人说，让资本家来，让他们来欺骗我们，真是太可怕了。而我肯定地说这并不可怕，为了提高生产，就是希望他来，因为他有组织得很好的后方、设备完善的工厂。我们可以在这些工厂里订购需要的部件，而不必去自由市场购买，——因为自由市场上只有一堆破烂货。第一流工厂今后几年的产品已经预订完了。即使我们甚至用我们的黄金去付款，我们还是什么都买不到，而辛迪加的成员却可以得到一切。只要能改善哪怕是一小部分工人和农民的生活状况，我们即使给辛迪加的这一成员多付一点钱，也在所不惜。因为每多一件产品，都可以用来向农民换取粮食，这样就会建立工人阶级同农民之间的牢固关系。

> 列宁：《全俄工会中央理事会共产党党团会议》，《列宁文稿》第 4 卷，人民出版社 1978 年 8 月第 1 版，第 15 页。

合营公司的制度是能真正改善对外贸易人民委员部这个坏机关的唯一制度，因为实行这个制度，外国商人和俄国商人就会在一起工作。如果我们在这种条件下还不能学会、学好、学通，那么我国人民简直就是毫无希望的傻瓜了。

　　……

利用合营公司进行长期的认真的学习，这是恢复我国工业的唯一途径。

> 列宁：《论对外贸易垄断制》，《列宁全集》第 33 卷，人民出版社 1958 年 8 月第 1 版，第 415 页。

战争结束了，但是西方的社会主义者暂时还无力帮助我们恢复经济，而我们在经济上又被工业比较发达的资产阶级国家所包围，因此不得不采用租让制，不得不同一些资产阶级国家签订贸易协定，并同一些资本家集团订立租让合同，我们在这方面（经济方面）也是孤立无援的，不得不想尽办法克服困难。一切为了恢复国民经济（参见大家都知道的列宁的演说和小册子）。把国防委员会变成劳动国防委员会。

> 斯大林：《论俄国共产党人的政治战略和策略》，《斯大林全集》第 5 卷，人民出版社 1957 年 11 月第 1 版，第 56—57 页。

马克思主义经典作家论婚姻家庭法

一 婚姻

（一） 以爱情为基础的婚姻才是合乎道德的

现代的性爱，同古代人的单纯的性要求，同厄洛斯［情欲］，是根本不同的。第一，性爱是以所爱者的对应的爱为前提的；从这方面说，妇女处于同男子平等的地位，而在古代的厄洛斯时代，决不是一向都征求妇女同意的。第二，性爱常常达到这样强烈和持久的程度，如果不能结合和彼此分离，对双方来说即使不是一个最大的不幸，也是一个大不幸；为了能彼此结合，双方甘冒很大的危险，直至拿生命孤注一掷，而这种事情在古代充其量只是在通奸的场合才会发生。最后，对于性关系的评价，产生了一种新的道德标准，人们不仅要问：它是婚姻的还是私通的，而且要问：是不是由于爱和对应的爱而发生的？自然，在封建的或资产阶级的实践中，这个新的标准，并不比其他一切道德标准的境遇更好——人们对它视若无睹。不过，它的境遇也并非更坏；它和其他道德标准一样——在理论上，在字面上，也是被承认的。而更高的要求目前它就不能提了。

恩格斯：《家庭、私有制和国家的起源》，《马克思恩格斯文集》第4卷，
人民出版社2009年12月第1版，第90页。

如果说只有以爱情为基础的婚姻才是合乎道德的，那么也只有继续保持爱情的婚姻才合乎道德。不过，个人性爱的持久性在各个不同的个人中间，尤其在男子中间，是很不相同的，如果感情确实已经消失或者已经被新的热烈的爱情所排挤，那就会使离婚无论对于双方或对于社会都成为幸事。只是要使人们免于陷入离婚诉讼的无益的泥潭才好。

恩格斯：《家庭、私有制和国家的起源》，《马克思恩格斯文集》第4卷，
人民出版社2009年12月第1版，第96页。

人与人之间的、特别是两性之间的感情关系，是自从有人类以前就存在的。而性爱在最近800年间获得了这样的发展和地位，竟成了这个时期中一切诗歌必须环绕着旋转的轴心了。现存的通行的宗教只限于使国家对性爱的管理即婚姻立法神圣化；这种宗教也许明天就会完全消失，但是爱情和友谊的实践并不会发生丝毫变化。

恩格斯：《路德维希·费尔巴哈和德国古典哲学的终结》，《马克思恩格斯文集》第4卷，人民出版社2009年12月第1版，第287页。

（二）奴隶社会与封建社会没有婚姻自由

在中世纪以前，是谈不到个人的性爱的。不言而喻，形态的美丽、亲密的交往、融洽的性情等等，都曾引起异性对于发生性关系的热望；同谁发生这种最亲密的关系，无论对男子还是对女子都不是完全无所谓的。但是这距离现代的性爱还很远很远。在整个古代，婚姻都是由父母为当事人缔结的，当事人则安心顺从。古代所仅有的那一点夫妇之爱，并不是主观的爱好，而是客观的义务；不是婚姻的基础，而是婚姻的附加物。现代意义上的爱情关系，在古代只是在官方社会以外才有。忒俄克里托斯和莫斯库斯曾歌颂其爱情的喜悦和痛苦的那些牧人，朗格的达夫尼斯和赫洛娅，全都是不参与国家事务，不参与自由民活动的奴隶。而除去奴隶以外，我们所遇到的爱情纠纷只是灭亡中的古代世界解体的产物，而且是与同样也处在官方社会以外的妇女，与淫游女，即异地妇女或被释女奴隶发生的纠纷：在雅典是从它灭亡的前夜开始，在罗马是在帝政时代。如果说在自由民男女之间确实发生过爱情纠纷，那只是就婚后通奸而言的。所以，对于那位古代的古典爱情诗人老阿那克里翁来说，现代意义上的性爱竟是如此无关紧要，以致被爱者的性别对于他来说也成了无关紧要的事情。

恩格斯：《家庭、私有制和国家的起源》，《马克思恩格斯文集》第4卷，人民出版社2009年12月第1版，第90页。

（三）资本主义社会婚姻自由的局限性

在婚姻问题上，法律，即使是最进步的法律，只要当事人让人把他们出于自愿一事正式记录在案，也就十分满足了。至于法律幕后的现实生活发生了什么事，这种自愿是怎样造成的，关于这些，法律和法学家都可以置之不问。但是，最简单的法制比较，在这里也会向法学家们表明，这种自愿究竟是怎么一回事。

恩格斯：《家庭、私有制和国家的起源》，《马克思恩格斯文集》第4卷，人民出版社2009年12月第1版，第86页。

当父权制和专偶制随着私有财产的分量超过共同财产以及随着对继承

权的关切而占了统治地位的时候，结婚便更加依经济上的考虑为转移了。买卖婚姻的形式正在消失，但它的实质却在越来越大的范围内实现，以致不仅对妇女，而且对男子都规定了价格，而且不是根据他们的个人品质，而是根据他们的财产来规定价格。当事人双方的相互爱慕应当高于其他一切而成为婚姻基础的事情，在统治阶级的实践中是自古以来都没有的。至多只是在浪漫故事中，或者在不受重视的被压迫阶级中，才有这样的事情。

恩格斯：《家庭、私有制和国家的起源》，《马克思恩格斯文集》第 4 卷，

人民出版社 2009 年 12 月第 1 版，第 92—93 页。

　　按照资产阶级的理解，婚姻是一种契约，是一种法律行为，而且是一种最重要的法律行为，因为它就两个人终身的肉体和精神的问题作出规定。虽然这种契约那时在形式上是自愿缔结的；没有当事人双方的同意就不能解决问题。不过人人都非常明白，这一同意是如何取得的，实际上是谁在订立婚约。然而，在缔结别的契约时要求真正自由的决定，那么在订立婚约时为什么不要求这种自由呢？难道两个将要被撮合的青年人没有权利自由地支配他们自己、他们的身体以及身体的器官吗？难道性爱不是由于骑士而成为时髦，对比骑士的通奸之爱，难道夫妇之爱不是性爱的正确的资产阶级形式吗？既然彼此相爱是夫妇的义务，难道相爱者彼此结婚而不是同任何别人结婚不同样也是他们的义务吗？难道相爱者的这种权利不是高于父母、亲属以及其他传统的婚姻中介人和媒妁的权利吗？既然自由的、个人审定的权利已经无礼地侵入教会和宗教的领域，它怎么能在老一代支配下一代的身体、精神、财产、幸福和不幸这种无法容忍的要求面前停步呢？

恩格斯：《家庭、私有制和国家的起源》，《马克思恩格斯文集》第 4 卷，

人民出版社 2009 年 12 月第 1 版，第 94 页。

（四）社会主义制度下婚姻自由能够真正实现

　　因为生产资料转归社会所有，雇佣劳动、无产阶级，从而一定数量的——用统计方法可以计算出来的——妇女为金钱而献身的必要性，也要消失了。卖淫将要消失，而专偶制不仅不会灭亡，而且最后对于男子也将成为现实。

恩格斯：《家庭、私有制和国家的起源》，《马克思恩格斯文集》第 4 卷，

人民出版社 2009 年 12 月第 1 版，第 89 页。

结婚的充分自由，只有在消灭了资本主义生产和它所造成的财产关系，从而把今日对选择配偶还有巨大影响的一切附加的经济考虑消除以后，才能普遍实现。到那时，除了相互的爱慕以外，就再也不会有别的动机了。

　　　　恩格斯：《家庭、私有制和国家的起源》，《马克思恩格斯文集》第 4 卷，
人民出版社 2009 年 12 月第 1 版，第 95 页。

这样，我们现在关于资本主义生产行将消灭以后的两性关系的秩序所能推想的，主要是否定性质的，大都限于将要消失的东西。但是，取而代之的将是什么呢？这要在新的一代成长起来的时候才能确定：这一代男子一生中将永远不会用金钱或其他社会权力手段去买得妇女的献身；而这一代妇女除了真正的爱情以外，也永远不会再出于其他某种考虑而委身于男子，或者由于担心经济后果而拒绝委身于她所爱的男子。这样的人们一经出现，对于今日人们认为他们应该做的一切，他们都将不去理会，他们自己将做出他们自己的实践，并且造成他们的据此来衡量的关于各人实践的社会舆论——如此而已。

　　　　恩格斯：《家庭、私有制和国家的起源》，《马克思恩格斯文集》第 4 卷，
人民出版社 2009 年 12 月第 1 版，第 89 页。

（五）　保障离婚自由

《莱茵报》对于离婚法草案采取了完全独特的立场，可是直到现在为止，还没有任何方面向我们证明《莱茵报》的立场是没有根据的。《莱茵报》同意这一草案，因为它认为现行的普鲁士婚姻法是不合乎伦理的，目前离婚理由的繁多和轻率是不能容忍的，现行的程序是有违这一命题的尊严的；而旧普鲁士的整个诉讼程序也是这样的。另一方面，《莱茵报》对于新草案提出了下列几点主要的反对意见，（1）草案只是以简单的修正代替了改革，因而普鲁士法就被当做根本法保留了下来，这样便表现出非常显著的不彻底和不稳固；（2）立法不是把婚姻看做一种合乎伦理的制度，而是看做一种宗教的和教会的制度，因此，婚姻的世俗本质被忽略了；（3）草案所提出的程序缺点很多，而且是互相矛盾的各种因素的表面缀合；（4）应该承认，草案一方面存在着和婚姻概念相抵触的警政一样的严峻性，而另一方面，对所谓公正的见解却又表现出过分的软弱；（5）整个

草案的逻辑性很差，论点也不够明确，不够确凿有力。

只要草案的反对者批评这些缺点的任何一点，我们在这一点上就赞同他们的意见，但是，和他们相反，我们决不赞同无条件地为从前的制度辩护。我们再一次重申我们已经表示过的意见："如果立法不能明文规定什么是合乎伦理的行为，那末它就更不能宣布不合乎伦理的行为为法。"当我们询问这些反对者（他们不是教会见解的反对者，也不是上述其他缺点的反对者）他们的论断的根据是什么的时候，他们总是告诉我们那些不是自愿结合的夫妻的不幸情况。他们抱着幸福主义的观点，他们仅仅想到两个个人，而忘记了家庭。他们忘记了，几乎任何的离婚都是家庭的离散，就是纯粹从法律观点看来，子女的境况和他们的财产状况也是不能由父母任意处理，不能让父母随心所欲地来决定的。

> 马克思：《论离婚法草案》，《马克思恩格斯全集》第1卷，人民出版社1956年12月第1版，第182—183页。

黑格尔说：婚姻本身，就其概念说，是不能离异的，但仅仅就其本身，即仅仅就其概念来说是如此。这句话完全没有表明婚姻所具有的那种特殊的东西。一切伦理的关系，就其概念来说，都是不可解除的，如果以这些关系的真实性作为前提，那就容易使人相信了。真正的国家、真正的婚姻、真正的友谊都是牢不可破的，但任何国家、任何婚姻、任何友谊都不完全符合自己的概念。甚至家庭中的真实友爱和世界史上的实际的国家也都是可以毁灭的，同样，国家中的实际的婚姻也是可以离异的。任何实际存在的伦理关系都不符合自己的本质，或者至少可以说，并不必须符合自己的本质。在自然界中，当任何存在物完全不再符合自己的职能时，解体和死亡自然而然地就会到来：当一个国家离开了国家的观念时，世界历史就要决定其是否还值得继续保存的问题，同样，一个国家也要决定在什么条件下现存的婚姻不再成为婚姻。

> 马克思：《论离婚法草案》，《马克思恩格斯全集》第1卷，人民出版社1956年12月第1版，第183—184页。

离婚仅仅是对下面这一事实的确定：某一婚姻已经死亡，它的存在仅仅是一种外表和骗局。不用说，既不是立法者的任性，也不是私人的任性，而每一次都只是事物的本质来决定婚姻是否已经死亡；因为大家知道，死亡这一事实的确定取决于事物的本质，而不取决于当事人的愿望。既然在肉体死亡的时候你们要求确凿的、无可反驳的证据，那末，立法者只有根据最无可怀疑的征象才能确定伦理的死亡，这难道还不清楚吗？因为保护伦理关系的生命不仅是立法者的权利，也是他的义务，是他的自我保存的义务！

> 马克思：《论离婚法草案》，《马克思恩格斯全集》第 1 卷，人民出版社 1956 年 12 月第 1 版，第 184 页。

要使人相信用以判断某种伦理关系的存在已不再符合其本质的那些条件确定得正确而毫无成见，既符合科学所达到的水平，又符合社会上已形成的观点，——当然，要能达到这一点，只有使法律成为人民意志的自觉表现，也就是说，它应该同人民的意志一起产生并由人民的意志所创立。对于离婚是赞助还是阻难，我还有几句话要说。如果每一个外部的刺激，每一种伤害都足以摧毁自然界中的某一机体，那末你们是否还会认为这种机体是健康、结实而组织健全的呢？如果有人说，你们的友谊不能抵抗最小的偶发事件，有一点任性，它就要瓦解，而且把这说成是一种公理，难道你们就不觉得这是一种侮辱吗？立法者对于婚姻所能规定的，只是这样一些条件：在什么条件下婚姻是允许离异的，也就是说，在什么条件下婚姻按其实质来说是已经离异了。法院判决的离婚只能是婚姻内部崩溃的记录。立法者的观点是必然性的观点。因此，如果立法者认为婚姻足以承受种种冲突而不致丧失其本质，那他就是尊重婚姻，承认它的深刻的合乎伦理的本质。对于个人愿望的软弱就会变成对于这些个人本质的残酷，变成对于体现在伦理关系中的个人的伦理理性的残酷。

最后，我们只能这样指出：谁责难实施严格的离婚法的国家（莱茵省也因为属于这样一个国家而自豪）伪善，谁就是冒失。只有那些眼界没有超越自己周围的道德沦丧现象的人们，才敢发出这样的指摘。例如，在莱茵省，人们就认为这种指摘是滑稽的，或者更进一层，人们认为这些指摘证明伦理关系的概念也是可以取消的，而任何合乎伦理的事实则都可看做臆造和谎言。这就是那些并非为了尊重人而制定的法律的直接结果。这些法律所固有的缺点并没有因为下列情况而消除：从轻视人的物质本性转到轻视人的观念本性，要人们盲目地服从超伦理的和超自然的权威而不要自觉地服从伦理的自然的力量。

> 马克思：《论离婚法草案》，《马克思恩格斯全集》第 1 卷，人民出版社

1956 年 12 月第 1 版，第 184—185 页。

反动派反对离婚自由，号召大家小心对待它，而且大喊大叫，说离婚自由就是家庭瓦解。而民主派认为，反动派是虚伪的，实际上他们在维护警察和官僚的专横，维护男性享受特权而女性遭受最痛苦的压迫；实际上离婚自由并不会使家庭关系瓦解，而相反地会使这种关系在文明社会中唯一可能的坚固的民主基础上巩固起来。

列宁：《论民族自决权》，《列宁选集》第 2 卷，人民出版社 1972 年 10 月第 2 版，第 534 页。

只有根本不会思考或根本不懂马克思主义的人，才会由此得出结论说：共和国有什么用，离婚自由有什么用，民主有什么用，民族自决有什么用！而马克思主义者却懂得，民主并不能消除阶级压迫，只会使阶级斗争变得更经常，更广泛，更公开，更尖锐。我们需要的正是这一点。离婚自由愈充分，妇女就愈明白，使她们作"家庭奴隶"的根源是资本主义，而不是无权。国家制度愈民主，工人就愈明白，一切罪恶的根源是资本主义，而不是无权。

列宁：《论对马克思主义的讽刺和"帝国主义经济主义"》，《列宁全集》第 23 卷，人民出版社 1958 年 12 月第 1 版，第 68 页。

无论谢姆柯夫斯基或皮·基也夫斯基都"谈到"了离婚，暴露了对问题的无知，避开了问题的实质，因为离婚权也像所有其他民主权利一样，在资本主义制度下是很难实现的，是有条件有限制的，是极其表面的，但是尽管如此，任何一个正派的社会民主主义者不但不能把否认这一权利的人叫作社会主义者，甚至不能把他们叫作民主主义者。问题的全部实质就在于此。

列宁：《论面目全非的马克思主义和"帝国主义经济主义"》，《列宁选集》第 2 卷，人民出版社 2012 年 9 月第 3 版，第 781 页。

（六）离婚要慎重，反对杯水主义

谁也没有被强迫着去结婚，但是任何人只要结了婚，那他就得服从婚姻法。结婚的人既没有创造也没有发明婚姻，正如善于游泳的人没有创造、发明水和重力的本性与规律一样。所以，婚姻不能听从已婚者的任性，相反地，已婚者的任性应该服从婚姻的本质。

马克思：《论离婚法草案》，《马克思恩格斯全集》第 1 卷，人民出版社

1956 年 12 月第 1 版，第 183 页。

谁随便离婚，那他就是肯定任性、非法行为就是婚姻法，因为任何一个有理智的人都不会这样自命不凡，认为自己的行为是他一个人专有的特权；相反地，每个有理智的人都会认为自己的行为是合法的，一切人都可以这样做。可是你们反对什么呢? 反对任性的立法。但是你们在责备立法者任性时，不要把任性提升为法律。

马克思:《论离婚法草案》，《马克思恩格斯全集》第 1 卷，人民出版社 1956 年 12 月第 1 版，第 183 页。

如果你们感情不和（不管是什么原因）是那么明显，以致你当真要决定离婚，那我认为首先应当考虑到在现在的条件下妻子与丈夫的地位的不同。离婚，在社会上来说，对于丈夫绝对不会带来任何损害，他可以完全保持自己的地位，只不过重新成为单身汉罢了。妻子就会失去自己的一切地位，必须一切从头开始，而且是处在比较困难的条件下。因此，当妻子说要离婚，丈夫可以千方百计求情和央告而不会降低自己的身分；相反，当丈夫只是稍稍暗示要离婚，那末妻子要是有自尊心的话，几乎就不得不马上向他表示同意。由此可见，丈夫只有在万不得已时，只有在考虑成熟以后，只有在完全弄清楚必须这么做以后，才有权利决定采取这一极端的步骤，而且只能用最婉转的方式。

恩格斯:《致卡·考茨基》，《马克思恩格斯全集》第 37 卷，人民出版社 1971 年 6 月第 1 版，第 107—108 页。

二　家庭

（一）实行一夫一妻制

关于现代的一夫一妻制家庭：它必然随着社会的发展而发展，随着社会的变化而变化，就象它过去那样。它是社会制度的产物……我们可以推想：它还能更加改善，直到达到两性间的平等为止。

马克思：《摩尔根〈古代社会〉一书摘要》，人民出版社1965年4月第1版，第45—46页。

一开始就进入历史发展过程的第三种关系就是：每日都在重新生产自己生活的人们开始生产另外一些人，即增殖。这就是夫妻之间的关系，父母和子女之间的关系，也就是家庭。这个家庭起初是唯一的社会关系，后来，当需要的增长产生了新的社会关系，而人口的增多又产生了新的需要的时候，这种家庭便成为从属的关系了（德国除外）。这时就应该根据现有的经验的材料来考察和阐明家庭，而不应该像通常在德国所做的那样，根据"家庭的概念"来考察和阐明家庭。

马克思、恩格斯：《德意志意识形态》，《马克思恩格斯文集》第1卷，人民出版社2009年12月第1版，第532页。

婚姻、财产、家庭在理论上仍然是神圣不可侵犯的，因为它们构成资产阶级赖以建立自己的统治的实际基础，因为它们（它们是具有资产阶级形式的）是使资产者成其为资产者的条件，——这就像经常被违反的律法使信教的犹太人成其为信教的犹太人一样。资产阶级道德就是资产者对其存在条件的这种关系的普遍形式之一。不能一般地谈家庭本身。资产阶级历史地使家庭具有资产阶级家庭的性质；在这样的家庭中无聊和金钱是纽带，这样的家庭也发生资产阶级的家庭解体，但这种解体并不妨碍家庭本身继续存在。

马克思、恩格斯：《德意志意识形态》，《马克思恩格斯全集》第3卷，人民出版社1960年12月第1版，第196页。

因此，那种迫使妇女容忍男子的这些通常的不忠实行为的经济考虑——例如对自己的生活，特别是对自己子女的未来的担心——一旦消失，那么由此而达到的妇女的平等地位，根据以往的全部经验来判断，与其说会促进妇女的多夫制，倒不如说会在无比大的程度上促进男子的真正的专偶制。

恩格斯：《家庭、私有制和国家的起源》，《马克思恩格斯文集》第4卷，人民出版社2009年12月第1版，第96页。

第二十个问题：在实行财产公有时不会同时宣布公妻制吗？

答：绝不会。只有在保持现有的各种形式会破坏新的社会制度时，我们才会干预夫妻之间的私人关系和家庭。此外，我们知道得很清楚，在历史的进程中，家庭关系随着所有制关系和发展时期而经历过变动，因此，私有制的废除也将对家庭关系产生极大影响。

恩格斯：《共产主义信条草案》，《马克思恩格斯全集》第42卷，人民出版社1979年9月第1版，第379页。

（二）　资本主义制度下男女平等的局限性

现代各文明国家的法律体系越来越承认，第一，为了使婚姻有效，它必须是一种双方自愿缔结的契约；第二，在结婚同居期间，双方在相互关系上必须具有平等的权利和义务。如果这两种要求都能彻底实现，那么妇女就有了他们所能希望的一切了。

恩格斯：《家庭、私有制和国家的起源》，《马克思恩格斯文集》第4卷，人民出版社2009年12月第1版，第86页。

男女婚后在法律上的平等权利，情况也不见得更好些。我们从过去的社会关系中继承下来的两性的法律上的不平等，并不是妇女在经济上受压迫的原因，而是它的结果。在包括许多夫妇和他们的子女的古代共产制家户经济中，委托妇女料理的家务，正如由男子获得食物一样，都是一种公共的、为社会所必需的事业。随着家长制家庭，尤其是随着专偶制个体家庭的产生，情况就改变了。家务的料理失去了它的公共的性质。它与社会不再相干了。它变成了一种私人的服务；妻子成为主要的家庭女仆，被排斥在社会生产之外。只有现代的大工业，才又给妇女——只是给无产阶级的妇女——开辟了参加社会生产的途径。但在这种情况下，如果她们仍然履行自己对家庭中的私人的服务的义务，那么她们就仍然被排除于公共的生产之外，而不能有什么收入了；如果她们愿意参加公共的事业而有独立的收入，那么就不能履行家庭中的义务。不论在工厂里，或是在一切行业直到医务和律师界，妇女的地位都是这样的。现代的个体家庭建立在公开的或隐蔽的妇女的家务奴隶制之上，而现代社会则是纯粹以个体家庭为分子而构成的一个总体。现在在大多数情形之下，丈夫都必须是挣钱的人，赡养家庭的人，至少在有产阶级中间是如此，这就使丈夫占据一种无须有任何特别的法律特权加以保证的统治地位。在家庭中，丈夫是资产者，妻子则相当于无产阶级。不过，在工业领域内，只有在资本家阶级的一切法定的特权被废除，而两个阶级在法律上的完全平等的权利确立以后，无产阶级所受的经济压迫的独特性质，才会最明白地显露出来；民主共和国并不消除两个阶级的对立，相反，正是它才提供了一个为解决这一对立而斗争的地盘。

恩格斯：《家庭、私有制和国家的起源》，《马克思恩格斯文集》第 4 卷，人民出版社 2009 年 12 月第 1 版，第 87—88 页。

我们看到，各民主共和国都宣布了平等，但是在民法中，在规定妇女的家庭地位和离婚权利的法律中，妇女处处都处于不平等的地位，处于受卑视的地位。我们说，这才是破坏民主，而且正是破坏被压迫者享有的民主。苏维埃政权比所有先进的国家更彻底地实现了民主。苏维埃政权比所有最先进的国家更彻底地实现了民主，在它的法律中丝毫看不到妇女受到不平等待遇的痕迹。

列宁：《论苏维埃共和国女工运动的任务》，《列宁全集》第 30 卷，人民出版社 1957 年 11 月第 1 版，第 24 页。

教养、文化、文明、自由这一切冠冕堂皇的字眼，在世界各资本主义的、资产阶级的共和国中，是同极其卑鄙、极其肮脏、极其野蛮的妇女不平等的法律，如结婚法和离婚法、非婚生子和"婚生子"不平等的法律、男子享有特权的法律、侮辱和虐待妇女的法律等结合在一起的。

列宁：《苏维埃政权和妇女的地位》，《列宁全集》第 30 卷，人民出版社 1957 年 11 月第 1 版，第 102 页。

任何一个关心这个问题的人，只要稍微注意一下资产阶级国家关于结婚、离婚和非婚生子女的法律以及这方面的实际情况，就会知道现代资产阶级民主制，即使是在所有最民主的资产阶级共和国中，也是以农奴主的态度对待妇女和非婚生子女的。

列宁：《论战斗唯物主义的意义》，《列宁专题文集》之《论辩证唯物主义和历史唯物主义》，人民出版社2009年12月第1版，第330页。

（三）社会主义制度下男女真正平等

每个了解一点历史的人也都知道，没有妇女的酵素就不可能有伟大的社会变革。社会的进步可以用女性（丑的也包括在内）的社会地位来精确地衡量……

马克思：《致路德维希·库格曼》（1868年12月12日），《马克思恩格斯文集》第10卷，人民出版社2009年12月第1版，第299页。

劳动妇女，由于她们的特殊生理机能，需要特别的保护，来对抗资本主义的剥削，我认为这是很明显的。……我承认，在资本主义生产方式存在的最后的年代里，我关心下一代人的健康更甚于关心两性在形式上的绝对平等。我深信，只有在废除了资本对男女双方的剥削并把私人的家务劳动变成一种公共的行业以后，男女的真正平等才能实现。

恩格斯：《致盖尔特鲁黛·吉约姆—沙克》（1885年7月5日前后），《马克思恩格斯文集》第10卷，人民出版社2009年12月第1版，第536页。

在一切文明的甚至最先进的国家里，妇女都处在被称为家庭奴隶的地位。在任何一个资本主义国家里，甚至在最自由的共和国里，妇女都没有完全的平等权利。

苏维埃共和国的任务首先是取消对妇女权利的各种限制。苏维埃政权已经完全消灭了妇女受资产阶级的卑视、压制和凌辱的根源——离婚诉讼法。

实行自由离婚的法律，已经快一年了。我们颁布了一项取消婚生子与非婚生子的地位差别以及种种政治限制的法令；任何地方都没有这样充分地实现过劳动妇女的平等和自由。

我们知道，旧规章的全部重担都压在工人阶级的妇女身上。

我们的法律在历史上第一次取消了一切使妇女没有权利的东西。但是，问题不在于法律。这种关于婚姻完全自由的法律在我们城市和工厂区实行得很好，而在农村则往往成为一纸空文。在那里，教堂结婚直到现在还占优势。这是受了神甫的影响，同这种坏现象作斗争比同旧法律作斗争困难得多。

列宁：《在全俄女工第　次代表大会上的演说》，《列宁全集》第 28 卷，
人民出版社 1956 年 12 月第 1 版，第 162—163 页。

苏维埃政权这个劳动者的政权在诞生后的最初几个月里，就在有关妇
女的立法方面实行了最彻底的变革。苏维埃共和国彻底废除了使妇女处于
从属地位的法律。我指的就是专门利用妇女较弱的地位把她们置于不平等
的甚至往往是受屈辱的地位的法律，即关于离婚、关于非婚生子女、关于
女方要求子女的生父负担子女抚养费的权利的法律。

应该指出，在这方面，甚至最先进国家的资产阶级立法也利用妇女较
弱的地位，使她们处于不平等的和受屈辱的地位。也正是在这方面，苏维
埃政权彻底废除了劳动群众所不能容忍的不合理的旧法律。今天我们可以
十分自豪而毫不夸大地说，除了苏维埃俄国，世界上没有哪个国家实现了
妇女与男子的完全平等，妇女不再处于日常家庭生活中显而易见的那种屈
辱地位。这是我们最初的最重要的任务之一。

列宁：《论苏维埃共和国女工运动的任务》，《列宁选集》第 4 卷，人民出
版社 1972 年 10 月第 2 版，第 71 页。

有人说，妇女的法律地位最能表明文明程度。这句话很有道理。从这
个观点来看，只有无产阶级专政，只有社会主义国家才能够达到而且真正
达到了高度的文明。

列宁：《迎接国际妇女节》，《列宁全集》第 30 卷，人民出版社 1957 年 11
月第 1 版，第 374 页。

（四）采取措施，保障男女事实上的平等

在现代家庭中丈夫对妻子的统治的独特性质，以及确定双方的真正社
会平等的必要性和方法，只有当双方在法律上完全平等的时候，才会充分
表现出来。那时就可以看出，妇女解放的第一个先决条件就是一切女性重
新回到公共的事业中去；而要达到这一点，又要求消除个体家庭作为社会
的经济单位的属性。

恩格斯：《家庭、私有制和国家的起源》，《马克思恩格斯文集》第 4 卷，
人民出版社 2009 年 12 月第 1 版，第 88 页。

妇女的解放，只有在妇女可以大量地、社会规模地参加生产，而家务
劳动只占她们极少的功夫的时候，才有可能。而这只有依靠现代大工业才
能办到，现代大工业不仅容许大量的妇女劳动，而且是真正要求这样的劳

动，并且它还越来越要把私人的家务劳动逐渐溶化在公共的事业中。

恩格斯：《家庭、私有制和国家的起源》，《马克思恩格斯文集》第4卷，

人民出版社2009年12月第1版，第181页。

禁止在对妇女身体有害的部门使用女工；禁止妇女做夜工；女工在产前产后各给假八星期，产假期间照发工资，免受医药费。

……

凡有女工的工厂和企业均设立收乳儿和幼儿的托儿所，并设立喂奶室；凡有婴儿的女工每隔三小时可以脱离工作喂奶一次，每次至少半小时；发给喂奶的母亲以补助金并把她们的工作日缩短到六小时。

列宁：《修改党纲的材料》，《列宁全集》第24卷，人民出版社1957年5

月第1版，第441页。

光有法律是不够的，我们也决不满足于只颁布法令。但是在立法方面，我们已做了使男女地位平等所应做的一切，因此我们有理由以此自豪。目前妇女在苏维埃俄国的地位，从最先进国家的角度来看，已是很理想的了。但我们自己认为，这当然还只是开始。

妇女要是忙于家务，她们的地位总不免要受到限制。要彻底解放妇女，要使她们同男子真正平等，就必须有公共经济，必须让妇女参加共同的生产劳动。这样，妇女才会和男子处于同等地位。

当然，这里所指的不是要使妇女在劳动生产率、劳动量、劳动时间和劳动条件等等方面同男子相等，而是要使妇女不再因经济地位与男子不同而受到压迫。你们大家都知道，甚至在完全平等的条件下，妇女事实上仍然是受束缚的，因为全部家务都压在她们肩上。这种家务多半是非生产性的、最原始、最繁重的劳动。这是极其琐碎而对妇女的进步没有丝毫帮助的劳动。

列宁：《论苏维埃共和国女工运动的任务》，《列宁选集》第4卷，人民出

版社1972年10月第2版，第72—73页。

拿妇女的状况来说吧。在这一方面，世界上任何一个最先进的资产阶级共和国内的任何一个民主政党，几十年来也没有做出我们在我国政权建立后第一年内所做到的百分之一。我们真正彻底废除了那些剥削妇女平等权利、限制离婚、规定可恶的离婚手续、不承认私生子、追究私生子的父亲等等卑鄙的法律，这种法律的残余在各文明国家内还有很多，而这正是

资产阶级和资本主义的耻辱。我们有充分的权利以我们在这方面所做的一切而自豪。可是，我们把旧时资产阶级法律和制度的废物扫除得愈干净，我们就愈清楚地看到，这只是为建筑物扫清地基，还不是建筑物本身。

尽管颁布了种种解放妇女的法律，但妇女仍然是家庭奴隶，因为琐碎的家庭事务压迫她们，窒息她们，使她们愚钝卑贱，把她们缠在做饭管小孩的事情上；极端非生产性的、琐碎的、劳神的、使人愚钝的、折磨人的工作消耗着她们的精力。什么地方和什么时候开始了反对这种琐碎家务的普遍斗争（为掌握国家权力的无产阶级所领导的），更确切地说，开始把琐碎家务普遍改造为社会主义大经济，那个地方和那个时候才开始有真正的妇女解放，真正的共产主义。

> 列宁：《伟大的创举》，《列宁选集》第 4 卷，人民出版社 1972 年 10 月第
> 2 版，第 17—18 页。

公共食堂、托儿所和幼儿园是这些幼芽的标本，正是这些平凡的、普通的、毫不华丽、毫不夸张、毫不显眼的设施，在实际上能够解放妇女，减少和消除她们在社会生产和社会生活上同男子的不平等。

> 列宁：《伟大的创举》，《列宁选集》第 4 卷，人民出版社 1972 年 10 月第
> 2 版，第 18 页。

苏维埃政权是世界上第一个也是唯一的一个完全取消了一切使妇女和男子处在不平等地位、使男子享有特权（例如在婚姻法和对子女的关系方面）的卑鄙的资产阶级旧法律的政权。苏维埃政权这个劳动者的政权，是世界上第一个也是唯一的一个废除了一切因私有制而造成的特权的政权，而在所有的、甚至是最民主的资产阶级共和国里，男子在家庭权利上还保存着这些特权。

哪里有地主，资本家和商人，那里甚至在法律上也不可能有男女的平等。

哪里没有地主、资本家和商人，哪里是由没有这些剥削者参加的劳动者的政权建设新生活，那里在法律上就有男女的平等。

但这还不够。

法律上的平等还不是实际生活中的平等。

我们要使女工不但在法律上而且在实际生活中都能同男工平等。要做到这一点，就要使女工多多地参加公共企业和国家的管理。

列宁：《致女工》，《列宁全集》第 30 卷，人民出版社 1957 年 11 月第 1 版，第 339 页。

布尔什维克的苏维埃革命彻底铲除了妇女受压迫和不平等的根源，这是世界上过去任何一个政党、任何一次革命都不敢做的。在我们苏维埃俄国，法律上的男女不平等连影子都没有了。在婚姻家庭法上的特别下流、可耻、卑鄙的不平等，在对子女关系上的不平等，已经被苏维埃政权消灭干净了。

这只是解放妇女的第一步。但是任何一个资产阶级共和国，哪怕是最民主的资产阶级共和国，都不敢走这一步，因为它害怕触犯"神圣的私有制"。

第二步，也是主要的一步，就是废除土地和工厂的私有制。这样，也只有这样，才能为妇女真正彻底的解放开辟道路，才能使细小的、个体的家务工作转变为大规模的公共经济，使妇女摆脱"家庭的奴役"。

这个过渡是困难的，因为这里的问题关系到改造根深蒂固的、习以为常的、落后和僵化的"制度"（老实说，这不是什么"制度"，而是岂有此理的野蛮行为）。但是这个过渡已经开始了，事情向前推进了，我们已经走上新的道路。

列宁：《国际劳动妇女节》，《列宁全集》第 32 卷，人民出版社 1958 年 9 月第 1 版，第 153—154 页。

……妇女占我国人口的半数，她们是一支劳动大军，并且她们负有教育我们的孩子，我们的后代，即我们的将来的使命。正因为如此，我们不能让这一支劳动大军过着愚昧无知的生活！正因为如此，我们应该欢迎劳动妇女参加社会活动的积极性不断提高，欢迎她们被提拔到领导岗位上来，认为这是我国文化水平提高的明显标志。

斯大林：《在党的第十七次代表大会上关于联共（布）中央工作的总结报告》，《斯大林全集》第 13 卷，人民出版社 1956 年 4 月第 1 版，第 301 页。

（五）保护和教育子女

我们认为必须根据生理状况把男女儿童和少年分为三类，分别对待：第一类包括 9—12 岁的儿童，第二类包括 13—15 岁，第三类包括 16—17

岁。我们建议法律把他们在任何工场或家庭里的每日劳动时间限制如下，第一类 2 小时，第二类 4 小时，第三类 6 小时。第三类至少应当有 1 小时吃饭或休息的间歇时间。

也许，小学教育最好不到 9 岁就开始；不过我们这里所谈的只是一种最必要的抗毒素，它被用来抵制下述社会制度的各种趋势，这种制度把工人降低为积累资本的简单工具，把那些被贫困压得喘不过气来的父母变成出卖亲生儿女的奴隶主。儿童和少年的权利应当得到保护。他们自己没有能力保护自己。因此社会有责任保护他们。

如果资产阶级和贵族忽视它们对自己后代应尽的责任，那是它们的事。享有这些阶级的特权的孩子们却不免要由于它们的偏见而遭殃。

对工人阶级来说，情况就完全不同了。工人的行动不自由。他们在很多场合甚至十分无知，不能理解自己孩子的真正利益或人类发展的正常条件。但不管怎样，最先进的工人完全了解，他们阶级的未来，从而也是人类的未来，完全取决于正在成长的工人一代的教育。他们知道，首先应当使工作的儿童和少年不受现代制度破坏作用的危害。这只有通过变社会意识为社会力量的途径才能办到，而在目前条件下，只有通过国家政权施行的普遍法律才能办到。工人阶级要求施行这种法律，决不是巩固政府的权力。相反，工人阶级正在把目前被用来反对他们的政权变为自己的武器。工人阶级通过普遍的立法行为能够得到靠许多分散的个人努力所无法得到的东西。

> 马克思：《临时中央委员会就若干问题给代表的指示》，《马克思恩格斯全集》第 16 卷，人民出版社 1964 年 2 月第 1 版，第 217 页。

然而，不是亲权的滥用造成了资本对未成熟劳动力的直接或间接的剥削，相反，正是资本主义的剥削方式通过消灭与亲权相适应的经济基础，造成了亲权的滥用。不论旧家庭制度在资本主义制度内部的解体表现得多么可怕和可厌，但是由于大工业使妇女、男女少年和儿童在家庭范围以外，在社会地组织起来的生产过程中起着决定性的作用，它也就为家庭和两性关系的更高级的形式创造了新的经济基础。当然，把基督教日耳曼家庭形式看成绝对的东西，就像把古罗马家庭形式、古希腊家庭形式和东方家庭形式看成绝对的东西一样，都是荒谬的。这些形式依次构成一个历史的发展序列。同样很明白，由各种年龄的男女组成的结合工人这一事实，尽管在其自发的、野蛮的、资本主义的形式中，也就是在工人为生产过程而存在，不是生产过程为工人而存在的那种形式中，是造成毁灭和奴役的祸根，但在适当的条件下，必然会反过来转变成人道的发展的源泉。

马克思：《资本论》第1卷（第十三章 机器和大工业），《马克思恩格斯文集》第5卷，人民出版社2009年12月第1版，第563页。

我经常和你开玩笑说，在我们这个时代，人的培育大大落后于畜牧业。现在我看到了你的全家，因此应当宣布你是培育人的能手。我一生还从来没有看到过更好的家庭。你所有的孩子都有独特的性格，彼此各不相同，每一个都有特别的才智，而且各个都受到广泛的教育。

马克思：《致莱·菲力浦斯》，《马克思恩格斯全集》第30卷，人民出版社1975年2月第1版，第595页。

忽视一切家庭义务，特别是忽视对孩子的义务，在英国工人中是太平常了，这主要是现代社会制度促成的。

恩格斯：《英国工人阶级状况》，《马克思恩格斯文集》第1卷，人民出版社2009年12月第1版，第443页。

孩子的发展能力取决于父母的发展，存在于现存社会关系中的一切缺陷是历史地产生的，同样也要通过历史的发展才能消除。

马克思、恩格斯：《德意志意识形态》，《马克思恩格斯全集》第3卷，人民出版社1960年12月第1版，第498页。

一个没有时间照顾自己的孩子、没有时间让孩子在初生的几年中享受最普通的母爱的母亲，一个很少能见到自己的孩子的母亲，是不能成其为孩子的母亲的，她必然会对孩子很冷漠，没有爱，没有丝毫的关怀，完全像对待别人的孩子一样。在这种条件下长大的孩子，以后对家庭是没有丝毫眷恋的，他们在自己创立起来的家庭里也永远不会感到一点家庭味，因为他们太习惯于孤独的生活了，这就不可避免地使工人家庭受到更严重的破坏。儿童劳动也是促成家庭离散的一个原因。

恩格斯：《英国工人阶级状况》，《马克思恩格斯全集》第2卷，人民出版社1957年12月第1版，第430页。

随着生产资料转归公有，个体家庭就不再是社会的经济单位了。私人的事物变为社会的事业。孩子的抚养和教育成为公共的事业；社会同等地关怀一切儿童，无论是婚生的还是非婚生的。因此，对于"后果"的担心也就消除了，这种担心在今天成了妨碍少女毫无顾虑地委身于所爱男子的最重要的社会因素——既是道德的也是经济的因素。

恩格斯：《家庭、私有制和国家的起源》，《马克思恩格斯文集》第 4 卷，人民出版社 2009 年 12 月第 1 版，第 89 页。

现在来谈第三个问题，关于儿童和一般青年的教育问题。我们的青年是好的，是朝气蓬蓬的。我们的国家不同于其他一切国家，它不惜金钱来很好地抚育儿童，来很好地教育青年。

斯大林：《和罗宾斯上校的谈话》，《斯大林全集》第 13 卷，人民出版社 1956 年 4 月第 1 版，第 241 页。

毫无疑问，在闭塞和狭隘限制的情况下，没有必要的自由，也没有对主动精神的鼓励，儿童是不能发展自己的才能的。至于青年，已经给他们打开了一切道路，青年在我们这里，可以自由地深造。

在我们这里，不打儿童，很少处罚他们，让他们能够自己选择他们所喜爱的东西，让他们能够走上他们自己所选择的道路。我认为任何地方都不像我们苏联这样关心儿童，关心儿童的教育和发展。

斯大林：《和罗宾斯上校的谈话》，《斯大林全集》第 13 卷，人民出版社 1956 年 8 月第 1 版，第 241 页。

（六）关于计划生育

我们从马尔萨斯的理论中为社会改革取得了最有力的经济论据，因为即使马尔萨斯是完全正确的，也必须立刻进行这种改革，原因是只有这种改革，只有通过这种改革来教育群众，才能够从道德上限制生殖的本能，而马尔萨斯本人也认为这种限制是对付人口过剩的最容易和最有效的办法。

恩格斯：《政治经济学批判大纲》，《马克思恩格斯全集》第 1 卷，人民出版社 1956 年 12 月第 1 版，第 620—621 页。

根据唯物主义观点，历史中的决定性因素，归根结底是直接生活的生产和再生产。但是，生产本身又有两种。一方面是生活资料即食物、衣服、住房以及为此所必需的工具的生产；另一方面是人自身的生产，即种的繁衍。一定历史时代和一定地区内的人们生活于其下的社会制度，受着两种生产的制约：一方面受劳动的发展阶段的制约，另一方面受家庭的发展阶段的制约。劳动越不发展，劳动产品的数量、从而社会的财富越受限制，社会制度就越在较大程度上受血族关系的支配。

恩格斯：《家庭、私有制和国家的起源》，《马克思恩格斯文集》第 4 卷，人民出版社 2009 年 12 月第 1 版，第 15 页。

人类数量增多到必须为其增长规定一个限度的这种抽象可能性当然是存在的。但是，如果说共产主义社会在将来某个时候不得不像已经对物的生产进行调整那样，同时也对人的生产进行调整，那么正是这个社会，而且只有这个社会才能毫无困难地做到这点。在这样的社会里，有计划地达到现在法国和下奥地利在自发的无计划的发展过程中产生的那种结果，在我看来，并不是那么困难的事情。无论如何，共产主义社会中的人们自己会决定，是否应当为此采取某种措施，在什么时候，用什么办法，以及究竟是什么样的措施。我不认为自己有向他们提出这方面的建议和劝导的使命。那些人无论如何也会和我们一样聪明。

恩格斯：《致卡·考茨基》（1881 年 2 月 1 日），《马克思恩格斯文集》第10 卷，人民出版社 2009 年 12 月第 1 版，第 455—456 页。

马克思主义经典作家论刑法与刑事诉讼法

一　犯罪的本质与原因

（一）什么是犯罪

犯罪——孤立的个人反对统治关系的斗争，和法一样，也不是随心所欲地产生的。相反地，犯罪和现行统治都产生于相同的条件。同样也就是那些把法和法律看作是某种独立自在的一般意志的统治的幻想家才会把犯罪看成单纯是对法和法律的破坏。实际上，不是国家由于统治意志而存在，相反地，是从个人的物质生活方式中所产生的国家同时具有统治意志的形式。如果统治意志失去了自己的统治，那末，不仅意志改变了，而且也是物质存在和个人的生活改变了，而且也只因为这一点，个人的意志才发生变化。

马克思、恩格斯：《德意志意识形态》，《马克思恩格斯全集》第 3 卷，人民出版社 1960 年 12 月第 1 版，第 379 页。

在每一个人的身体上和精神上的需求都得到满足的地方，在没有什么社会隔阂和社会差别的地方，侵犯财产的犯罪行为自然而然地就不会再发生了。刑法会自行消失，民法（它几乎只是专门处理财产关系或者至多是专门处理那些以社会的战争状态为前提的关系）也会不再存在。

恩格斯：《在爱北斐特的演说》，《马克思恩格斯全集》第 2 卷，人民出版社 1957 年 12 月第 1 版，第 608 页。

（二）资本主义国家劳动人民犯罪是由剥削制度造成的

凯特勒先生在 1829 年发表的对可能出现的罪行的估计，不仅仅以惊人的准确性预算出了后来 1830 年在法国发生的犯罪行为的总数，而且预算出了罪行的种类。凯特勒引用的下面这个 1822—1824 年间的统计数字证明，社会的这一或那一部分国民犯罪行为的平均数与其说决定于该国的特殊政治制度，不如说决定于整个现代资产阶级社会所特有的基本条件。美国和法国的一百个被判刑的罪犯的情况是这样的：

年龄	费拉德尔菲亚	法国
21 岁以下……	19	19
21 岁到 30 岁……	44	35
30 岁到 40 岁……	23	23
合计……	100	100

这样，如果说大量的犯罪行为从其数量和种类就会揭示出像自然现象那样的规律性，或者如果说，照凯特勒的说法，"在两个领域（物理世界或社会生活）的哪一领域中动因非常合乎规律地导致一定结果，这是很难断定的"，那末，应不应该认真考虑一下改变产生这些罪行的制度，而不是去颂扬那些处死相当数目的罪犯来为新的罪犯腾出位置的刽子手呢？

马克思：《死刑。——科布顿先生的小册子。——英格兰银行的措施》，《马克思恩格斯全集》第 8 卷，人民出版社 1961 年 10 月第 1 版，第 579—580 页。

由于封建家臣的解散和土地断断续续遭到暴力剥夺而被驱逐的人，这个不受法律保护的无产阶级，不可能象它诞生那样快地被新兴的工厂手工业所吸收。另一方面，这些突然被抛出惯常生活轨道的人，也不可能一下子就适应新状态的纪律。他们大批地变成了乞丐、盗贼、流浪者，其中一部分人是由于习性，但大多数是为环境所迫。因此十五世纪末和整个十六世纪，整个西欧都颁布了惩治流浪者的血腥法律。现在的工人阶级的祖先，当初曾因被迫变成了流浪者和贫民而受到惩罚。法律把他们看作"自愿的"罪犯，其依据是：只要他们愿意，是可以继续在已经不存在的旧的条件下劳动的。

马克思：《资本论》第 1 卷，《马克思恩格斯全集》第 23 卷，人民出版社 1972 年 9 月第 1 版，第 802 页。

工业发达的英国不但使人数众多的无产阶级成了自己的负担，而且使无产阶级中人数相当多的赤贫阶级也成了自己的负担，而英国要摆脱这个阶级是不可能的。这些人需自己寻找出路；国家不管他们，甚至把他们一脚踢开。因此，男人进行抢劫或是偷盗，女人偷窃和卖淫，还有谁能怪罪他们呢？但饥饿是什么滋味，是苦是甜，对国家来说是无关痛痒的，它把这些挨饿的人抛进监狱，或是流放出去。当国家把他们释放出来的时候，它会满意的看到已经获得的成绩：它把这些已被剥夺了面包的人变成了也被剥夺了道德观念的人。

　　　　恩格斯：《英国工人阶级状况》，《马克思恩格斯全集》第 1 卷，人民出版
　　社 1956 年 12 月第 1 版，第 556 页。

　　竞争支配着人类在数量上的增长，也支配着人类在道德上的进步。谁只要稍微熟悉一下犯罪统计，他就会注意到，犯罪行为按照特有的规律性年年增加，一定的原因按照特有的规律性产生一定的犯罪行为，工厂制度的扩展到处引起犯罪行为的增加。我们能够精确地预计一个大城市或者一个地区每年会发生的逮捕、刑事案件，以至凶杀、抢劫、偷窃等事件的数字，在英国就常常这样做。这种规律性证明犯罪也受竞争支配，证明社会产生了犯罪的需求，这个需求要由相应的供给来满足；它证明由于一些人被逮捕、放逐或处死所形成的空隙，立刻会有其他的人来填满，正如人口一有空隙立刻就会有新来的人填满一样；换句话说，它证明了犯罪威胁着惩罚手段，正如人口威胁着就业手段一样。别的且不谈，在这种情况下对罪犯的惩罚究竟公正到什么程度，我让我的读者去判断。我认为这里重要的是：证明竞争也扩展到了道德领域，并表明私有制使人堕落到多么严重的地步。

　　　　恩格斯：《国民经济学批判大纲》，《马克思恩格斯文集》第 1 卷，人民出
　　版社 2009 年 12 月第 1 版，第 84—85 页。

　　如果一个人伤害了另一个人的身体，而且这种伤害引起了被害人的死亡，我们就把这叫做杀人；如果加害者事先知道这种伤害会致人以死命，那么我们就把他的行为叫做谋杀。但是，如果社会把成百的无产者置于这样一种境地，使他们不可避免地遭到过早的、非自然的死亡，遭到如同被刀剑或枪弹所杀害一样的横死，如果社会剥夺了成千上万人的必要的生活条件，把他们置于不能生存的境地，如果社会利用法律的铁腕强迫他们处在这种条件之下，直到不可避免的结局——死亡来临为止，如果社会知道，而且十分清楚地知道，这成千上万的人一定会成为这些条件的牺牲品，而社会还让这些条件存在下去，那么，这也是一种谋杀，和个人所进行的谋杀是一样的，只不过是一种隐蔽、阴险的谋杀，这种谋杀没有人能够防御，表面上看起来不像是谋杀，因为谁也看不到谋杀者，因为谋杀者是所有的人，同时又谁也不是，因为被杀的人似乎是自然死亡的。因为这与其说是犯罪，不如说是渎职。但这仍然是谋杀。我现在就来证明：英国社会每日

每时都在犯这种英国工人报刊合情合理地称为社会谋杀的罪行；英国社会把工人置于这样一种境地：使他们不能保持健康，不能活得长久；英国社会就是这样不停地一点一点地葬送了这些工人的生命，过早地把他们送进坟墓。我还必须证明：社会知道这种状况对工人的健康和生命是多么有害，却一点也不设法来改善这种状况。社会知道他所建立的制度会引起怎样的后果，因而它的行为不单纯是杀人，而且是谋杀，当我得以引用官方文献、议会报告和政府报告来确定杀人的事实的时候，这一点就得到了证明。

恩格斯：《英国工人阶级状况》，《马克思恩格斯文集》第 1 卷，人民出版社 2009 年 12 月第 1 版，第 408—409 页。

他们穷，生活对于他们没有任何乐趣，几乎一切享受都与他们无缘，法律的惩罚对他们再也没有什么可怕的。他们为什么一定要克制自己的欲望，为什么一定要让富人去享受他们的财富，而自己不从里面分得一份呢？无产者有什么理由不去偷呢？当人们谈论"财产的神圣性"时，那是十分动听的，资产者听起来很入耳。但是对没有财产的人来说，财产的神圣性也就自然不存在了。金钱是这个世界的上帝。资产者从无产者那里把钱拿走，从而把他们变成实际的无神论者。如果无产者证实了他们的无神论者，不再尊重这个人间上帝的神圣性和威力，那有什么奇怪的呢。当无产者穷到完全不能满足最起码的生活需要，穷到处境悲惨和食不果腹的时候，那就会更加促使他们蔑视一切社会秩序。这一点资产阶级自己多半也是知道的。……。贫困让工人在几条道路中进行选择：慢慢地饿死，立刻自杀，或者随便在哪里见到他们所需要的东西就拿走，干脆说，就是偷。如果大多数的人宁愿偷而不愿饿死或自杀，那我们是不应该奇怪的。当然，工人中间也有许多人道德水平高，即使走投无路也不愿去偷，而这些人就会饿死或自杀。

恩格斯：《英国工人阶级状况》，《马克思恩格斯文集》第 1 卷，人民出版社 2009 年 12 月第 1 版，第 428—429 页。

对于一个忍受了社会秩序的一切害处却享受不到它的好处的阶级，对于一个只能受到社会秩序的敌视的阶级，难道还能要求他们尊重这个社会秩序吗？这未免太过分了！但是只要这个社会秩序存在一天，工人阶级就一天不能避开它，而如果个别的工人起来反对这个社会秩序，那么最大的灾祸就会落到他的身上。

恩格斯：《英国工人阶级状况》，《马克思恩格斯文集》第 1 卷，人民出版社 2009 年 12 月第 1 版，第 442—443 页。

蔑视社会秩序的最明显最极端的表现就是犯罪。只要那些使工人道德堕落的原因产生了比平常更强烈更集中的影响，工人就必然会成为罪犯，正像水在列氏 80°时由液态变为气态一样。

恩格斯：《英国工人阶级状况》，《马克思恩格斯文集》第 1 卷，人民出版社 2009 年 12 月第 1 版，第 443 页。

工人因受到资产阶级粗暴野蛮、摧残人性的对待而变成了像水一样缺乏意志的东西，他也同样必然地受自然规律的支配——到了某个一定的点他就会丧失一切自由。因此，随着无产阶级人数的增长，英国的犯罪的数字也增加了，不列颠民族已成为世界上罪犯最多的民族。……

……罪状和所有的文明国家里一样，大多数是侵犯财产，即由于缺少某种东西而发生的犯罪，因为谁也不会去偷窃自己已经有的东西。

恩格斯：《英国工人阶级状况》，《马克思恩格斯文集》第 1 卷，人民出版社 2009 年 12 月第 1 版，第 443—445 页。

工人对资产阶级的反抗在工业发展后不久就已经开始，并经过了不同的阶段。……

这种反抗的最早、最原始和最没有效果的形式就是犯罪。工人过着贫穷困苦的生活，看到别人的生活比他好。他想不通，为什么偏偏是他这个比有钱的懒虫们为社会付出更多劳动的人该受这些苦难。而且穷困战胜了他生来对私有财产的尊重，于是他偷窃了。我们已经看到，随着工业的发展，犯罪事件在增加，每年被捕的人数和消耗的棉花的包数经常成正比。

但是工人很快就发觉这样做是无益的。罪犯只能一个人单枪匹马地以他们的盗窃行为来反对现存的社会制度；社会却能以全部权力来袭击每一个人并以巨大的优势压倒他。况且，盗窃是一种最无教养、最不自觉的反抗形式，因此，仅仅由于这个原因，盗窃也决不会成为工人舆论的一般表现形式，虽然工人舆论也许会悄悄地赞同这种行为。工人阶级第一次反抗资产阶级是在工业运动初期，即工人用暴力来反对使用机器的时候。……

但是这种反抗形式也只是零散的，它局限于一定的地区，并且仅仅针对现存关系的一个方面。只要工人达到了眼前的目的，社会权力就以全部力量袭击这些再度变得手无寸铁的犯罪者，随心所欲地惩罚他们，而机器还是被采用了。工人必须找到一种新的反抗形式。

> 恩格斯：《英国工人阶级状况》，《马克思恩格斯文集》第1卷，人民出版
> 社2009年12月第1版，第449—450页。

现代社会促使个人敌视其他一切人，这样就引起了一个一切人反对一切人的社会战争，这个战争在某些人那里，尤其是在文化水平低的人那里不可避免地会采取粗暴的野蛮的暴力形式，即犯罪的形式。

> 恩格斯：《在爱北斐特的演说》，《马克思恩格斯全集》第2卷，人民出版
> 社1957年12月第1版，第608页。

（三）社会主义社会产生犯罪的条件

资本主义分子不愿意自动退出历史舞台，他们现在反抗而且将来还会反抗社会主义，因他们看到他们的末日到了。他们所以暂时还能进行反抗，是因为他们的比重虽然在下降，但是他们在绝对量上还是在增长：城乡小资产阶级，正如列宁所说的那样，每日每时都从自己中间分泌出大小资本家来，而这些资本主义分子会采取一切办法来卫护自己的生存。

历史上还没有过垂死的阶级自动退出舞台的事情。历史上还没有过垂死的资产阶级不试图用尽全部残余的力量来卫护自己的生存的事情。不管我们的下层苏维埃机关是好还是坏，我们的前进，我们的进攻总是要减少资本主义分子，把他们排挤出去的，而他们这些垂死的阶级总是要不顾一切地进行反抗的。

> 斯大林：《论联共（布）党内的右倾》，《斯大林全集》第12卷，人民出
> 版社1955年12月第1版，第34—35页。

应当注意到，我们在国民经济方面的社会主义改造工作，既然是要割断资本主义的经济联系并打倒旧世界的一切势力，也就不能不引起这些势力的拼命反抗。大家知道，实际情况正是这样。在我国工业各部门中资产阶级知识分子上层进行的恶毒的暗害活动，在农村中富农反对集体经济形式的凶暴斗争，机关中那些充当阶级敌人代理人的官僚主义分子对苏维埃政权的各种措施的怠工行为——这就是我国的垂死阶级现时的主要反抗形式。很明显，这些情况是不能有助于我们改造国民经济的工作的。

> 斯大林：《联共（布）中央委员会向第十六次代表大会的政治报告》，《斯
> 大林全集》第12卷，人民出版社1955年12月第1版，第265页。

二 刑罚的作用、原则与界限

（一）刑罚的性质与作用

不论历史或是理性都同样证实这样一件事实：不考虑任何差别的残酷手段，使惩罚毫无效果，因为它消灭了作为法的结果的惩罚。

马克思：《第六届莱茵省议会的辩论（第三篇论文）》，《马克思恩格斯全集》第1卷，人民出版社1956年12月第1版，第139—140页。

刑罚不外是社会对付违犯它的生存条件（不管这是些什么样的条件）的行为的一种自卫手段。一个社会如果没有比刽子手更好的自卫手段，并通过"世界指导性的报纸"把自己的残酷宣称为"永恒的法律"，这样的社会也实在是太美妙了。

马克思：《死刑。——科布顿先生的小册子。——英格兰银行的措施》，《马克思恩格斯全集》第8卷，人民出版社1961年10月第1版，第579页。

（二）惩罚应该有界限

如果犯罪的概念要有惩罚，那么实际的罪行就要有一定的惩罚尺度。实际的罪行是有界限的。因此，就是为了使惩罚成为实际的，惩罚也应该有界限，——要使惩罚成为合法的惩罚，它就应该受到法的原则的限制。任务就是要使惩罚成为真正的犯罪后果。

马克思：《第六届莱茵省议会的辩论（第三篇论文）》，《马克思恩格斯全集》第1卷，人民出版社1956年12月第1版，第140—141页。

惩罚在罪犯看来应该是他的行为的必然结果，——因而也应该是他本身的行为。他受惩罚的界限应该是他的行为的界限。犯法的一定内容就是一定罪行的界限。因而衡量这一内容的尺度也就是衡量罪行的尺度。对于财产来说，这样的尺度就是它的价值。一个人无论把他置于怎样的界限内，他总是作为一个整体而存在，而财产则总是只存在于一定的界限内，这种界限不但可以确定，而且已经确定，不但可以测定，而且已经测定。价值是财产的市民存在的形式，是使财产第一次获得社会意义和互相转让能力的逻辑术语。显然，这种由事物本性中得出的客观规定，也应该成为惩罚的客观的和本质的规定。

马克思：《第六届莱茵省议会的辩论（第三篇论文)》，《马克思恩格斯全集》第 1 卷，人民出版社 1956 年 12 月第 1 版，第 141 页。

凡是不以行为本身而以当事人的思想方式作为主要标准的法律，无非是对非法行为的公开认可。

马克思：《评普鲁士最近的书报检查令》，《马克思恩格斯全集》第 1 卷，人民出版社 1956 年 12 月第 1 版，第 16 页。

对于法律来说，除了我的行为以外，我是根本不存在的，我根本不是法律的对象。我的行为就是我同法律打交道的唯一领域，因为行为就是我为之要求生存权利、要求现实权利的唯一东西，而且因此我才受到现行法的支配。可是追究倾向的法律不仅要惩罚我所做的，而且要惩罚我所想的，不管我的行为如何。所以，这种法律是对公民名誉的一种侮辱，是威胁着我的生存的一种阴险的陷阱。

……由于这种意见我要受到惩罚。法律惩罚我并不是因为我做了坏事，而是因为我没有做坏事。其实我受罚的原因是我的行为并不违法，正是由于这一点，我就迫使好心肠的法官只去审查我那非常慎重、不至于使自己在行动中暴露出来的恶劣的思想方式。

惩罚思想方式的法律不是国家为它的公民颁布的法律，而是一个党派用来对付另一个党派的法律。追究倾向的法律取消了公民在法律面前的平等。这不是团结的法律，而是一种破坏团结的法律，一切破坏团结的法律都是反动的；这不是法律，而是特权。

马克思：《评普鲁士最近的书报检查令》，《马克思恩格斯全集》第 1 卷，人民出版社 1956 年 12 月第 1 版，第 16—17 页。

对富人、骗子和懒汉切实进行计算和监督的成千上万种方式和方法，应当由公社本身、由城乡基层组织在实践中来创造和检验。方式方法的多样性，可以保证具有活力，保证成功地达到共同的一致的目标，即肃清俄国土地上的一切害虫，肃清骗子这种跳蚤和富人这种臭虫，等等。有的地方会监禁十来个富人、一打骗子、半打逃避工作的工人（在彼得格勒，特别是党的各个印刷所，有许多排字工人逃避工作，这同样也是流氓行为）。有的地方会叫他们去打扫厕所。有的地方在他们监禁期满后发给黄色身份证，使全体人民在他们改过自新以前把他们当作危害分子加以监视。有的地方会从十个寄生虫中挑出一个来就地枪决。还有的地方会想到把不同办法配合起来运用，例如，把富人、资产阶级知识分子、骗子和流氓中的那些可以改正的人有条件地释放，使他迅速改过自新。方式愈多愈好，方式愈多，共同的经验就愈加丰富，社会主义的胜利就愈加可靠、愈加迅速，而实践也就愈容易创造出——因为只有实践才能创造出——最好的斗争方式和手段。

列宁：《怎样组织竞赛》，《列宁专题文集》之《论社会主义》，人民出版社 2009 年 12 月第 1 版，第 61 页。

三 要重视同经济领域的犯罪作斗争

对这些人民的敌人，社会主义的敌人，劳动者的敌人要毫不宽容。必须同富人和他们的食客即资产阶级知识分子作殊死的斗争，向骗子、懒汉、流氓开战。这前后两种人，都是同胞兄弟，都是资本主义的儿女，都是贵族和资产阶级社会的产儿。在这种社会中，一小撮人掠夺人民，侮辱人民。在这种社会中，贫困驱使成千上万的人走上流氓无赖、卖身投靠、尔虞我诈、丧失人格的道路。在这种社会中，必然使劳动者养成这样一种心理：为了逃避剥削，就是欺骗也行；为了躲避和摆脱令人厌恶的工作，就是少干一分钟也行；为了不挨饿，为了使自己和亲人吃饱肚子，就是不择手段，不惜任何代价，哪怕捞到一块面包也行。

富人和骗子是一枚奖章的两面，这是资本主义眷养的两种主要寄生虫，这是社会主义的主要敌人，这些敌人应当由全体人民专门管制起来，只要他们稍一违背社会主义社会的规章和法律，就要无情地予以惩治。在这方面任何软弱、任何动摇、任何怜悯，都是对社会主义的极大犯罪。

列宁：《怎样组织竞赛》，《列宁专题文集》之《论社会主义》，人民出版社 2009 年 12 月第 1 版，第 58 页。

必须使苏维埃更大胆、更主动地去从事工作。必须使每个"公社"——每个工厂，每个乡村，每个消费合作社，每个供给委员会——都能作为对劳动和产品分配实行计算和监督的实际组织工作者，互相展开竞赛。这种计算和监督的纲领是简单明了的，谁都懂得的：它就是要使每个人都有面包吃，都能穿上结实的鞋子和整洁的衣服，都有温暖的住宅，都能勤勤恳恳地工作；不让一个骗子（其中也包括不愿做工的懒汉）逍遥自在，而是把他们关进监牢，或者给予最繁重的强迫劳动的处分；不让一个违反社会主义规章和法律的富人逃脱理所当然与骗子同样的命运。"不劳动者不得食"，——这就是社会主义实践的训条。

列宁：《怎样组织竞赛》，《列宁专题文集》之《论社会主义》，人民出版社 2009 年 12 月第 1 版，第 60—61 页。

凡是不逃避国家的监督的"正当"贸易，我们都应当加以支持，发展这种贸易对我们是有利的。投机倒把活动，如果从政治经济学意义上来理解，那它和"正当"贸易就区分不开来。贸易自由就是资本主义，资本主义就是投机倒把，无视这一点是很可笑的。

怎么办呢？难道宣布投机倒把活动可以不受制裁吗？

不。应当重新审查和修改关于投机倒把活动的一切法令，宣布一切盗窃公共财物行为，一切直接或间接、公开或秘密地逃避国家监督、监察和计算的行为，都要受到制裁（事实上要比从前更严厉三倍地加以惩办）。

> 列宁：《论粮食税》，《列宁专题文集》之《论社会主义》，人民出版社 2009 年 12 月第 1 版，第 232 页。

只要有贪污受贿这种现象，只要有贪污受贿的可能，就谈不上政治。在这种情况下甚至连搞政治的门径都没有，在这种情况下就无法搞政治，因为一切措施都会落空，不会产生任何结果。在容许贪污受贿和此风盛行的条件下，实施法律只会产生更坏的结果。

> 列宁：《新经济政策和政治教育委员会的任务》，《列宁专题文集》之《论社会主义》，人民出版社 2009 年 12 月第 1 版，第 268 页。

四 关于预防犯罪

英明的立法者预防罪行是为了避免被迫惩罚罪行。但是他预防的办法不是限制权利的范围，而是给权利以肯定的活动范围，这样来消除每一个权利要求中的否定方面。他不是局限于替一个阶级的成员消除一切使他们不能进入更高权利领域的东西，而是给这一阶级本身以运用自己权利的现实可能性。要是国家在这方面不够仁慈、富裕和慷慨，那末，无论如何，立法者要肩负起责无旁贷的义务——不把那种由环境造成的过错变成犯罪。他应该以最伟大的人道精神把这一切当作社会混乱来纠正，如果把这些过错当做危害社会的犯罪行为来惩罚，那就是最大的不公平。不然，他就会反对那些社会要求，并且说他们反对的是这些要求的危害社会的形式。总之，在人民的习惯权利被禁止的地方保持人民的习惯权利，这只能看作是一种单纯违反警章规定的行为，无论如何不能当作犯罪来惩罚。警察处罚这一手段是用来对付那种由环境造成的、破坏外部秩序而不破坏永久法律秩序的行为的。惩罚不应该比过错引起更大的恶感，犯罪的耻辱不应该变成法律的耻辱。如果不幸成为犯罪或者犯罪成为不幸，那末这就会破坏国家的基础。和这种看法相去很远的省议会，连立法的基本原则也不遵守。

马克思：《第六届莱茵省议会的辩论（第三篇论文）》，《马克思恩格斯全集》第 1 卷，人民出版社 1956 年 12 月第 1 版，第 148 页。

五 关于刑事诉讼

如果审判程序只归结为一种毫无内容的形式，那么这样空洞的形式就没有任何独立的价值了。在这种观点看来，只要把中国法套上一个法国诉讼程序的形式，它就变成法国法了。但是，实体法却具有本身特有的必要的诉讼形式。例如中国法里面一定有笞杖，和中世纪刑律的内容连在一起的诉讼形式一定是拷问——以此类推，自由的公开审判程序，是那种本质上公开的、受自由支配而不受私人利益支配的内容所具有的必然属性。审判程序和法二者之间的联系如此密切，就像植物的外形和植物的联系，动物的外形和血肉的联系一样。审判程序和法律应该具有同样的精神，因为审判程序只是法律的生命形式，因而也是法律的内部生命的表现。

马克思：《第六届莱茵省议会的辩论（第三篇论文）》，《马克思恩格斯全集》第1卷，人民出版社1956年12月第1版，第178页。

既然有人把怕见天日的私人利益的物质内容运进我们的法里，就必须赋予这种内容以相应的形式，即秘密的诉讼程序的形式，这样，至少才不会引起和产生任何危险的、自满的幻想。我们认为，目前莱茵省全体居民、首先是莱茵省的法律家的任务，是要特别注意法的内容，免得我们最终只剩下一副空洞的假面具。如果形式不是内容的形式，那末它就没有任何价值了。

马克思：《第六届莱茵省议会的辩论（第三篇论文）》，《马克思恩格斯全集》第1卷，人民出版社1956年12月第1版，第178—179页。

后　记

　　《马克思主义经典作家论法》主要是以马克思、恩格斯、列宁、斯大林关于法的论述为素材，根据这些马克思主义经典作家关于法的论述的内容，依据法律部门的分类方法，将马克思主义经典作家论法分为论法的一般原理，论宪法，论选举法，关于人权的理论，论民法、经济法，论婚姻家庭法及论刑法与刑事诉讼法七个部分。这些关于法的论述，有些是经典作家在分析和批判剥削阶级法律思想家关于法的学说的基础上对法的本质和特征所作的表述，有些是经典作家直接就法的性质、法的形式和内容、法的存在方式、法的作用所表达的观点。所有资料主要来源于人民出版社历年来出版的《马克思恩格斯全集》、《马克思恩格斯选集》、《列宁全集》、《列宁选集》以及《斯大林文集》等权威性中文版翻译著作。

　　编者在编辑马克思主义经典作家关于法的论述过程中，对所有摘录的文献都一一核对了原文，尽可能保证引文的准确性。此外，相同论述尽量采用最新和最近的版本。

　　本书是中国社会科学院法学研究所课题组成员共同努力，集中攻关完成，书中所涉及资料相对于目前已经出版的相关资料来说，具有更加完整的结构和内容之间的紧密联系，可以为学界和社会公众学习和使用马克思主义经典作家关于法的论述提供方便简洁的文献获取路径。